보육교사론

CHILDCARE TEACHER EDUCATION

머리말

우리는 흔히 "인사(人事)가 만사(萬事)다."라는 표현을 자주 접한다. 이는 좋은 인재를 뽑아서 적재적소에 배치하면 모든 일을 순리대로 수행할 수 있다는 것을 의미한다. 보육현장에서도 예외가 아니어서 영유아의 돌봄과 교육을 위해 '인사(人事)', 즉 적절한 직전 교육을 받은 보육교사가 '만사((萬事)', 즉 영유아의 발달 수준에 맞는 환경을 제공하여 그에 적합한 상호작용을 함으로써 영유아의 전인 발달을 도모할 수 있다는 것으로도 이해할 수 있다. 보육현장에서 영유아의 올바른 인성 함양과 발달을 도모하기 위해서는 그 무엇보다 보육교사의 역할이 가장 중요하다. 특히 맞벌이 가족이 보편화되고 저출산이 심각한 사회문제인 현실에서 영유아 한 명 한 명의 전인 발달을 위해서는 보육교사의 역할이 그 무엇보다 중요하다. 특히 보육교사는 영유아가 사회에서 가장 먼저 접하는 사람이기 때문에 그 미치는 영향이 더욱 클 수밖에 없다.

"수업의 질은 교사의 질을 능가할 수 없다."

그 어떤 경우에도 영유아와 상호작용하는 보육교사의 역량과 자질은 가장 중요하다. 보육현장에서 영유아의 전인 발달을 위한 가장 중요한 자원이 바로 인적 자원, 즉 보육교사이다. 우리나라에서 보육교사가 되려면 대학이나 관련 기관에서 법에서 명시한 일련의 교육과정에 따른 직전교육을 이수해야만 자격을 취득하여 보육교사로서의 역할을 수행할 수 있다. 단순히 보육교사 자격증을 취득했다고 해서 누구나 보육교사로서의 역할을 적절하게 수행할 수 있는 것은 아니다. 무엇보다 보육교사는 보육교사로서의 윤리 의식을 가지고 영유아의 권리를 존중해줄 수 있는 올바른 인성을 지녀야만 한다. 이를 위해 보육교사는 어린이집에서 영유아와 상호작용하는 데 적절한 인성과 자질을 지녀야만 하고, 수시로 자신을 성찰함으로써 자신의 역량을 개발하기 위해 끊임없이 노력할 수 있어야만 한다. 뿐만 아니라 보육교사는 학부모와 지역사회와도 밀접한 관계를 형성함으로써 상호 협력하기 위한 노력도 기울여야 한다.

보육교사가 되기 위한 대학에서의 교육과정 중 보육교사의 인성과 자질을 함양하기 위해 '보육교사(인성)론'이라는 교과목이 개설되었다. 이는 반드시 이수해야만 자격증을 취득할 수 있는 필수 교과목으로 지정되어 운영되고 있다. 이에 대학에서 보육교사를 양성하는 교수들이 모여 본 서를 집필하게 되었다. 본 서는 총 9개 장으로 구성되었다. 제1장은 모든 집필진이 함께 작업하여 현대사회와 보육교사라는 주제를 가지고 보육의 개념과 보육교사의 정의 및 역할과 책무성 등에 대해 기술하였다. 제2장 보육교사의 인성개발과 자기 이해와 제9장 보육교사의 정신건강 관리는 권연희 교수가, 제3장 보육교사의 윤리와 제6장 영유아 이해와 지도는 한찬희 교수가, 제4장 보육교사의 자격관리와 제5장 보육교사의 임용과 복무는 조성연 교수가, 제7장 보육교사의 인간관계와 지역사회와의 협력과 제8장 보육교사의 발달과 전문성 개발은 김영심 교수가 각각 집필하였다. 본 서는 대학에서의 수업이 15주에 걸쳐 진행됨에 따라 최대한 강의 일정에 맞춰 집필하고자 계획하였다. 여러 명의 교수가 모여 공동으로 작업을 진행하는 것이 결코 쉽지 않은 과정이었으나 서로 협력하여 집필하였기에 이 책을 출판할 수 있게 되었다. 책을 출판할 때마다 아쉬움은 한가득이지만 미진한 부분에 대해서는 강의를 진행하는 교수자나 이 책을 읽는 독자가 채워주리라 기대하면서 이 책을 세상에 내놓고자 한다. 또한, 기꺼이 이 책을 출판할 수 있도록 도움을 주신 파워북 유제구 사장님과 편집을 맡아 수고를 아끼지 않은 직원분들께도 진심으로 감사의 말씀을 드린다. 마지막으로 이 책이 보육교사가 되기를 소망하는 학생들이나 보육 현장의 교사들에게 조금이나마 도움이 될 수 있기를 바란다.

2023년 2월
저자를 대표하여
조성연

차례

CHAPTER

1

현대사회와 보육교사

CHAPTER 1

사회가 빠르게 변하면서 여성의 사회 진출과 남성의 육아휴직 등에 대한 관심이 증가함에 따라 보육에 대한 관심이 많아지면서 보육교사에 대한 사회적 인식 수준도 과거에 비해 많이 높아졌다. 그러나 여전히 보육교사에 대한 급여체계나 교육체계 등은 다른 직종에 비해 낮은 수준이다. 이러한 상황에도 불구하고 보육교사의 역할과 기능은 계속 강조되고 있고, 동시에 보육교사의 책무성도 사회적으로 중요하게 인식되고 있다. 따라서 이 장에서는 보육의 개념과 함께 보육의 필요성과 기능 및 보육교사의 역할과 책무성에 대해 알아보고자 한다.

학습 목표

1. 과거와 현재의 보육 개념을 비교해보고 보육의 중요성과 필요성을 이해한다.
2. 보육교사의 중요성을 기초로 그 역할과 기능에 대해 알아본다.
3. 보육교사의 책무성에 대해 이해한다.

1. 현대사회와 보육

1) 보육의 개념

시대가 빠르게 변화하면서 보육에 대한 개념은 영유아기 자녀의 돌봄과 보호의 기능을 강조했던 탁아(day care)의 개념에서 교육을 포함하여 영유아의 전인 발달을 도모하는 보육(educare)의 개념으로 확대되었다. 특히 저출산과 여성의 경제활동 참여율 증가를 통한 자녀양육의 문제가 중요한 사회적 이슈가 되면서 국가 차원에서 무상보육을 실시하게 되어 보육은 누구나 혜택을 누릴 수 있는 보편적 서비스로 자리잡게 되었다.

보육의 개념은 1991년에 제정되어 개정을 거듭해 온 「영유아보육법」 제2조에 명시되어 있다. 즉, 보육은 6세 미만의 취학전 아동인 영유아를 건강하고 안전하게 보호·양육하고 영유아의 발달 특성에 맞는 교육을 제공하는 어린이집 및 가정양육 지원에 관한 사회복지서비스다. 또한, 맞벌이 가구가 증가함에 따라 기본보육을 초과하여 보호자의 욕구 등에 따라 제공되는 연장 보육을 실시하게 되면서(「영유아보육법」 제24조의2) 보육은 6세 미만의 영유아를 보호하고 교육하는 통합된 개념으로 단순한 보호가 아닌 전인적 발달을 도모하는 것이며, 해당 영유아뿐만 아니라 그 가족의 복지까지 지원하는 포괄적인 서비스라고 할 수 있다(조성연 외, 2022, p. 14). 그리하여 동법 제1조에 따라 보육은 영유아의 심신을 보호하고 건전하게 교육하여 건강한 사회 구성원으로 육성할 뿐만 아니라, 보호자의 경제적·사회적 활동이 원활하게 이루어지도록 하여 영유아와 그 가정의 복지 증진에 이바지하는 것을 목적으로 한다. 모든 국민은 영유아를 건전하게 보육할 책임이 있다. 이에 국가와 지방자치단체 및 보호자는 영유아를 건전하게 보육할 책임을 지며, 필요한 재원을 안정적으로 확보하도록 노력하여야 하고, 지방자치단체장은 영유아의 보육을 위해 적절한 어린이집을 확보해야 한다. 이를 통해 보육은 영유아의 이익을 최우선적으로 고려하면서 영유아가 안전하고 쾌적한 환경에서 건강하게 성장할 수 있도록 해주어야 한다. 이를 위해 영유아는 자신이나 보호자의 성, 연령, 종교, 사회적 신분, 재산, 장애, 인종 및 출생지역 등에 따른 어떠한 종류의 차별도 받지 않은 상황에서 보호되고 양육되어야 한다.

보육의 정의와 목적에 따라 보육의 개념은 국가의 제도나 정책과 함께 변화되어 왔다. 즉, 구빈적 개념에서 복지적 개념으로, 다시 통합적 개념으로, 현재는 보다 포괄적 개념으로 변화되었다(조성연 외, 2022, pp. 15−17).

첫째, 구빈적 개념에서의 보육은 「아동복리법」(1961)의 제정 이전에 빈곤가정의 자녀를 보호하고 양육하는 탁아의 목적 외에 요보호아동을 장기간 보호하는 수용 서비스 차원이 강조된 것이었다.

둘째, 복지적 개념에서의 보육은 「아동복리법」(1961)의 제정 이후 「유아교육진흥법」(1982)이 제정되기 전까지로 보육은 위탁과 보호를 목적으로 가정에서 자녀를 돌볼 수 없는 경우에 가정을 대신하여 아동을 보호하고 양육해 주는 아동복지적 관점이었다.

셋째, 통합적 개념에서의 보육은 「유아교육진흥법」(1982)이 제정되면서 「영유아보육법」(1991)이 제정되기 전까지로 보육은 유아교육과 통합되어 새마을유아원을 유아교육기관에 포함하였다. 이 법에 의하면 새마을유아원은 유아를 보육하거나 유아와 영아를 함께 보육하는 기관으로 정의하면서 「아동복리법」에 의해 설립・운영되는 탁아시설을 포함하였다. 당시 유치원은 교육 기능을, 탁아시설은 보호 기능을 담당하는 것으로 이원화하였다.

넷째, 포괄적 개념에서의 보육은 「영유아보육법」(1991)이 제정되면서 본격적으로 보육의 목적을 체계화한 것이다. 그리하여 기존의 보육시설 명칭을 어린이집으로 개칭하면서 어린이집이 보호 위주로 부모를 대신하여 영유아를 보호하고 양육할 뿐만 아니라, 영유아의 전인적 발달을 위해 영유아의 발달 특성에 맞는 교육도 제공하는 기관으로 인식이 변화되었다. 이처럼 보육의 개념은 과거부터 현재까지 상당한 변화를 거듭해왔다(표 1-1, 참고 자료 참조).

표 1-1 보육 개념의 과거와 현재 비교

과거	현재
• 보육은 사회적 서비스다.	• 보육은 국가의 책임하에 이루어지는 보편적 서비스다.
• 보육은 생활보호대상자와 저소득층 자녀를 우선 대상으로 하여 빈곤가정에서 요구하는 모든 서비스를 제공한다.	• 보육은 모든 계층의 자녀를 대상으로 영유아에게 필요한 서비스를 제공한다.
• 영유아의 보육에 필요한 비용은 보호자가 부담하는 것을 원칙으로 한다.	• 보육은 국가와 지방자치단체의 예산으로 실시한다.
• 보육시설은 보호자가 근로 또는 질병 기타 사정으로 영유아를 보호하기 어려운 경우에 보호자의 위탁을 받아 영유아를 보육하는 시설이다.	• 보육시설은 보육을 필요로 하는 모든 영유아를 교육하고 보호하는 시설이다.
• 어린이집은 국가나 지방자치단체의 인가 혹은 신고를 통해 설치할 수 있다.	• 국공립어린이집 외의 어린이집의 설치 · 운영은 특별자치시장 · 특별자치도지사 · 시장 · 군수 · 구청장의 인가를 받아야 한다.
• 어린이집 평가인증제도는 영유아의 안전한 보호와 질 높은 보육서비스를 제공하기 위해 어린이집의 현재 수준 점검과 개선의 객관적 평가를 통해 일정 수준 이상의 기관에 대하여 국가가 인증을 부여하는 것이다.	• 어린이집 평가제는 보육 · 양육에 대한 사회적 책임 강화 실현과 안심 보육환경 조성을 위해 국가 차원의 주기적 평가로서 보육서비스의 질을 확보하고자 하는 것이다.
• 어린이집은 가족 내 문제가 있거나 자녀양육에 어려움이 있는 경우에 영유아의 돌봄 역할을 수행한다.	• 어린이집은 모든 영유아를 대상으로 영유아의 전인 발달을 위한 역할과 치료적 역할 및 부모교육을 위한 역할을 수행한다.
• 어린이집은 주로 부모 모두 취업한 경우, 영유아의 안전한 보호와 돌봄을 목적으로 보육프로그램을 제공한다.	• 어린이집은 부모의 취업 유무와 상관없이 6세 미만의 모든 취학전 영유아의 전인 발달을 목적으로 보육프로그램을 제공한다.
• 어린이집은 사회적 서비스 체계 안에서 제한된 유형으로 운영된다.	• 부모의 필요와 요구에 따라 다양한 유형의 어린이집이 운영된다.

참고 자료

「영유아보육법」의 변천 과정

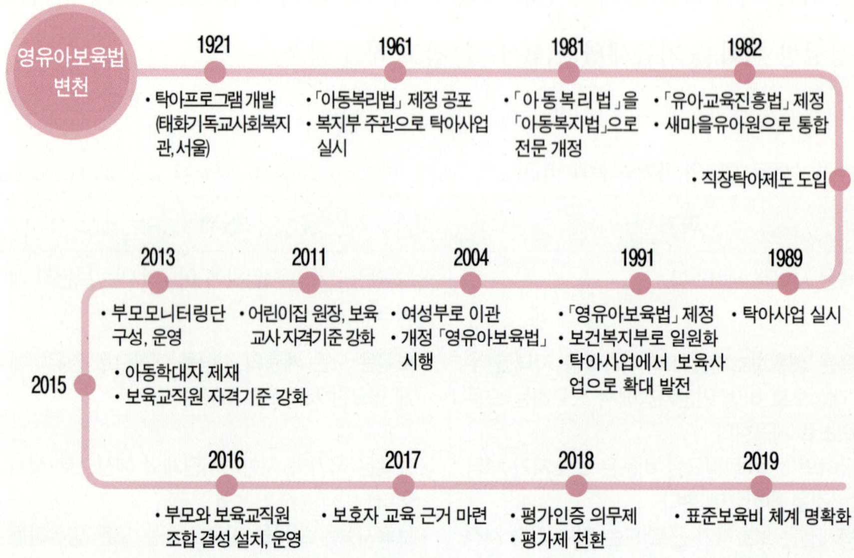

출처: 김익균 외(2021). 아동권리와 복지, p. 280.

2) 보육의 중요성과 필요성

영유아의 건강한 성장을 돕고 보육하는 일은 시대를 막론하고 우리 사회의 존속과 발전을 위해 필수적이다. 영유아기 발달이 중요하다는 인식이 팽배해지고, 맞벌이 가족의 증가, 무상보육 실시 등으로 영유아들이 어린이집에 다니는 연령이 하향화되면서 보육의 중요성과 필요성이 더욱 강조되고 있다. 특히 전 세계적으로 그 유례를 찾아보기 어려운 저출산으로 오래전부터 정부에서는 영유아의 건강한 성장과 발달에 지대한 관심을 기울여왔다. 그에 따라 양질의 보육에 대한 중요성과 필요성은 그 어느 때보다 중요하게 인식되고 있다.

현대사회의 영유아들은 급격한 기후 변화와 빠르게 발달하는 첨단과학기술, 다양한 가족의 등장 등으로 이전 시대와 다른 환경에서 살고 있다. 특히 우리나라에서 수행하고 있는 모든 보육은 6세 미만 영유아의 전인 발달을 목적으로 하기 때문에 그 어떤 활동보다 인간의 생애 발달에서 가장 중요한 기능을 수행한다. 뿐만 아니라 높아진 여성의 자아실현 욕구로 맞벌이 가족이 증가함에 따라 자녀 양육이 중요한 문제가 되면서 이미 오래 전부터 보육은 이러한 가족에게 필수적이고 중요한 서비스가 되었다. 특히 보육의 패러다임이 선별적 보육에서 보편적 보육으로, 공급자 중심의 서비스에서 수요자 중심의 서비스로, 사보육에서 공보육으로 변화됨(조성연 외, 2022, pp. 19-21)에 따라 보육서비스의 수혜자인 영유아뿐만 아니라, 부모와 국가 차원에서도 보육은 매우 중요하고 필요하다.

영유아의 측면에서 보육은 최상의 발달을 위한 권리의 주체자로서 영유아에게 생존권, 보호권, 발달권, 참여권의 기본권 보장을 위한 서비스를 제공해주어야만 한다. 또한, 부모와 가족의 측면에서도 가족구조가 핵가족화되고, 전형적인 핵가족 이데올로기의 변화로 자녀 양육은 반드시 부모가 해야 한다는 생각의 전환이 이루어지고 있다. 즉, 자녀 양육이 국가나 사회의 책임으로 인식되면서 어린이집과 같은 보육시설에서의 양육이 활발히 이루어짐에 따라 부모나 가족도 양질의 보육서비스에 대한 요구가 증가함으로써 보육의 중요성이 강조되고 있다. 마지막으로 국가적 측면에서는 저출산으로 인한 미래 인력수급의 문제와 복지사회의 실현을 위한 기본적인 서비스로서 보육을 체계적으로 지원해야 할 필요성이 증가하면서 보육의 중요성이 강조되고 있다.

보육은 저출산과 여성의 경제활동 참여율 증가 및 여성의 자아실현 욕구 증가, 가족구조와 가족 가치관의 변화, 가족 유형의 다양화와 가족 기능의 축소,

복지사회 실현과 공보육에 대한 요구 증가 등으로 영유아와 부모 및 가족, 국가적 차원에서 그 필요성이 강조되고 있다. 특히 영유아의 발달적 요구를 충족시켜주기 위한 보육이 필요한데, 이와 관련하여 보육과 교육을 효과적으로 실시하기 위해 전미유아교육협회(National Association for the Education of Young Children, NAEYC)는 3가지 기준을 제시하였다. 첫째, 보육활동이 영유아의 연령에 적절(age appropriate)해야 하며, 둘째, 개별 영유아의 특수성(individually appropriate)을 고려해야 하고, 셋째, 종교나 언어, 가치관과 같은 문화에 적절(culturally appropriate)해야 한다(김현자 외, 2020, p. 149).

3) 보육의 기능

보육은 시대 변화와 함께 다양한 기능을 수행하고 있다. 보육은 영유아의 보호와 돌봄의 기능뿐만 아니라 교육적, 예방적, 치료적 기능을 수행한다. 또한, 보육은 보호자를 대상으로 영유아의 성장을 도모하기 위한 올바른 양육방법, 보호자의 역할, 영유아의 인권과 아동학대 예방 등에 대한 교육을 실시하는 기능도 담당한다. 이명순 외(2020, pp. 19–20)는 보육의 기능을 다섯 가지로 제시하였다.

첫째, 건강 유지의 기능이다. 이는 영유아가 낮 동안 가정에서 보호자의 건강한 돌봄을 받을 수 없거나 장애가 있을 때, 가정환경에 결함이 있을 때 보육은 영유아의 건강을 보호·유지해주는 기능을 수행함으로써 영유아의 복지 증진을 도모하는 것이다.

둘째, 안전과 보호의 기능이다. 이는 영유아에게 발생할 수 있는 여러 가지 위험 요소로부터 영유아를 안전하게 보호하는 기능을 수행하는 것이다.

셋째, 교육의 기능이다. 이는 표준보육과정과 2019 개정 유치원 교육과정(2019

개정 누리과정)의 내용을 기초로 연령과 발달에 적합한 교육 · 보육과정을 통해 영유아에게 필요한 교육을 제공해주는 것이다.

넷째, 가정을 지원하는 기능이다. 이는 영유아의 요구 외에도 보호자의 필요와 요구에 따라 대리인의 역할을 수행하는 것이다.

다섯째, 보호자의 사회교육적 기능이다. 이는 부모교육이나 부모상담 등을 통해 부모나 가정에 영유아의 발달이나 교육 및 육아 등에 관한 다양한 정보를 제공해주는 기능을 수행하는 것이다.

2. 보육교사

교사(教師)는 일정한 자격을 갖추고 학생을 가르치는 사람으로 정의되는데(국립국어원 표준국어대사전, 2023) 이 중 보육교사는 교사 중에서도 가장 나이 어린 영유아를 돌보고 가르치는 사람이다. 따라서 보육교사가 되기 위해서는 보육학, 아동학, 유아교육학 등의 분야에서 일정 기간의 교육과 훈련을 통해 법적인 자격 요건을 갖추어야 한다. 특히 현대사회에서의 보육교사는 인격과 전문성을 갖추고 미래 사회가 요구하는 역량이 필요하다(박은혜, 2020, p. 105).

1) 보육교사의 정의

1991년 「영유아보육법」이 제정 · 시행되면서 보육교사는 교사로서의 지위를 인정받게 되었다. 당시 보육교사는 '보육시설 종사자'의 일원이었고, 국가가 자격을 부여한 것이 아니라 소정의 교육과정을 이수하면 교사로 인정해주는 것이었다. 당시 보육교사 자격제도는 1급과 2급으로 구성되어 있었다. 이후 2004년 「영유아

보육법」이 전면개정되면서 보육교사의 자격체계가 1급, 2급, 3급 체계로 바뀌게 되었고, 2005년 4월부터는 보육교사, 2007년 12월부터는 보육시설장에 대한 국가자격증 교부가 시작되었다. 이때부터 1급은 경력과 교육을 통해 승급으로만 취득할 수 있도록 하였고, 2급과 3급은 양성교육과정을 거쳐 취득할 수 있도록 하였다. 학력기준은 2급의 경우 전문대학 이상 졸업자, 3급의 경우 고등학교 졸업자로 제한을 두었다. 2011년부터는 '보육시설 종사자'에서 '보육교직원'으로 변경된 명칭을 사용하게 되었다.

「영유아보육법」에서는 보육교사에 대해 제2조에 "보육교직원이란 어린이집 영유아의 보육, 건강관리 및 보호자와의 상담, 그 밖에 어린이집의 관리 · 운영 등의 업무를 담당하는 자로서 어린이집의 원장 및 보육교사와 그 외 직원을 말한다."라고 정의하면서 보육교직원의 일부분으로 규정하고 있다.

2) 보육교사의 중요성

전통적으로 자녀 양육은 부모 등의 가족구성원의 책임이었으나 사회가 다양해지고 복잡해짐에 따라 가정에서의 양육기능은 매우 약화되었고 그 관점도 부모와 국가가 함께 자녀 양육을 책임져야 하는 것으로 변화되었다. 특히 보육의 관점이 변화함에 따라 '보육의 질'에 대한 관심이 증가하면서 국가에서는 보육의 질을 강화해 나가고 있다. 이런 변화 속에서 무엇보다 보육의 질에 가장 큰 영향을 미치는 요인은 보육교사로서 보육교사의 질적 수준이 높을 때 가장 효과적인 보육이 이루어질 수 있다.

보육교사는 부모 외에 영유아가 처음 만나는 대상으로서 부모 다음으로 중요한 존재다. 특히 영유아기는 그 어느 시기보다 발달의 가소성이 크므로 보육교사가 영유아의 발달에 미치는 영향은 매우 크다. 「영유아보육법」 제3조에 명시된 보육 이념에서 제시된 바와 같이 보육교사는 영유아의 이익을 최우선적으로 고려해야 하며, 영유아가 안전하고 쾌적한 환경에서 건강하게 성장할 수 있도록 해주어야 하는 중요한 역할을 수행해야 한다. 이러한 보육교사의 중요성은 몇 가지 측면에서 살펴볼 수 있다.

첫째, 보육교사는 '돌봄'의 주체다. 보육교사는 부모 등의 주양육자를 대신하여 영유아의 삶을 책임지는 존재다. 돌봄의 수준에 따라 영유아의 삶의 질이 달라질 수 있다. 보육교사는 영유아의 필요와 욕구를 이해하고 그것을 채워줌으로써 영유아의 성장과 발달을 도와준다. 보육교사는 영유아에게 돌봄을 근간으로 하는 보육환경을 제공해줌으로써 영유아가 위험을 두려워하지 않고 경험할 수 있게 해주며, 긍정적인 자아개념과 타인과의 신뢰감을 형성할 수 있게 해준다. 또한, 돌봄에 기초한 교육적 실천은 보육교사에게 교직에 대한 만족감을 주는 중요한 원천이 될 수 있다(염지숙, 2005, p. 163).

둘째, 보육교사는 보육의 질을 향상시키는 데 결정적 역할을 수행한다. 보육의 질을 향상시키기 위해 국가에서는 전국의 모든 어린이집을 대상으로 평가를 실시한다. 어린이집의 평가제는 보육과정 및 상호작용, 보육환경 및 운영관리, 건강·안전, 교직원의 네 영역에 대해 이루어지는데, 보육교사는 이 네 영역을 관리하는 중심적 역할을 수행한다. 그러므로 보육의 질적 수준을 향상시키는 데 있어 보육교사는 무엇보다 중요한 역할을 수행한다.

셋째, 보육교사는 영유아의 발달에 지속적이고 중요한 영향을 미친다. 영유아의 초기 경험은 이후의 발달에 영향을 미치고, 그 영향은 평생 지속된다. 보육교사는 영유아에게 적절한 환경을 제공해줌으로써 영유아의 잠재력이 충분히 발휘될 수 있도록 도와줄 뿐만 아니라, 영유아가 사회구성원으로서의 역할을 수행하는 데 필요한 지식과 태도, 가치관 등을 형성할 수 있는 근간을 마련해주고 도와준다.

3. 보육교사의 역할

영유아에게 필요한 보육서비스를 제공해주기 위해서는 무엇보다 전문적인 능력을 갖춘 보육교사가 필요하다. 양질의 보육서비스를 제공해주기 위해 국가적 차원에서도 정책의 일환으로 보육교사의 전문성 향상을 위한 노력을 경주하고 있다. 보육교사는 영유아의 전인 발달을 돕고 교육하는 핵심 인력으로서 양육자와 보호자, 교육자, 상담자, 협력자로서 그 역할을 수행하기 위해 지식 · 기술 · 태도 등에서 전문성을 갖추어야 한다. 국가에서도 질 높은 보육서비스를 제공하기 위해 보육교사의 지위 향상과 근무 환경 개선 등에 대한 지원을 강화해 나가고 있다.

1) 양육자와 보호자로서의 역할

가정에서 영유아를 보호하고 양육하던 시대는 지나가고 어린이집이 그 기능을 담당하고 있다. 특히 가정 내에서 영아기 자녀를 양육하는 데 어려움이 있는 맞벌이 가족, 한부모 가족, 다문화 가족 등이 증가하면서 기관에서의 양육이 필요해 그에 따른 보육교사의 양육자와 보호자로서의 역할이 더욱 중요해지고 있다.

현재 우리 사회의 구조와 생활방식의 변화로 조부모나 친척, 가까운 이웃의 도움을 받는 것이 어려워졌다. 자녀를 출산하여 양육하는 것은 한 가정의 행복일 뿐만 아니라 한 국가가 존속하는 데 필수적인 조건이다. 그러므로 영유아와 해당 가정을 위해 양질의 보육서비스를 제공하는 것은 미래 국가 발전과 존속을 위해 필수적이다. 특히 무상보육이 시행되면서 다수의 영유아들이 하루 중 많은 시간을 어린이집에서 보내게 됨에 따라 영유아를 건강하게 양육하고 보호하는 보육교사의 역할은 가장 기본적이며 중요한 역할이 되었다. 이를 위해 보육교사는 영유아의 건강과 안전에 대한 책임을 기초로 영유아에게 심리적 안정과 정서적 지원을 제공해주어야 한다.

(1) 건강과 안전에 대한 책임

영유아기에는 급격한 성장과 발달이 이루어지고 이는 이후 발달에 지대한 영향을 미친다. 그러므로 보육교사는 영유아의 양육과 보호를 담당하는 전문가로서 보다 세밀하고 분석적으로 영유아의 건강을 살펴야 한다.

첫째, 영유아는 어린이집에 장시간 머물며 집단생활을 하므로 보육교사는 영유아에게 적절한 휴식을 제공해주어야 한다. 어린이집에서의 동적인 놀이와 활동을 통해 영유아는 많은 에너지를 발산하게 되므로 영유아의 바람직한 성장을 위해 적절한 휴식은 절대적으로 필요하다. 그러므로 보육교사는 매일의 일과 속에서 영유아의 놀이 역동성을 파악하여 일과를 조정하고, 동시에 개별 영유아의 신체 상태와 피로도를 살피면서 휴식 혹은 낮잠을 계획하고 제공해주어야 한다.

둘째, 영유아는 어린이집에서 가정과 비슷하거나 혹은 그보다 더 많은 횟수의 식사와 간식을 먹는다. 그러므로 보육교사는 개별 영유아의 식사량과 영양 섭취에 대해 면밀하게 살피고 파악해야 한다. 또한, 보육교사는 정기적으로 계측하는 몸무게, 키, 가슴둘레 등의 기본 신체자료를 토대로 영유아의 전반적인 건강 상태를 관리해야 한다.

셋째, 보육교사는 영유아에게 신체를 활발하게 움직일 수 있는 기회를 제공해주어야 한다. 영유아기는 뼈와 근육의 성장이 활발하게 일어나는 시기일 뿐만 아니라, 신체 움직임을 통해 건강한 신체와 정신을 유지하면서 자신에 대한 긍정적

인식과 대인관계에서의 자신감과 성취감을 형성할 수 있다.

넷째, 어린이집은 영유아가 사용하기에 적합한 물리적 환경을 갖추고 있으나 돌발적 사고나 상해의 위험은 상시 존재한다. 영유아는 신체조절능력이 미숙하여 스스로 안전에 대비하고 위험을 예방하는 자기보호능력이 부족하므로 보육교사는 항상 어린이집의 물리적 환경을 살피고 위험요소를 점검해야 한다. 또한, 보육교사는 영유아의 수준에 적합한 일상적 안전교육을 꾸준히 제공해주어야 한다.

(2) 심리적 안정과 정서적 지원의 제공

어린이집은 다수의 영유아와 소수의 보육교사가 어울려 지내는 곳이다. 개별 영유아는 가정에서 양육자의 온전한 관심과 애정을 받을 수 있지만, 기관에서는 보육교사가 다수의 영유아를 보살펴야 하므로 가정에서와 같은 보살핌은 현실적으로 어렵다. 그럼에도 불구하고 보육교사는 개별 영유아가 가정에서와 같은 보살핌을 받을 수 있도록 최선을 다하여 양육하고 보호해주어야 한다.

보육교사가 최선을 다하여 보호하고 양육한다 해도 단체 생활로 인해 영유아의 개별 욕구가 좌절될 수도 있고 보육교사와의 안정적인 애착이 충분히 형성되지 못하는 경우도 발생할 수 있다. 예를 들어, 영유아는 배가 고프지 않거나 자신이 좋아하지 않은 식사가 제공되어도 정해진 시간에 그 음식을 먹을 수밖에 없고, 또래들이 활발하게 놀이하고 있지만 영유아 자신은 조용히 쉬고 싶을 수도 있다. 물론 보육교사는 이러한 개별 영유아의 욕구와 필요에 적절히 대응하여 조치를 취해야 한다. 그럼에도 영유아는 어린이집 일과 중의 다양한 상황 속에서 긴장과 불안, 스트레스를 경험할 수 있으므로 보육교사는 개별 영유아의 특성을 잘 이해하고 안정적 애착을 형성하여 영유아가 심리적으로 안정감을 가질 수 있도록 해주어야 한다. 이를 위해 보육교사는 영유아에게 개별적으로 다가가 따뜻한 신체 접

촉과 미소, 눈높이를 맞춘 대화 등을 통해 영유아가 심리적 만족과 편안함을 가질 수 있도록 해주어야 한다.

2) 교육자로서의 역할

보육교사는 연간보육계획에 따라 월간계획을 작성하고 그에 따라 하루 일과를 계획하여 운영한다. 이를 위해 보육교사는 영유아의 발달에 맞춰 연령에 적합한 다양한 교육적 경험을 계획하여 운영해야 한다. 영유아에게 적합한 교육적 경험을 제공하기 위해서는 무엇보다 영유아의 교육에 필요한 지식을 갖추어야 하는데, 이미화 외(2007)는 보육교사에게 필요한 지식을 태도 및 가치, 지식, 기술의 세 영역으로 나누어서 제시하였다. 이때 '태도 및 가치'는 교직 인성, 전문성 신장, 법 제도 이해고, '지식'은 유아에 대한 이해, 영유아 교육과정에 대한 이해, 교과 내용 지식이며, '기술'은 영유아 교수방법, 의사소통 기술, 가족 · 동료 · 지역사회와의 협력관계 구축, 테크놀로지 활용능력, 사무처리다(박은혜, 2020, p. 108 재인용).

(1) 교육적 경험의 계획

보육교사는 매일의 일과 속에서 영유아에게 적합한 교육적 경험을 계획하여 제공해주어야 한다. 특히 영유아는 놀이와 활동을 통해 '배움'이 일어나므로 보육교사는 영유아 스스로 놀이를 계획하여 운영할 수 있도록 도와주어야 한다. 즉, 보육교사가 주도하는 교수-학습이 아니라 영유아가 주도권을 가지고 놀이를 이끌어 갈 수 있도록 도와주어야 한다. 그러나 영유아기는 개별 영유아의 발달에서 개인차가 크기 때문에 연간, 월간, 주간 보육계획을 꼼꼼하게 세우더라도 이를 그대로 실행하는 데는 현실적으로 어려움이 많다. 그럼에도 불구하고 보육교사는 국가에서 제시한 표준보육과정과 2019 개정 누리과정의 체계를 철저히 파악하여 이를 근거로 현재 영유아의 놀이 속에서 어떤 보육과정 요소와 내용들이 경험되고 있는지를 분석할 필요가 있다. 이를 통해 보육교사는 매일의 일과에서 어떤 교육적 경험을 제시할 것인지, 혹은 영유아의 현재 흥미를 존중하고 유지하면서 그 흐름 속에 어떤 지원들을 제공할 것인지에 등에 대한 계획을 세울 수 있다.

영유아의 흥미와 선택을 존중하고 자유놀이를 강조한다는 것이 자칫 보육교사의 활동에 대한 계획이 없어도 된다는 의미로 해석되어서는 안 된다. 보육교사는 항상 계획을 가지고 영유아와 상호작용해야 하며, 그런 상호작용은 교육적 의미와 의도를 담고 있어야 한다. 그러나 보육계획은 그날의 놀이 주제나 흥미, 자연환경의 변화에 따라 바뀔 수 있어 보육교사의 계획과 다르게 진행될 수 있다. 중요한 것은 융통성 있게 운영되는 매일의 활동 속에서 보육교사가 교육적 가치와 의미를 찾는 것이다.

(2) 놀이 지원과 상호작용

보육교사는 세심하고 다양한 전략을 통해 영유아의 놀이를 효과적으로 지원해주면서 영유아와 상호작용해야 한다. 이를 위해 보육교사는 영유아가 구상하고 계획하는 놀이가 최대한 활발하게 이루어질 수 있도록 충분한 공간과 시간을 마련해주고 다양한 자료를 제공해주어야 한다. 또한, 보육교사는 영유아의 놀이를 계속 지켜보면서 놀이가 잘 지속되는지, 내용이 풍부하며 확장되어가는지도 확인해야 한다. 그 과정에서 필요하다면 보육교사가 직접 놀이에 참여하기도 하고 간단히 질문을 던지거나 제안하기도 하는 등 적절한 개입을 통해 영유아와 상호작용해야 한다. 뿐만 아니라, 보육교사는 일상생활에서 영유아가 바람직한 방향으로

습관을 형성하고 자조기술을 발달시킬 수 있도록 지속적으로 지도해주어야 한다.

(3) 관찰과 기록 및 평가

보육교사는 매일의 일과 속에서 영유아의 발달을 이해하고 그 수준을 파악하기 위해 영유아의 일상생활을 관찰하여 기록한다. 보육교사의 보육일지, 관찰일지 등의 작성은 영유아의 발달을 평가할 수 있는 중요한 수단으로서 보육의 계획과 실행만큼이나 중요한 활동이므로 어린이집 평가제에서도 핵심적인 서류 업무로 간주된다. 그러므로 보육교사는 하루 일과 속에서 영유아가 나타내는 다양한 활동에서 발달적으로 의미 있는 장면을 포착하고 이를 기록으로 남겨야 한다. 관찰일지는 현재 영유아의 성장을 가늠해볼 수 있게 해줌과 동시에 기관과 가정 간의 연계를 위한 유용한 자료로 활용될 수 있다.

3) 상담자와 협력자로서의 역할

보육교사는 일상생활 속에서 영유아의 발달과 어려움 등을 파악하여 이를 해결하기 위해 부모 등의 양육자와 상담하고 협력하는 역할을 수행해야 한다.

(1) 발달과 교육 전문가로서의 상담자

영유아는 하루 중 많은 시간을 어린이집에서 보육교사와 함께 생활하므로 보육교사는 부모 등의 양육자에게 영유아와 관련한 다양한 정보를 제공해줄 수 있다. 특히 보육교사는 영유아의 발달과 양육에 대한 전문가로서 영유아와 생활하면서 얻은 정보와 관찰 결과 등을 전문적으로 해석하여 부모 등의 양육자에게 알려줄 수 있고, 가정에서의 어려움도 공유하여 부모와 함께 영유아의 문제를 해결해나갈 수 있도록 노력한다. 이를 위해 보육교사는 부모 등의 양육자에게 바람직한 양육 방향과 지도 방법에 대해 전문적 조언을 해줄 수 있는 능력과 태도를 갖추어야 한다.

(2) 양육 파트너로서의 협력자

보육교사는 영유아에 대한 최선의 이익을 제공하기 위해 가정과 연계하여 상호 협력하는 관계를 형성해야 한다. 가정과 보육교사의 연결과 결속은 영유아의 발달에 직접적인 영향을 미쳐 영유아가 행복하고 건강하게 성장하도록 돕는다. 이를 위해 보육교사는 영유아의 전인 발달을 위한 양육 파트너로서 가정과 적극적으로 협력하는 역할을 수행해야 한다.

4. 보육교사의 책무성

1) 보육교사의 책임과 의무

보육은 영유아를 안전하고 건강하게 보호·양육하며, 개별적 요구와 발달 특성에 적합한 교육을 제공하는 복지서비스다. 이를 수행하는 보육교사는 영유아를 존중하는 태도와 전문적 지식 및 기술을 기초로 영유아의 잠재력이 발휘되도록 돕고 전인적 성장을 지원하는 전문가다. 영유아는 보호의 대상이 아니라 권리의 능동적인 주체로서 생존권, 보호권, 발달권을 비롯한 참여권이 있다. 그러나 영유아는 발달 특성상 스스로 자신의 권리를 온전하게 지키고 실현하는 것이 어렵기 때문에 보육교사는 영유아의 권리를 최대한 보장해주면서 영유아의 권익을 위한 최선의 선택을 통해 보육활동을 수행할 책임과 의무가 있다. 이를 위해 보육교사는 영유아의 권리 존중 보육 실행가, 돌봄 전문가, 보육윤리 준수자로서의 책임과 의무가 있다.

(1) 영유아의 권리 존중 보육 실행가

영유아의 권리 존중 보육 실행이란 유엔아동권리협약의 기본권인 생존권, 보호권, 발달권, 참여권을 보장하며 영유아가 건강하고 행복하게 성장, 발달할 수 있도록 보육하고 지원하는 것이다. 이를 통해 영유아는 자기 권리를 인식하고, 타인의 권리를 존중하는 경험을 하며, 대인 간 권리 실현의 책임을 이행하는 공동체에서의 삶의 능력을 기를 수 있다(김진숙, 2009). 그러므로 보육교사는 영유아의 권리를 존중해줄 수 있는 보육환경을 제공해줌으로써 영유아중심 · 놀이중심의 보육과정을 수행해야 한다.

보육교사는 영유아의 권리를 존중하는 보육의 중요성을 인식하고 실천함으로써 양질의 보육서비스를 제공해주어 모든 영유아가 안전하고 건강하게 성장하고 발달할 수 있도록 도와주어야 한다. 보육현장에서 영유아의 권리를 존중하고 실현하는 데 막대한 책임이 있는 보육교사는 영유아를 수동적 '보호의 대상'이 아니라 능동적이고 자기 발달의 주도권을 지닌 '권리의 능동적 주체자'로 인식하여야 한다. 이에 제4차 어린이집 표준보육과정과 2019 개정 누리과정에서는 영유아중심 · 놀이중심 보육과정의 실행을 강조하고 있다. 이는 보육교사의 자율성을 바탕으로 영유아의 놀이가 이루어지고 영유아와 보육교사가 주체가 되는 보육과정의 실시를 강조하는 것인데, 이 역시 영유아의 권리 존중 보육에 기초를 두는 것이다. 이러한 영유아의 권리 존중 보육은 보육교사가 아동학대 신고의무자로서 영유아의 권익을 위해 다각적인 노력을 기울여야 하는 것과도 직접 관련된다. 이처럼 보육교사는 영유아 권리 존중 보육 실행자로서 영유아를 차별 없이 대하고, 온정 ·

수용 · 진정성 · 공감 · 존중을 통해 상호 긍정적 관계를 형성하며, 영유아의 권리를 존중하는 교수-학습방법을 적용하여 영유아가 자기 배움의 주체자로서 성장할 수 있도록 지원하여야 한다.

(2) 영유아 돌봄 전문가

영유아 돌봄 전문가로서의 책무성은 영유아 보육에 대한 올바른 철학과 신념을 바탕으로 바람직한 보육을 실천하는 데 최선을 다하는 보육교사의 윤리적 책임감에 기초한다. 돌봄은 보육교사의 전문성에 대한 중요한 덕목이다. 돌봄은 신체적 보호와 조력, 일상생활과 기본생활 습관 형성 및 양육행동으로 국한된 돌봄을 의미하는 것이 아니라, 대인관계 안에서 이루어지는 보편적 도덕성을 의미한다(김현미, 권기염, 2016; 이경화 외, 2018, p. 140; 염지숙, 오채선, 2010).

보육교사는 어린이집에서의 하루 일과를 진행할 때 수시로 판단하고 결정해야만 하는 상황이 발생한다. 이때 보육교사는 영유아의 발달과 이익에 최선이 되는 방법을 선택하는 윤리적이고 전문적인 돌봄을 실행해야 한다. 그러므로 보육에서의 돌봄 실천은 영유아의 건강과 안전 측면만의 양육이 아니라 교육적 가치를 내포한 보육과정의 핵심이자 보육교사의 실천 윤리다(양옥승, 2004). 이처럼 보육교사는 영유아 돌봄 전문가로서 책무를 다하기 위해 다양한 노력을 해야 한다(김현미, 권귀염, 2016; 이경화 외, 2018, pp. 141-143).

첫째, 보육교사는 영유아를 있는 그대로 수용하고 존중하는 교육적 경청인 '귀 기울임의 습관화'를 실천해야 한다.

둘째, 영유아 중심의 보육을 실행하고 배움의 주체자로서 영유아의 권리를 존중하기 위해 '보육교사의 힘 내려놓기'를 실천해야 한다.

셋째, 영유아 중심의 보육과정 실행을 통해 영유아에게 의미 있는 배움이 될 수 있도록 '보육과정 재구성 전문가 되기'를 실천해야 한다.

넷째, 보육교사는 돌봄 전문가로서 책무를 다하기 위해 '반성적 사고 지속하기'를 실천해야 한다.

다섯째, 영유아뿐만 아니라 보육교사, 부모, 지역사회 모두가 돌봄의 주체로서 서로를 인정하고 책임을 가지고 돌봄을 생활화하기 위해 '보육실 공동체 형성하기'를 실현해야 한다.

(3) 보육윤리 준수자

보육윤리는 보육현장에 있는 보육교사가 본인을 포함한 모든 사람에게 지켜야 할 것으로 기대하는 사회적 규범이다(임승렬, 2002). 보육은 영유아를 안전하고 건강하게 보호·양육하며, 개별적 요구와 발달 특성에 적합한 교육을 제공하는 복지서비스다. 그러므로 보육교사는 영유아를 존중하는 태도와 전문적 지식 및 기술을 기초로 영유아의 잠재력이 발휘될 수 있도록 도우면서 전인적 성장을 지원하는 전문가다. 보육교사가 영유아의 권리를 존중하고 보호하면서 전인 발달을 위한 교육과 보육에 최선을 다하기 위해서는 무엇보다 보육교사의 윤리의식이 우선되어야 한다. 즉, 보육교사는 영유아의 권리를 존중하는 보육 실행가로서, 돌봄 전문가로서의 책무를 수행하기 위해 보육윤리 준수자로서의 책임과 의무가 있다.

보육에 대한 사회적 기대가 높아짐에 따라 보육교사에 대한 윤리적 기대도 높아지고 있다. 그리하여 보육윤리 준수자로서의 책무성에 대해 한국보육시설연합회와 육아정책연구소는 2011년 어린이집 원장과 보육교사를 위한 윤리강령과 윤리선언을 개발하여 공포하였고, 이후 2021년 11월 한국보육진흥원과 한국아동권리학회가 공동으로 이를 개정하여 발표하였다(제3장 보육교사의 윤리 '2. 보육교사 윤리강령' 참조). 이는 어린이집 원장과 보육교사의 직무수행에 대한 규준이다.

한국 보육인 윤리선언과 보육인 윤리강령은 어린이집 원장과 보육교사가 보육현장에서 발생하는 윤리적 갈등을 해결하고, 영유아의 권리를 보장할 수 있도록 명시함으로써 이들이 직무상의 윤리적 책임을 다하여 전문 직업인으로서의 위상을 공고히 할 수 있도록 하는 데 목적이 있다(임승렬 외, 2014. p. 77).

2) 보육교사의 권리

영유아에 대한 돌봄과 교육을 제공하는 보육교사는 영유아 발달에 대한 지식, 교수학습에 대한 이해, 의사소통 기술, 윤리의식 등 교직과 일반직으로서의 전문성을 지녀야 한다(김은설 외, 2009). 이에 영유아 권리존중 보육 실행가, 돌봄 전문가, 보육윤리 준수자로서의 보육교사에게는 자신의 직무를 수행하는 데 필요한 권리가 보장되어야 한다.

영유아에 대한 돌봄과 교육을 제공하는 직무의 성격은 유치원 교사와 보육교사가 다르지 않다. 다만, 유치원 교사는 「유아교육법」 상 교원인 반면, 보육교사는 「영유아보육법」 상 보육교직원이자 「근로기준법」 상 근로자로서의 법적 지위를 갖는다. 즉, 유치원 교사는 교원으로서 교육을 제공하고, 보육교사는 사회복지서비스로서 보육을 제공한다. 또한, 유치원 교사의 권리는 「교육기본법」, 「유아교육법」, 「교원지위 향상을 위한 특별법」, 「교원예우에 관한 규정」, 「사립학교법」 등 다양한 법과 규정에서, 보육교사는 「영유아보육법」과 「근로기준법」 등에서 권리를 보장받고 있다(김광병, 김기화, 2015). 보육교사가 어린이집에서 수행하는 역할과 지위는 유치원 교사의 업무의 성격과 다르지 않다는 점을 고려할 때, 보육교사도 유치원 교사와 동등한 교사로서의 권리가 보장되어야 하므로 이를 위한 법적 기반의 마련이 필요하다.

영유아의 전인적 성장과 발달을 도모하는 보육교사는 보육전문가로서 자신의 철학과 전문가적 양심과 신념에 따라 영유아를 위한 최선의 보육을 수행할 의무와 권리가 있다. 이를 위해 「영유아보육법」에는 보육교사의 직무, 책무, 자격, 결격사유, 보수교육 등 보육전문가로서 보육교사가 실천해야 할 의무에 대해 명시하고 있다. 그러나 보육교사의 책무에 비해 보육교사의 권리를 보호하기 위한 조항은 미흡하거나 명시되어 있지 않아 보육교사의 권리는 충분히 보호받지 못하고 있다. 심지어 보육교사의 권리에 대한 개념조차 확립되어 있지 못하다(이서영, 양성은, 2018).

교사의 권리는 전문직으로서 교직에 종사하는 교원이 그들의 책임과 의무를 수행함에 있어 보장받아야 할 교육활동의 자율성, 신분과 생활의 안정, 사회적 신뢰와 존경 등 제반 조건에 대한 교원의 권리를 의미한다(임승렬 외, 2014, p. 68). 「영유아보육법」 상 보육교직원인 보육교사는 직무 특성이 유치원교사와 크게 다르지 않아 보육교사의 권리를 논할 때 주로 교권의 개념에 근거하여 논의된다.

보육교사의 권리는 연구자별로 다양하게 표현되고 있으나(표 1-2 참조) 공통적으로 보육전문가로서 자율권을 가지고 보육할 권리, 전문가로서 신분과 근로 여건 등을 보장받고 개선을 요구할 권리, 영유아 보육 수행 시 보육교사로서 존중받고 부당한 대우에 이의를 제기할 권리 등을 제시하고 있다. 그러나 여전히 보육교사의 직업적 책임과 의무가 법적인 권리와 부합되지 않은 부분이 있어 보육교사의 권리와 의무는 불균형적 상황에 처해 있다. 그러므로 영유아 보육전문가로서 보육교사는 양질의 보육을 수행하기 위해 교사로서의 권리를 보장받아야 한다. 이를 위해 보육교사는 직전 교육과 보수교육 등을 통해 자신의 권리가 무엇인지 인지하고, 적합한 권리 실제는 어떻게 이루어질 수 있는지, 권리 침해에 대해 대처하는 방법은 무엇인지 등에 대해 교육을 받을 필요가 있다(이서영, 양성은, 2018).

표 1-2 보육교사의 권리

연구자	권리
임승렬 외 (2014)	자율권, 경제적 · 사회적 신분보장권, 근로권, 쟁의권, 단체활동권
김길숙 외 (2015)	전문직으로서의 교육권 및 자율권, 근무여건 개선 및 생활보장 요구권, 복지후생제도 요구권, 신분보장권 및 불체포특권, 소송 제기권 및 교직 단체 활동권
이경화 외 (2018)	• 교육할 권리: 보육교사의 교육권으로 가르치는 일에 있어 학문의 자유를 누려야 할 권리 • 전문직 종사자로서의 권리: 안정적으로 직무를 수행할 수 있도록 보육교사의 신분 보장에 대한 권리 • 인간으로서의 권리: 교육활동과 관련하여 인간으로서의 존엄과 행복을 추구할 권리

생각해볼 문제

1. 현대사회의 특징을 고려하여 보육의 중요성과 필요성에 대해 생각해봅시다.
2. 보육교사의 역할과 기능을 유연근무제, 재택근무, 남성 육아휴직 등의 사회적 이슈와 관련하여 생각해봅시다.
3. 영유아의 보호권과 발달권의 권리존중과 관련하여 보육교사의 돌봄과 권리에 대한 책무성에 대해 생각해봅시다.

CHAPTER

2

보육교사의 인성개발과 자기 이해

CHAPTER

2

보육교사의 인성은 보육활동의 근간으로 보육교사가 영유아에게 윤리적이고 전문적인 교육과 돌봄을 제공하기 위해 필수적이다. 보육교사의 인성과 자질은 보육활동을 수행하는 과정이나 어린이집에서의 일과를 통해 구체적이고 실천적으로 발현되므로 지속적인 개발이 요구된다. 또한 보육교사가 양질의 보육을 수행하기 위해서는 자신이 수행한 보육활동이 영유아의 권리와 이익을 위한 최우선의 선택이었는지 등에 대해 반성하고 성찰하는 자기 이해가 필수적이다. 따라서 이 장에서는 보육교사의 인성과 자질을 이해하고 이를 개발하기 위한 방안을 살펴봄으로써, 보육교사의 자기 이해를 도모하는 방안에 대해 알아보고자 한다.

학습 목표

1. 인성과 인성교육의 의미를 알아본다.
2. 보육교사의 인성과 자질을 이해하고 이를 함양하기 위한 방안에 대해 알아본다.
3. 보육교사의 자기 이해와 관련된 개념을 살펴보고 이의 증진 방안에 대해 알아본다.

1. 인성과 인성교육

1) 인성의 의미

인성이란 단어의 영어 표현인 'personality'는 고대 희랍 시대 에트루리아의 어릿광대들이 쓰던 가면을 뜻하는 라틴어 'persona'에서 유래하였다. persona는 '남이 보는 나의 얼굴'을 뜻하며, 정신분석학자인 융(C. Jung)은 'persona'로 인해 개인은 생활 속에서 자신의 역할을 잘 수행할 수 있으며 주변 세계와 상호관계를 맺을 수 있다고 보았다. 이러한 배경에 의해 현재 'personality'라는 단어는 심리학 분야에서는 성격으로, 정신의학 분야에서는 인격으로, 교육학 분야에서는 인성으로 사용하고 있다(김영옥, 2014, p. 13).

인성의 사전적 의미는 '사람의 품성' 혹은 '각 개인이 가지는 사고와 태도 및 행동 특성'으로 유의어로는 인격, 성격, 성품, 인간성 등 다양하다(국립국어원 표준국어대사전, 2023). 따라서 인성의 의미는 연구자들마다 다양하게 정의되고 연구되었다. 그럼에도 인성에 관한 학자들의 의견에서 공통된 점은 바로 인성을 인간 존재의 가치와 관련된 것으로 본다는 점이다. 즉, 인성을 자신이 속한 사회와 환경에 적응하고 대응하며 행동하게 하는 근간으로 보고 있다.

- 인간이 가진 보편적 성품이며 인간답게 살고자 하는 마음(김미라, 2011)
- 인간의 가치 신념과 도덕적 행동을 포함하면서 교육이나 학습에 의해 함양될 수 있는 인간의 성품(김경령, 서은희, 2014, p. 120)
- 개인의 독특한 특성을 바탕으로 길러지는 그 사람의 사람됨(교육과학기술부, 2011)
- 인간이 가지는 본질이자 인간으로서 지켜야 할 품성이나 덕목으로서 한 개

인이 갖는 개인적이고 사회적인 사고, 감정, 가치관, 행동 양식을 포함하는 포괄적 개념(김옥경, 2019)

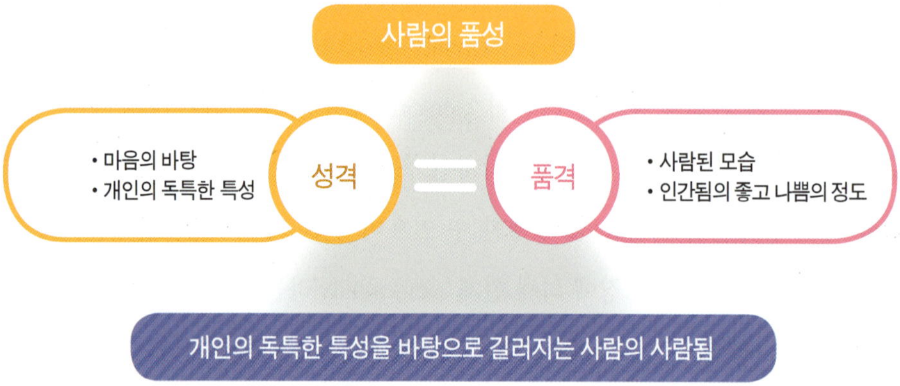

그림 2-1 인성의 정의

출처: 교육과학기술부(2011). 유치원 기본과정 내실화를 위한 인성교육 프로그램, p. 16.

인성의 의미를 어떻게 보는지에 따라 인성교육의 방향성은 달라진다. 그러므로 다의적이고 포괄적 의미를 지닌 인성을 구체적으로 이해하기 위해 선행연구를 기초로 제시한 도덕적 관점, 심리학적 관점, 사회문화적 관점을 살펴보면 표 2-1과 같다(김옥경, 2019, pp. 12~15; 윤미선, 2016, pp. 34~55; 은지용, 2013).

표 2-1 인성의 관점

도덕적 관점	심리학적 관점	사회문화적 관점
• 인격 • 인간으로서 지켜야 할 품격이나 덕목 • 공동체 생활에서 요구되는 자질이나 행위 규범 등과 더불어 지켜야 할 덕목 • 도덕성과 연계된 관점 • 도덕적 판단과 실천 • 신뢰, 존중, 책임감, 공정성, 배려, 시민의식 등 가치지향적 개념	• 성격 • 인간의 정의적 측면의 발달이나 성격, 정서적 능력의 발달, 심리적 부적응 등을 포함 • 다양한 상황에서 후천적으로 길러지고 다듬어지고 개발된 개인의 인지, 동기, 행위에 영향을 미치는 개인의 특성 • 다른 사람과의 차별성을 갖는 특수성	• 사회공동체에 의해 형성된 문화(생활양식)가 내면화되어 나타나는 사고, 가치관, 행동 양식 • 사회공동체에 의한 문화, 규범, 가치 등이 내면화되어 사회화 또는 문화화되는 것 • 더불어 살기 위한 도덕적, 친사회적 가치 추구 • 교육이나 학습에 의해 습득되고 변화가능한 마음 • 원만한 인간관계나 사회적 능력을 위해 함양되는 것

2) 인성교육의 의미

「인성교육진흥법」 제2조에 따르면 인성교육은 자신의 내면을 바르고 건전하게 가꾸고 타인, 공동체, 자연과 더불어 살아가는 데 필요한 인간다운 성품과 역량을 기르는 것을 목적으로 하는 교육이다. 인성의 의미가 포괄적이고 다면적인 만큼 인성교육의 의미에 대한 의견도 연구자마다 다양하다. 여러 연구자들의 인성교육에 대한 정의를 종합해보면, 인성교육은 인간다움을 길러주기 위한 의도적이고 행동 지향적인 교육이다. 즉, 좋은 인간성과 훌륭한 시민성을 갖춤으로써 바람직하게 행동하는 데 필요한 도덕적, 심리적, 사회적 차원의 보편적 성품과 실천 역량을 기르는 것이다. 여러 연구자들이 정의한 인성교육의 의미를 살펴보면 표 2-2와 같다.

표 2-2 인성교육의 의미

연구자	의미
교육과학기술부 (2009)	• 도덕성, 사회성, 정서를 포함한 바람직한 인간으로서의 성품을 기르는 교육 • 21세기 글로벌 인재 양성에서 필요한 인성을 길러주기 위하여 기존의 가치교육이나 가치 전수가 아닌 창의성과 인성을 유기적으로 연결 또는 통합하는 교육 • 인간관계와 관련된 덕목과 도덕적 판단에 필요한 능력을 주로 교육
정창우 (2010)	• 인간다운 면모와 자질을 갖추기 위한 교육 • 자기중심성에서 벗어나 타인 및 공동체와 바람직한 관계를 형성할 수 있도록 하는 일련의 가치교육, 도덕교육, 인격교육, 시민성 교육의 공통분모에 해당하는 교육
천세영 외 (2012)	• 다른 사람들과 더불어 살아가는 데 필요한 도덕성, 사회성, 감성을 포함한 바람직한 인간으로서의 성품과 역량을 기르는 교육
전재선 (2013)	• 바람직한 인간상을 함양하는 것을 목적으로 하는 교육 • 인성 함양을 위해 가르치고 배워야 할 것과 그것을 적절하게 이해하고 실천할 수 있는 인지적, 정의적, 행동적 요소를 강화하는 교육
김영옥 (2014)	• 사람이 생을 살아가는 데 있어 마음을 어떻게 쓰고 다스리는가를 길들이는 교육
양정실 (2014)	• 인간다운 바람직한 삶을 영위하는 데 필요한 도덕성과 시민윤리를 바탕으로 미래사회를 위한 도덕적, 사회적, 감성적 소양을 일상생활 속에서 실천할 수 있는 역량을 갖추도록 하는 교육

출처: 이완정 외(2015). 2015 한국아동학회 추계학술대회 자료집, p. 117 내용 재구성

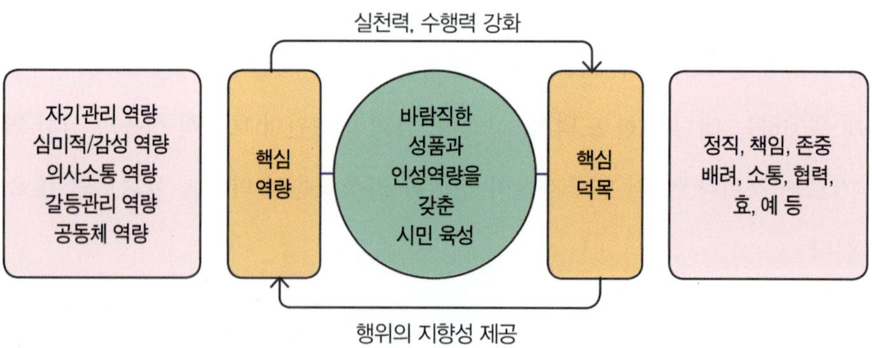

그림 2-2 인성교육의 방향

출처: 교육부(2016). 인성교육 5개년 종합계획, p. 4.

2. 보육교사의 인성과 자질

1) 보육교사의 인성

보육교사의 인성은 보육활동의 근간이다. 보육교사가 영유아 보육에 대한 훌륭한 지식과 기술을 가지고 있어도 이를 수행하고자 하는 동기나 열정 등과 관련한 인성이 부족하다면 영유아가 실제로 경험하는 보육에는 차이가 있다. 인성은 보육교사가 영유아에게 지속적으로 제공하는 윤리적이고 전문적인 돌봄을 위해 필수적인 요소이므로 직전교육에서 보육교사의 인성을 증진시키기 위한 노력은 매우 중요하다. 그리하여 보육교사의 인성 요인과 관련한 연구도 활발히 진행되어 왔는데 이는 개인적이고 보편적 측면과 사회·관계적이고 직무 특성을 반영한 측면을 포함하고 있다(표 2-3 참조). 즉, 보육교사의 인성에는 교사 개인의 자기 이해·성찰과 관련된 자아개념, 자기조절, 심리적 건강, 책임감, 성실성, 절제 등의 요인과 보육교사의 직무 특성과 관련된 교직관, 공감, 책임, 존중, 사회관계, 직무수행, 창의·인성 등의 요인이 필요하다.

표 2-3 보육교사의 인성 요인

연구자	구성 요인
전재선, 최종욱 (2012)	• 인간애: 이타심, 용서 • 긍정적 자아개념: 자기개발, 주도적 자아성취 • 사회관계: 자기조절, 의사소통, 공감적 이해 • 직무수행: 직무수행 태도 • 창의·인성: 유머·위트, 사회문제 인식, 창의적 성향
서현 외 (2013)	• 긍정적 자아개념, 교사의 인간애, 직무수행, 사회관계, 창의·인성

연구자	구성 요인
김은설 외 (2015)	• 보편적 인성: 사회성, 책임감 · 성실성, 타인 존중 · 배려, 자기조절, 심리적 건강 • 교사로서의 인성: 공감 · 정의감, 교직관, 민감성 · 수용성
이완정 외 (2015)	• 영아교사: 발달에 대한 민감성, 인내심 • 유아교사: 열정, 끈기, 위험에 대한 감수, 실용주의, 인내, 유연성, 존중, 창의, 진정성, 배움에 대한 열의, 생기, 유머감각
김영은 (2016)	• 긍정적 자아개념, 성실함, 도덕성, 책임감, 인내심, 유아에 대한 사랑, 올바른 가치관, 정서적 안정, 타인에 대한 긍정적 사고, 융통성
이영림 (2017)	• 개인적 덕목: 절제, 성실 • 관계적 덕목: 존중 · 배려, 책임, 협동
정지언 (2019)	• 인간애, 긍정적 자아개념, 사회관계, 직무수행, 창의 · 인성

활동 1

보육교사의 인성 알아보기

1. 보육교사의 '인성' 하면 떠오르는 단어나 생각을 적어봅시다.

2. 내가 생각한 것을 친구들의 것과 비교해본 후 유사한 것끼리 묶어봅시다.

3. 묶여진 내용이 왜 보육교사의 인성과 관련된다고 생각하는지에 대해 친구들과 함께 이야기해봅시다.

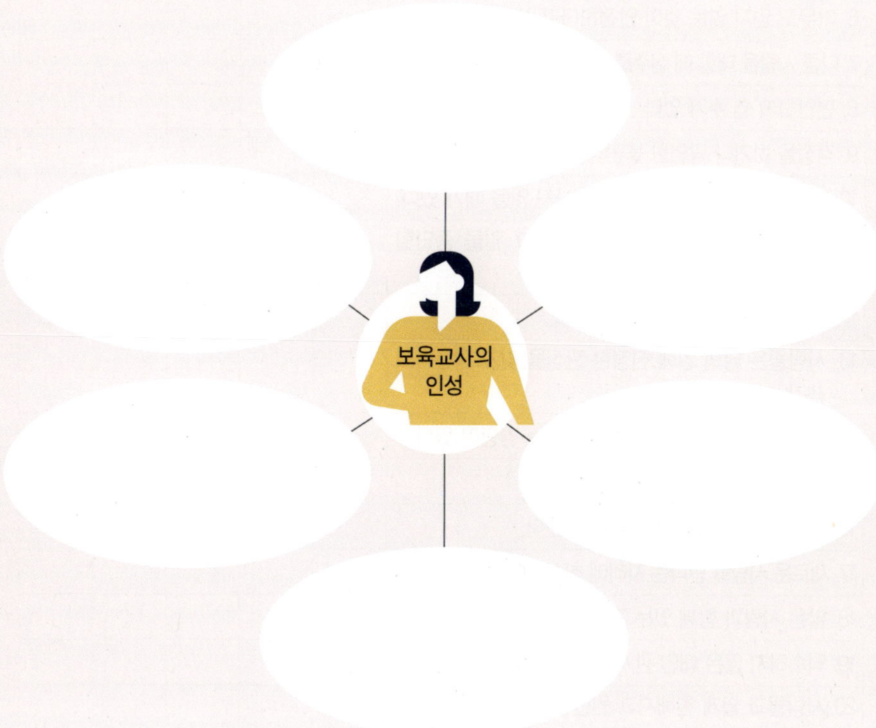

활동 2

예비보육교사의 인성 평가하기

※ 문항을 읽고 각 문항과 자신이 일치하는 정도에 대해 ✔표 해주십시오.

① 전혀 그렇지 않다 ② 별로 그렇지 않다 ③ 그저 그렇다 ④ 대체로 그렇다 ⑤ 매우 그렇다

문항	①	②	③	④	⑤
1. 아무런 가치도 없다고 느낄 때가 있다.					
2. 무슨 일을 하든 정신을 집중하기가 힘들다.					
3. 낯선 사람들이 나를 흠 잡듯이 쳐다보는 것 같다.					
4. 매사에 침울하고 희망이 없어 보일 때가 있다.					
5. 다른 사람들보다 더 많이 실패한 것 같다.					
6. 아무도 믿지 않는 것이 안전하다고 생각한다.					
7. 다른 사람을 대할 때 실수를 할까 봐 두려움을 느낀다.					
8. 편안하게 쉴 수가 없다.					
9. 걱정을 하거나 막연한 불안감을 느낀다.					
10. 도무지 무엇을 시작할 기운이 나지 않을 때가 있다.					
11. 잘못된 일이라는 것을 알면서도 그 일을 중단할 수 없을 때가 있다.					
12. 때로 공허하고 허전한 감이 든다.					
13. 사람들은 남의 일에 진정한 관심을 갖지 않는다고 생각한다.					
14. 일이 잘못되었을 때 남의 탓을 하는 경향이 있다.					
15. 책임감이 있는 일을 맡기가 두렵다.					
16. 일이 잘못될까 봐 걱정을 하곤 한다.					
17. 새로운 사람을 만나는 자리에 참석하는 것이 즐겁다.					
18. 많은 사람과 함께 있는 것이 좋다.					
19. 익숙하지 않은 대인 관계에서도 편안함을 느낀다.					
20. 사람들과 쉽게 친해지고 원만한 관계를 유지할 수 있다.					

문항	①	②	③	④	⑤
21. 필요할 때 도움을 줄 친구가 많다.					
22. 인사를 잘한다.					
23. 시작한 일은 끝까지 마친다.					
24. 해야 할 일은 책임지고 마무리한다.					
25. 꾸준하고 열심히 일하는 사람으로 알려져 있다.					
26. 해야 할 일을 남에게 미루지 않는다.					
27. 일정을 잘 맞춰서 사람들로부터 신뢰를 받는다.					
28. 시간을 잘 지키는 편이다.					
29. 마음이 내키지 않더라도 맡은 일은 반드시 수행한다.					
30. 다른 사람보다 옳고 그름을 가리는 데 엄격하다.					
31. 규칙을 잘 지킨다.					
32. 사소한 일이라도 최선을 다한다.					
33. 노느라고 맡은 일을 마치지 못할 때가 있다.					
34. 목표한 일에서 좋은 결과를 얻을 수 있다.					
35. 장기적 목표를 위해 계획을 세워 행동한다.					
36. 남에게 내 차례를 양보한다.					
37. 친구들로부터 따듯한 사람이라는 말을 듣는다.					
38. 남의 기분을 상하지 않도록 행동과 말을 조심한다.					
39. 사람들은 나를 다정하고 상냥한 사람이라고 생각한다.					
40. 남의 말을 경청한다.					
41. 만나는 사람에 맞춰서 행동한다.					
42. 다른 사람들이 좋아할 말이나 행동을 하려고 노력한다.					
43. 다른 사람들을 도와준다.					
44. 상대방의 의견을 존중한다.					
45. 다른 사람이 나와 다른 생각을 가지고 있더라도 이해하려고 노력한다.					
46. 다른 사람들과 의견을 잘 조율한다.					
47. 교사는 신뢰와 존경을 받는 직업이다.					

문항	①	②	③	④	⑤
48. 나에게 교사라는 직업은 매우 중요한 의미를 가진다.					
49. 영유아를 가르치고 돌보는 것은 가치 있는 일이다.					
50. 교사는 일반인보다 더 높은 윤리의식을 가져야 한다.					
51. 미래에 좋은 교사가 되기 위해 자기 계발을 한다.					
52. 좋아하는 음식을 먹을 때 과식하는 경향이 있다.					
53. 충동적으로 일을 벌이고 나서 후회하는 경향이 있다.					
54. 머릿속에 떠오르는 대로 말하는 경향이 있다.					
55. 화를 참지 못한다.					
56. 위기나 곤란에 처한 영유아를 보면 보호해 주고 싶은 마음이 든다.					
57. 환경과 배경에 따라 상대를 차별하지 않는다.					
58. 다친 영유아를 보면 마음이 아프다.					

※ KICC 인성 평가도구 요인과 문항(예비보육교사용)

인성 요인	문항 번호	문항 수
사회성	17, 18, 19, 20, 21, 22	6
책임감 · 성실성	23, 24, 25, 26, 27, 28, 29, 30, 31, 32, 33*, 34, 35	13
타인 존중 · 배려	36, 37, 38, 39, 40, 41, 42, 43, 44, 45, 46	11
자기조절	52*, 53*, 54*, 55*	4
심리적 건강	1*, 2*, 3*, 4*, 5*, 6*, 7*, 8*, 9*, 10*, 11*, 12*, 13*, 14*, 15*, 16*	16
교직관(소명의식)	47, 48, 49, 50, 51	5
공감 · 정의감	56, 57, 58	3
계		58

*역채점

출처: 김은설 외(2015). 영유아교사 인성 평가도구 개발 및 교육 강화 방안, pp. 179–182.

2) 보육교사의 자질

어떤 사람이 보육교사가 되어야 하는가에 관한 것은 보육교사의 자질과 관련된다. 자질이란 타고난 성품이나 소질 또는 어떤 분야의 일에 대한 능력이나 실력의 정도다(국립국어원 표준국어대사전, 2023). 영유아의 돌봄과 교육을 실천하는 보육교사가 갖추어야 할 자질은 개인적 자질과 전문적 자질로 대별할 수 있다(이경하, 석은조, 2010; 임부연 외, 2014, pp. 49-51; 전상희, 2012). 개인적 자질은 보육교사의 사람됨, 즉 인성 측면으로 정신적·신체적 건강, 영유아에 대한 사랑, 온정적 성품, 성실성, 창의성, 융통성, 인내심, 열정, 유머감각 등이 포함되며, 전문적 자질은 영유아 보육을 수행하는 데 필요한 전문적 지식, 교수기술, 교육관과 직업윤리 등을 포함한다. 이러한 보육교사의 자질은 일차적으로 보육교사 양성과정을 통해 형성되지만 보육교사가 된 후 보육현장에서의 경험과 이에 대한 지속적인 반성과 성찰, 보수교육이나 교사 연수를 통해 지속적으로 변화하고 증진된다.

표 2-4 보육교사의 자질

연구자	보육교사의 자질		
이경하, 석은조 (2010).	개인적 자질	긍정적 성격, 인내심, 공평함, 유아를 사랑하는 마음, 최선을 다하는 열정, 신체적 건강	
	전문적 자질	영유아 발달과 보육에 대한 전문적 지식, 교육적 신념, 권위 있는 훈육, 자기 계발을 위한 노력, 상호작용 능력, 영유아 눈높이에 맞는 친구로서의 자세	
전상희 (2012)	개인적 자질	인성적 특성	영유아에 대한 사랑, 성실성, 정서 안정, 친밀감 형성, 원만한 인간관계, 공정성, 인내심, 일관성, 봉사성

연구자	보육교사의 자질		
전상희 (2012)	전문적 자질	교직에 대한 태도	수업에의 열의, 교직 신념과 사명감, 영유아에 대한 이해, 전문성 함양 노력
		전문성	부모참여기술, 보육과정에 대한 지식, 영유아 발달에 대한 지식, 문제해결능력, 수업계획
		교육기술	보육과정 구성, 프로그램 적용, 영유아 평가, 동기유발, 지역사회 활용, 교수매체 활용, 의사소통기술, 융통성, 언어사용능력
임부연 외 (2014)	개인적 자질	정신적 · 신체적 건강, 인간에 대한 사랑, 온정적 성품, 성실성, 창의성, 융통성, 인내심, 열정, 유머감각	
	전문적 자질	전문적 지식	유아에 대한 지식, 보육과정에 대한 지식, 교수–학습 방법과 평가에 관한 지식, 일반교양지식
		교수기술	보육과정 구성 기술, 보육과정 운영, 교재 · 교구의 제작과 활용기술, 프로그램 실천과 평가 기술, 의사소통기술과 상호협력 체제 유지의 기술
		교육관과 직업윤리	교직에 대한 긍정적 전망, 교직에 대한 직업윤리, 보육에 대한 사명감, 교사로서의 전문성, 동료 교사와의 상호작용

3) 보육교사의 인성교육 필요성과 자질 향상

영유아의 권리 존중을 위한 보육 실행가, 돌봄 전문가, 교직윤리 준수자로서 책임과 의무가 있는 보육교사는 개인적이고 전문적인 자질을 향상시키기 위해 끊임없이 노력해야 한다. 보육교사의 인성과 자질은 보육활동을 수행하는 과정이나 어린이집에서의 하루 일과를 통해 구체적이고 실천적으로 나타난다.

(1) 보육교사 인성교육의 필요성

보육교사의 인성은 보육활동의 기본으로서 2015년 어린이집에서 발생한 아동학대 사건은 제도적 · 정책적으로 보육교사의 인성과 인성교육에 대한 관심을 높이는 계기가 되었고, 보육교사의 인성과 자질 향상을 도모하는 등 보육교사 자격취득 기준을 강화하여 2016년 「영유아보육법 시행규칙」이 개정되었다. 그에 따라 직전교육에서는 영유아의 권리와 이익을 위해 최선의 보육을 실천하도록 지원하는 인성교육과 보육교사가 자신을 이해하고 성찰하며 심신의 건강을 기초로 자긍심을 가지고 보육교사직을 수행하도록 지원해주는 인성교육을 더욱 강조하게 되었다.

아동학대 사건이 발생한 이후 보육교사의 자질과 관련하여 전문성 함양뿐 아니라 감정조절, 도덕성과 같은 인성적 측면을 더 강화시킬 수 있는 교육에 대한 관심과 필요성이 강조되었다. 특히, 보육교사는 영유아의 권리와 이익에 최우선을 두는 보육을 수행하기 위해 최선을 다하는 자세와 태도 및 전문적 보육 지식과 기술이 모두 필요하다.

보육교사의 인성은 교사 개인의 심성에 중점을 두면서 교사로서의 전문성 함양과 함께 보육교사가 갖추어야 할 역량이다. 그러므로 보육교사의 인성교육의 필요성과 자질 함양의 방향은 영유아의 발달과 권리에 대한 이해를 바탕으로 한다. 이를 통해 보육교사의 인성교육은 보육교사의 자기관리와 사회적 관계 역량 증진을 통해 어린이집에서의 일과를 안정적으로 운영하고, 영유아 · 부모 · 동료 교사 · 지역사회 등 주변과 소통하고 협력하여 따뜻하고 유능한 보육전문가로 성장할 수 있도록 돕는 데 중점을 둔다.

(2) 보육교사 인성교육의 사례: 「마음성장 프로젝트」

보육교사의 인성은 보육교사직에 대한 철학이나 가치, 신념에도 긍정적인 영향을 미치며, 나아가 타인에 대한 이해와 배려하는 마음가짐을 통해 사회적 관계 형성에도 긍정적인 영향을 미친다(김영은, 이희선, 2016). 이에 보육교사들은 나를 돌아볼 수 있는 인성교육, 소통하고 공유하는 인성교육, 보육교사로서의 자질과 직무능력 향상을 위한 인성교육, 자신의 삶을 풍성하게 하는 인성교육을 필요로 한다(박혜영, 2018). 한국보육진흥원은 김은설 외(2016)가 개발한 보육교사 인성교육 프로그램을 기초로 「마음성장 프로젝트」를 개발 · 운영하고 있는데, 2016년 처음 실시한 이후 보육현장과 시대적 요구에 따라 교육주제를 확장하여 실시하고 있다.

「마음성장 프로젝트」에 참여할 경우, 교육 참여자는 홈페이지에서 보육교사의 자기이해테스트를 통해 자신의 인성 특성을 점검한 후 그 결과에 따라 적합한 인성교육 프로그램 영역을 선택하여 해당 교육에 참여한다. 인성교육 프로그램은 표 2-5에 제시한 바와 같이 자존감, 대인관계, 정서능력, 소명감의 4개 영역과 마음의 힐링, 직무능력 향상, 역량 강화의 3개 교육과정으로 구성되어 있다. '마음의 힐링'은 전반적인 인성교육의 바탕이라 할 수 있는 기본 교육과정이고, '직무능력 향상'은 직무에 직접적으로 긍정적인 영향을 줄 수 있는 기술적 교육과정이며, '역량 강화'는 해당 영역이 추구하는 인성 요소를 강화시키려는 교육과정이다. 「마음성장 프로젝트」는 이와 같은 소양 교육 외에도 최근에는 놀이 교육, 인문학, 미래가치교육 등으로 다양한 교육내용을 개발해 나가고 있다.

표 2-5 「마음성장 프로젝트」의 교육영역과 내용

인성 · 교육 영역	하위 요소	연계 프로그램	
자존감	자기 효능감 심리적 건강 자아 존중감	마음의 힐링	감정코칭과 자긍심
		직무능력 향상	영유아 상호작용
		역량 강화	보육교사의 자아존중감
대인 관계	사회성 의사소통 타인배려 · 공감	마음의 힐링	타인 배려와 공감능력 증진
		직무능력 향상	자기 이해에 기초한 학부모와의 효과적 의사소통
		역량 강화	소통능력 함양
정서능력	정서인식 정서조절 · 활용	마음의 힐링	감정관리의 기술
		직무능력 향상	문제행동 영유아에 대한 이해 및 대처
		역량 강화	정서 · 행동 조절
소명감	소명의식 전문성 함양 직무만족감	마음의 힐링	브레인 힐링
		직무능력 향상	갈등의 예방과 관리
		역량 강화	보육교사의 윤리와 책무성

출처: 김은설 외(2016). 보육교직원 인성교육 프로그램 및 인성평가 문항 개발, p. 42 내용 재구성

그림 2-3 마음성장 프로젝트 홈페이지(https://mindup.kcpi.or.kr)

3. 보육교사의 자기 이해

1) 자아개념

자아개념은 개인이 다른 사람과 자신을 구분 짓는 속성, 특질 등에 대한 지각이다(Shaffer & Kipp, 2014, p. 457). 보육교사의 자아개념은 교사로서의 자기 능력 및 자질과 관련된 태도, 판단, 가치에 대한 지각이라고 할 수 있다(이다은, 이경화, 2020). 이는 상황에 따른 정확한 판단을 할 수 있게 할 뿐만 아니라 영유아의 특성을 이해하고 영유아에게 최선의 교수–학습 방법을 택하여 적용할 수 있도록 하는 데 중요한 요인이 된다(류민영, 2014). 또한, 보육교사의 자아개념은 보육교사가 자신을 긍정적 혹은 부정적 태도로 인식하는지, 영유아 보육 시 발생하는 문제를 해결할 능력이 있는지, 보육교사로서 자신의 태도와 행위를 지속적으로 성찰하고 살펴보는지 등과 관련된다. 따라서 보육교사의 자아개념은 영유아의 권익을 최우선으로 선택하는 보육 수행에 영향을 미친다. 보육교사가 긍정적이고 높은 수준의 자아개념을 가지고 있다는 것은 그만큼 교사로서 충분한 자질을 갖추고 역할을 잘 수행할 수 있는 능력이 있다는 것을 의미한다.

활동 3

내가 생각하는 나! 친구가 생각하는 나!

1. 친구와 짝을 이루거나 3~4명의 소그룹을 형성한다.

2. 9칸 퍼즐 (또는 포스트잇 활용)에 내가 생각하는 나의 특징을 적는다.

3. 나의 특징에 대해 짝이나 소그룹 친구들이 9칸 퍼즐을 완성한다.

4. 내가 생각하는 나와 친구가 생각하는 나의 모습에서 일치하는 것과 불일치하는 것을 찾아본다.

참고 자료 1

MBTI의 이해

MBTI(Myers-Briggs Type Indicator)는 융(C. Jung)의 심리유형론을 근거로 브릭스와 마이어스(K. C. Briggs & I. B. Myers)가 고안한 성격유형 지표로서 성격유형을 선천적 심리 경향인 4가지 양극 지표에 따라 16가지로 구분한다.

외향(E ; Extraversion)	← 에너지 방향, 주의 초점 →	내향(I ; Introversion)
감각(S ; Sensing)	← 인식기능(정보 수집) →	직관(N ; iNtuition)
사고(T ; Thinking)	← 판단기능(판단, 결정) →	감정(F ; Feeling)
판단(J ; Judging)	← 이행양식/생활양식 →	인식(P ; Perceiving)

구분	선호지표	
	외향형(Extraversion)	내향형(Introversion)
설명	폭넓은 대인관계를 유지하며 사교적, 정열적, 활동적이다.	깊이 있는 대인관계를 유지하며 조용하고 신중하며 이해한 다음에 경험한다.
대표적 표현	• 자기 외부에 주의집중 • 외부활동과 적극성 • 정열적, 활동적 • 말로 표현 • 경험한 다음에 이해 • 쉽게 알려짐	• 자기 내부에 주의집중 • 내부활동과 집중력 • 조용하고 신중 • 글로 표현 • 이해한 다음에 경험 • 서서히 알려짐
	감각형(Sensing)	직관형(iNtuition)
설명	오감에 의존하여 실제의 경험을 중시하며 지금, 현재에 초점을 맞추고 정확하고 철저하게 일을 처리한다.	육감이나 영감에 의존하며 미래지향적이고 가능성과 의미를 추구하며 신속하고 비약적으로 일을 처리한다.
대표적 표현	• 지금, 현재에 초점 • 실제의 경험 • 정확, 철저한 일 처리 • 사실적 사건 묘사 • 나무를 보려는 경향 • 가꾸고 추수함	• 미래 가능성에 초점 • 아이디어 • 신속, 비약적인 일 처리 • 비유적, 암시적 사건 묘사 • 숲을 보려는 경향 • 씨 뿌림

구분	선호지표	
	사고형(Thinking)	감정형(Feeling)
설명	진실과 사실에 주된 관심을 갖고 논리적, 분석적, 객관적으로 판단한다.	사람과의 관계에 주된 관심을 갖고 상황적이며 정상을 참작하여 설명한다.
대표적 표현	• 진실, 사실에 주 관심 • 원리와 원칙 • 논거, 분석적 • 맞다, 틀리다 • 규범, 기준 중시 • 지적 논평	• 사람, 관계에 주 관심 • 의미와 영향 • 상황적, 포괄적 • 좋다, 나쁘다 • 나에게 주는 의미 중시 • 우호적 협조
	판단형(Judging)	인식형(Perceiving)
설명	분명한 목적과 방향이 있으며 기한을 엄수하고 철저히 사전 계획하고 체계적이다.	목적과 방향은 변화 가능하고 상황에 따라 일정이 달라지며 자율적이고 융통성이 있다.
대표적 표현	• 정리정돈과 계획 • 의지적 추진 • 신속한 결론 • 통제와 조정 • 분명한 목적의식과 방향 감각 • 뚜렷한 기준과 자기 의사	• 상황에 맞추는 개방성 • 이해와 수용 • 유유자적한 과정 • 융통과 적응 • 변화 가능한 목적과 방향의 개방성 • 재량에 따라 처리할 수 있다는 포용성

출처: ㈜한국MBTI 연구소 홈페이지(www.mbti.co.kr)

2) 자아존중감

자아존중감은 자신과 타인의 평가에 기초하여 형성하는 가치, 능력, 통제 차원의 총체적인 자기 이해로서 자신에 대한 평가다. 이는 개인의 발달과 성격 및 사회적응에 영향을 미친다(김갑순, 김정화, 2022). 자아존중감이 높은 사람은 자신을 가치 있고, 자신감 있고, 세상에 영향을 미칠 수 있는 긍정적인 존재로 보는 반면, 자아존중감이 낮은 사람은 자신을 가치 없다고 여기고 자신의 능력을 과소평가하여 스스로에 대한 효능감이 낮고 부정적으로 인식하는 경향이 있다. 이에 자아존중감이 높은 사람은 스트레스 상황에서도 적극적이고 효율적으로 대처하며 이를 해결하려는 동기가 높고, 심리적인 어려움으로부터 자신을 보호할 수 있다. 또한, 자아존중감이 높은 사람은 살면서 경험하는 부정적 사건에 덜 취약하고 회복력이 있으며 삶에 대한 만족도가 높다(Browon & Dutton, 1995; Zuckerman, 1989; 권연희, 2013에서 재인용). 그러므로 높은 수준의 자아존중감을 지닌 보육교사는 보육활동 수행 시 발생하는 다양한 문제 상황을 주도적이고 협력적인 방식으로

활동 4

Rosenberg의 척도로 나의 자아존중감 알아보기

※ 각 문항을 읽고 자신과 일치하는 정도에 ✔표 해주십시오

① 전혀 그렇지 않다 ② 별로 그렇지 않다 ③ 그저 그렇다 ④ 대체로 그렇다 ⑤ 매우 그렇다

문항	①	②	③	④	⑤
1. 나는 가치 있는 사람이라고 생각한다.					
2. 나는 좋은 점이 많다고 생각한다.					
3. 나는 무슨 일이든 다른 사람만큼 잘할 수 있다.					
4. 나는 나 자신에 대해 긍정적 태도를 가지고 있다.					
5*. 나는 자신에 대해 만족한다.					
6*. 나는 자랑할 만한 것이 없다.					
7*. 나는 나 자신에 대해 지금보다 좀 더 존중할 수 있게 되기를 바란다.					
8*. 나는 실패한 사람이라는 느낌이 든다.					
9*. 나는 쓸모없는 사람이라는 생각이 든다.					
10*. 나는 잘하는 것이 아무것도 없다는 생각이 들 때가 있다.					

*역채점

출처: 서정은(2015). 유아의 도전 행동에 대한 보육교사의 지도전략과 직무스트레스, 자아존중감, 영유아 인권 인식 관계 연구, p. 113.

해결하며, 직무로 인한 스트레스도 더 잘 극복할 수 있을 뿐만 아니라, 보육활동을 수행하는 데 필요한 자질과 역량을 증진하기 위하여 스스로 목표를 세우고 성찰하며 실천해 나갈 수 있다.

3) 자기성찰

성찰은 자신의 마음을 반성하고 살피는 것이다(국립국어원 표준국어대사전, 2023). 가드너(H. Gardner)는 다중지능이론에서 인간의 지능을 언어지능, 논리·수학지능, 음악지능, 신체·운동지능, 공간지능, 인간친화지능, 자연친화지능, 자기성찰지능의 8가지로 제시하였는데, 이 중 자기성찰지능은 자신의 감정을 알고 분별하며 이를 조절하고 활용하는 능력으로 정의하였다. 즉, 자기성찰지능은 자신의 강점, 욕구, 능력을 알고 스스로 이를 통제하고 활용할 수 있는 잠재능력이다. 이러한 자기성찰지능은 보육교사가 하루 일과 중 많은 의사결정을 해야 할 때 효과적인 판단과 행동을 통해 적절한 보육활동을 수행하는 데 필수적이다(전현희, 이보영, 2019; 최상희, 2018).

보육교사는 자신에 대한 통찰과 반성인 자기성찰을 통해 교사로서의 정체성을 형성해 나간다(그림 2-4 참조). 즉, 보육교사는 자기성찰을 통해 자신을 돌아보고 자신을 이해하며 자신의 능력을 개발함으로써 교사로서 성장과 발전을 지속해 나간다(정순경, 손원경, 2016).

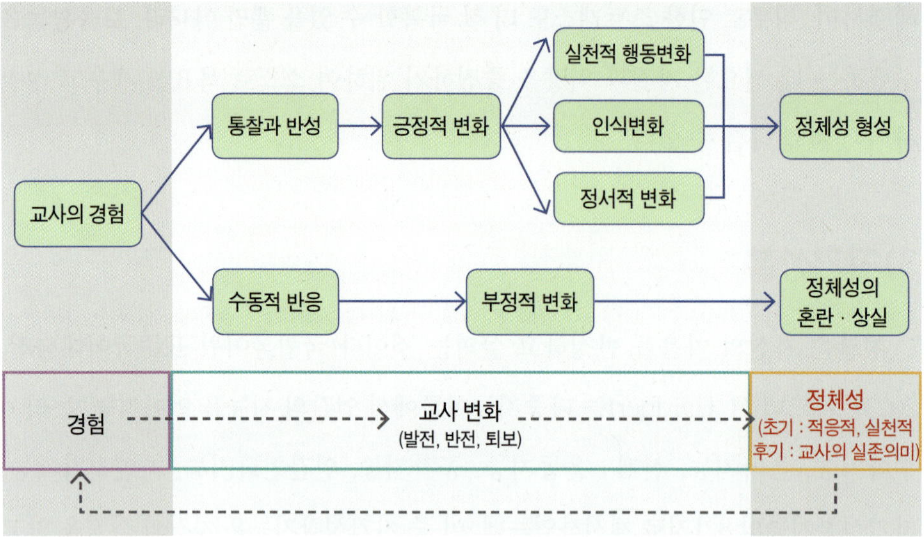

그림 2-4 교사의 정체성 형성과정

출처: 정순경, 손원경(2016). 교사의 정체성 요소와 형성과정에 대한 질적 메타분석, p. 196.

4) 보육교사의 자기 이해 증진: 자서전적 글쓰기

보육교사는 자신이 어떤 사람이며, 자신이 수행하는 보육활동이 영유아에게 어떤 영향을 미치는지, 그리고 그런 보육활동이 영유아의 권리와 이익을 위한 최선의 선택이었는지 등에 대해 지속적으로 반성하고 성찰함으로써 성장해 나갈 수 있다. 그러므로 보육교사의 자기 이해는 교사 개인의 성장과 양질의 보육 실천을 위해 필수적이며, 이를 위해 보육교사는 보수교육, 인성교육, 교사 학습공동체, 반성적 저널쓰기, 자서전적 글쓰기 등의 다양한 교육과 방법을 활용할 수 있다. 여기서는 보육교사의 삶의 경험에 대한 반성적 성찰을 통해 교사로서의 자아정체감을 회복하는 기회를 제공해주는 자서전적 글쓰기에 대해 소개하고자 한다(임부연 외, 2014, pp. 247-248). 보육교사의 자서전적 글쓰기는 끊임없는 반성적 사고에 대한 열정이 수반될 때 효과적인데 그 특징은 다음과 같다.

- 보육교사 자신의 삶의 이야기를 통해 자신이 어떤 존재이며, 자신의 내면에서 어떤 일이 일어나고 있는지에 대해 관심을 갖게 함으로써 세계와 자신의 삶에 대한 통찰력을 갖게 해준다.
- 보육교사의 신념이나 지식을 드러냄으로써 그것이 현재 영유아의 보육활동 수행에 어떻게 반영되는지를 깨닫게 해준다. 자서전적 글쓰기는 보육교사가 자신의 보육활동 수행을 보다 긍정적으로 변화시키는 계기가 되며, 자신의 전문성을 향상시키는 기회가 된다.
- 보육교사로서의 성장과 발달에 영향을 주었던 인상 깊은 경험과 그 의미를 발견할 수 있는 계기를 마련해준다.

이러한 자서전적 글쓰기를 위해 윌리엄 파이너(William Pinar)의 자서전적 방법을 참조할 수 있는데, 이는 후향(regressive), 전향(progressive), 분석(analytical), 종합(synthetical)의 4단계로 이루어진다.

1단계인 후향은 보육교사에게 자신의 과거 경험을 돌아보게 하는 것으로, 현재 가지고 있는 생각과 성향이 과거의 어떠한 경험으로 형성된 것인지 등을 깨닫게 하기 위해 과거의 모든 경험들을 의식의 표면으로 끄집어 올리는 단계이다.

2단계인 전향은 이러한 과거의 경험과 현재 자신이 가지고 있는 관심을 자신의 의식 속에서 자연스럽게 연관되도록 하여 그 과정에서 생각나는 것, 앞으로의 미래에 대해 떠오르는 것을 기록한다.

3단계인 분석은 후향과 전향 단계에서 가져온 개인적 경험들을 제도나 역사적 배경 위에 놓고 그것을 개념화함으로써 과거와 현재, 미래가 어떻게 복잡하게 얽혀 있는지를 이해하는 단계이다. 이때 자신의 정서적 상태, 지적 관심, 경험 속에서 나는 어디에 있는가 등의 질문을 스스로 제기하게 된다.

4단계인 종합에서 보육교사는 자신의 과거 경험과 자신의 현재 관심, 그리고 앞으로의 비전에 대한 새로운 안목을 얻는다. 이와 같이 4단계로 이루어진 자서전적 글쓰기는 일정 기간을 두고 일회적으로 이루어질 수도 있고 필요에 따라 여러 번 이루어질 수도 있다(한혜정, 2013).

참고 자료 2

예비보육교사의 자서전적 글쓰기 사례

나는 꽤 좋지 못한 식습관을 가지고 있다. 대부분의 채소는 절대 입에 대지 않는다. 아동건강수업을 들으며 확인하게 되었는데, 나의 이런 편식은 내가 어릴 때 외삼촌 집에 살면서 다양한 음식을 골고루 먹어보지 못했기 때문이다. (중략) 보육교사가 되어 편식하는 유아가 있으면 골고루 먹도록 지도하여 나처럼 나쁜 식습관을 갖지 않도록 해주고 싶다. 또한, 나 같은 유아가 있을 수 있으니 가정에서 어떻게 지내는지 관심을 가지고 주의 깊게 살펴보아야겠다.

출처: 강경미(2019, p. 97)에서 발췌하여 수정한 예비보육교사 이야기

자서전적 글쓰기를 통해 나의 경험을 돌아보니 진로를 결정할 때 고려했던 나의 적성, 가치관, 비전 등이 눈에 들어오기 시작했고, 보육교사라는 직업에 대해서도 다시 한 번 더 진지하게 생각해보게 되었다. 더 나아가 보육교사는 단순히 '보육이 적성에 맞는지'와 '보육교사 자격증을 취득했는지'의 여부만이 아니라 끊임없이 자신을 성찰하고, 동시에 꾸준한 역량 개발로 자신의 전문성을 유지하고 발전시켜 나가야 한다는 것을 깨달았다. (중략) 보육전문가로서의 역량을 갖추기 위해서는 인성 함양뿐만 아니라, 시간과 노력을 들여 유능하고 비전 있는 보육교사가 되기 위해 끊임 없이 정진해야만 한다. 이를 위해 나는 경험을 글로 써서 객관화시켜 보육교사로서의 정체성과 비전을 고민했다. (중략) 보육교사가 될 사람으로서 다양한 상황에서 어떻게 대처해야 하는지에 대해 고민하는 것이 필요하다는 생각이 든다. 앞으로 보육교사로서 생각해 보아야 할 내용들을 기록해 두어야겠다.

출처: 강경미(2019, p. 100)에서 발췌하여 수정한 예비보육교사 이야기

생각해볼 문제

1. 영유아 중심 보육을 실현하기 위해 필요한 보육교사의 인성과 자질에 대해 생각해봅시다.
2. 보육교사의 인성과 자질 함양을 위해 교사 자신, 어린이집, 국가 차원에서 할 수 있는 방안에 대해 생각해봅시다.
3. 보육교사로서 자아존중감을 증진하기 위한 실천 과제에 대해 생각해봅시다.
4. 예비보육교사로서 자신의 경험과 성장에 대해 자서전적 글쓰기를 해봅시다.

CHAPTER

3

보육교사의 윤리

CHAPTER 3

'윤리'란 '사람으로서 마땅히 행하거나 지켜야 할 도리'로 정의된다(국립국어원 표준국어대사전, 2023). 이는 생활 속에서 보편적으로 널리 사용되고 있는데 '도덕', '규범'과 비슷한 개념으로 사용되면서 법적인 강제성에 구속되지 않고 사회적 통념이나 구성원들의 기대, 관습 등에 근거한다는 특징을 지닌다. 윤리는 공동체의 구성원으로서 인간관계를 유지할 수 있게 해주며, 한 사회나 국가가 건전하게 존속할 수 있게 하는 기능이 있다. 특히 첨단 기술의 발달과 그에 따라 생활양식이 빠르게 변화하고 있는 현대 사회에서는 공동체 의식이나 사회의 보편적 기준보다 개인의 삶과 행복을 중시하는 경향이 강해지면서 공동의 가치체계가 흔들리고 있다. 그리하여 그 어느 때보다 윤리의식이 중요하게 인식되고, 이는 보육현장에서도 예외가 아니다. 최근 사회적으로 아동학대 등이 이슈가 되면서 아동의 권리가 중요한 사회문제가 됨에 따라 보육교사의 아동 권리 존중 등과 관련한 교사윤리가 더욱 중요하게 인식되고 있다. 따라서 이 장에서는 교사윤리의 개념과 필요성을 살펴보면서 보육교사 윤리강령과 영유아 권리 존중에 대해 알아보고자 한다.

학습 목표

1. 직업윤리와 전문직의 개념을 기초로 보육교사 윤리의 필요성을 이해한다.
2. 보육교사 윤리강령의 필요성을 이해하고 우리나라 보육교사 윤리강령에 대해 알아본다.
3. 영유아 권리 존중에 대해 이해한다.

1. 교사윤리의 개념과 필요성

1) 직업으로서의 교사

교직은 수많은 직업 중 하나이기에, 직업이 갖는 기본적인 속성을 가지고 있으나, 다른 직업과 차별화되는 특수한 면이 있다. 이러한 교직의 특성에 대해 생각해보기 위해서는 먼저 직업의 의미와 속성을 생각해볼 필요가 있다. 즉, 직업은 개인적 차원에서 소득을 통해 경제생활을 영위할 수 있게 해주고, 개인의 소양과 자질을 계발하고 실현하는 기회를 제공해줄 뿐만 아니라, 조직 안에서 타인과의 상호작용을 통해 소속감과 교류를 가능하게 해준다. 또한, 사회적 차원에서도 직업은 고유의 역할을 담당함으로써 국가나 사회가 원활하게 기능할 수 있게 해준다. 이와 함께 직업은 계속성, 경제성, 윤리성, 사회성의 속성을 지닌다. 즉, 매일, 매주, 매월 등 주기적으로 일을 하거나 계절 또는 명확한 주기가 없어도 계속 행해지는 계속성, 경제적 거래 관계가 성립되는 활동 측면의 경제성, 윤리적이고 사회적인 활동을 통한 경제적 이윤추구라는 윤리성, 사회 공동체적 맥락에서 의미있는 활동이어야 한다는 사회성의 속성이 있다(통계청, 2017, p.11).

직업의 의미와 속성을 고려할 때 교직 역시 이런 요인들을 모두 포함하고 있다. 교직도 경제성과 계속성을 지니지만, 교직은 영유아와 이들을 둘러싼 여러 유형의 성인들과의 인간관계를 중시한다는 면에서 다른 직업에 비해 윤리성과 사회성이 더욱 강조되는 경향이 있다. 특히 보육 현장에서 보육교사로서 수행해야 하는 교직은 영유아가 태어나 처음으로 접하는 기관에서 영유아의 기본생활습관의 형성부터 신체, 인지, 언어, 정서, 사회성 등의 제반 발달을 위한 기초를 형성하도록 돕는 역할을 수행한다는 점에서 다른 직업과 차별화된다. 그럼에도 교직도 교사 개인이 자신의 직업 행위에 대한 적절한 보상을 받음으로써 경제생활을 영위할 수 있어야 하고, 매일 주기적으로 일을 한다는 점에서는 직업으로서의 특성을 지닌다.

2) 직업윤리의 개념과 보육교사직의 이해

직업윤리는 직업 세계에서 요구되고 지켜야 할 윤리로서 학자마다 다양하게 정의한다(표 3-1 참조). 즉, 직업윤리는 신념, 태도, 헌신, 능력, 규범 등의 용어와 밀접하게 관련되어 있는데, 직업과 관련하여 이를 수행하는 사람이 마땅히 행하고 지켜야 할 도리일 뿐만 아니라 직업에 대한 비판적 숙고까지 포함하는 개념이라고 할 수 있다.

표 3-1 직업윤리에 대한 정의

학자	정의
Hill & Fouts (2005)	일의 중요성과 일에서 얻는 혜택 또는 이점에 대한 개인 근로자의 신념과 관련된 일련의 특성과 태도
Houan & Capelli (2007)	고용주에 의한 감독이나 보상과 관계없이 일을 열심히 할 수 있는 능력
김은설, 박수연 (2010)	한 직업 세계에서 그 직업의 지속과 번영을 위해 요구되는 관습화된 행동규범
박화춘, 박천수 (2020)	일(work)은 본질적인 가치를 가지고 있으며, 자신에게 맡겨진 일에 대하여 책임을 지고 잘 수행하는 것은 자신과 자신이 속한 공동체에 유익하다는 신념을 바탕으로 임하는 사회문화적 규범

출처: 박화춘, 로저힐(2021). 교사의 직업윤리 훈련 프로그램, p. 11.

직업윤리는 신뢰성을 가지고 발전적으로 열심히 일하면서 대인관계를 맺으며 자신의 발전을 위해 노력함으로써 일에 대한 자부심을 갖는 것이다. 직업윤리와 관련하여 대해 한성근 외(2018)는 직업윤리의 하위 영역을 표 3-2와 같이 제시하였다.

표 3-2 직업윤리의 하위 영역과 정의

하위 영역	정의
열심히 일하는 수고 (Hard work)	• 열심히 일하고 일을 잘하는 것이 미덕이라는 신념 • 열심히 일하면 성공하고 자신의 목표를 달성할 수 있다는 믿음 • 열심히 일하면 더 나은 사람이 된다는 믿음
진취성 또는 발전을 위한 노력 (Initiative or upward striving)	• 현재 상태에 만족하지 않고 자신과 직장의 꾸준한 발전을 위한 노력과 자발적이고 적극적인 태도로 주어진 일 이상으로 일하는 태도 • 더 높은 수준의 직위 또는 직장에 도달하고 삶의 수준을 높이기 위한 분투
꾸준함 (Perseverance or continuity)	• 개방된 태도로 다른 사람들로부터 조언을 경청하며 꾸준히 배우고 학습의 기회를 찾는 노력
일에 대한 자부심과 의미 (Pride in work, meaningfulness & centrality of work)	• 일 자체는 가치 있는 것이라고 믿는 것 • 일을 잘함으로써 얻는 만족감 또는 즐거움
신뢰성 (Reliability)	• 감독자의 관리와 상관없이 자신에게 주어진 일을 독립적으로 완성하는 태도 • 주어진 규율과 규칙을 지키는 태도 • 근무시간 등 약속을 잘 지키는 것
여가활동에 대한 인식 (The role of leisure or balance)	• 직장에서 일하는 시간 외에 여가활동을 하는 것에 대한 인식과 태도. 즉, 여가활동은 필요하다고 인식하는지에 대한 태도 • 여가활동을 포함한 개인의 삶의 질도 중요하다고 여기고 직업생활과의 균형을 이루려는 태도
종교적, 윤리적 신념 (Religious and Moral Beliefs)	• 다른 사람들을 공정하고 바른 태도로 대하는 것이 바람직하다고 여기는 믿음과 태도. 즉, 자신이 대우받고자 하는 대로 다른 사람들을 대하는 태도와 이러한 태도가 옳다고 여기는 신념 • 자신에게 속하지 않은 것을 가지거나 취하는 것은 바람직하지 않다고 여기는 신념
금욕주의 또는 보상에 대한 기대를 늦춤 (Asceticism or delay of gratification)	• 물질과 보상에 대하여 욕심을 내지 않는 태도 • 부를 축적하되 지혜롭게 재투자를 하는 태도 • 경제적으로 물건을 살 수 있을 때까지 기다리는 태도

하위 영역	정의
대인관계 기술 (Interpersonal skills or team work)	• 직장생활을 영위하는 데 있어서 관련된 사람들과 원만한 관계를 맺는 태도와 행위로서 팀워크 수행 능력, 상사를 대하는 태도, 동료를 대하는 태도, 고객을 대하는 태도 등을 포함
효율성 또는 시간 절약 (Efficiency or not wasting time or materials)	• 시간이나 물질을 낭비하지 않고 일을 효율적으로 완수하는 것 • 실수를 줄이고 직무의 질과 정확성을 높여 시간, 물질, 경제적 손실을 줄이고 생산성을 높이는 것

출처: 한성근 외(2018). 한국인의 직업의식 및 직업윤리, pp. 37–38.

직업윤리와 관련하여 보육교사직은 표 3–2에서 제시한 다양한 하위 요인들을 모두 포함한다. 보육교사직의 직무는 영유아의 개별적인 특성을 고려한 보육과정의 계획과 실행, 영유아를 둘러싼 물리적 · 인적 환경의 유지 · 관리, 원장과 동료교사와 상호 협력적 관계 형성, 영유아의 가족과 지역사회 구성원과의 협력적 관계 형성, 전문성 신장을 위한 자기 계발 등으로 매우 다양하다(박은혜, 2010, pp. 35–37; 신혜원 외, 2016, pp. 54–61). 보육교사직의 특성을 요약하면 다음과 같다(조성연, 정진화, 2022, p. 15).

첫째, 보육교사직은 영유아를 대상으로 하는 직업이므로 영유아들이 나타내는 신호에 민감하게 반응해야 한다.

둘째, 보육교사직은 영유아의 전인 발달을 도와주는 직업으로서 영유아를 위한 보육과정을 수립하고, 환경을 조성하여 영유아에게 필요한 경험을 제공해주어야 한다.

셋째, 보육교사직은 돌봄과 교육을 조화롭게 유지해야 한다.

넷째, 보육교사직은 보육활동을 수행하는 데 필요한 전문적 지식과 이를 통한 오랜 시간의 교육과 훈련에 따라 취득하는 자격증, 자율성, 사회적 지위와 경제적 보상, 윤리강령, 자신의 권익을 보호할 수 있는 단체 등이 있는 전문직이다.

참고 자료 1

보육직무능력 수준

1. 국가직업능력표준에서의 보육능력 단위에 따른 보육직무능력

능력 단위	능력 단위 요소	수준					
		3	4	5	6	7	8
어린이집 운영방침 수립	연간 운영방안 수립하기						
	반 구성하기						
	보육계획안 수립하기						
	연간행사 계획하기						
어린이집 환경구성	보육실 놀이환경 구성하기						
	실내외 환경 구성하기						
	시설 · 설비와 비품 관리하기						
	활동자료 관리하기						
보육활동 운영	흥미영역 운영하기						
	영유아 생활지도하기						
	대 · 소집단 활동 운영하기						
	실외활동 운영하기						
영유아 놀이지도	기능놀이 참여 · 촉진하기						
	상상놀이 참여 · 촉진하기						
	구성놀이 참여 · 촉진하기						
	놀이연계 및 통합하기						
신체 · 예술 활동지도	신체활동 진행하기						
	음률활동 진행하기						
	미술활동 진행하기						
언어, 수 · 과학 활동지도	언어활동 진행하기						
	수 · 조작활동 진행하기						
	과학활동 진행하기						
영유아 건강 · 안전 · 영양지도	영유아 건강지도						
	영유아 안전지도						
	영유아 영양지도						

능력 단위	능력 단위 요소	수준					
		3	4	5	6	7	8
보육평가	영유아 관찰 · 평가하기						
	보육과정 평가하기						
	보육운영 평가하기						
영유아발달 지원	사례별 발달지원하기						
	아동상담하기						
	전문가 연계하기						
	장애아 발달 지원하기						
가정 · 지역사회와의 협력	부모상담하기						
	부모교육하기						
	부모참여 지원하기						
	지역사회 협력하기						
보육운영 관리	보육통합정보시스템 이용하기						
	어린이집 인사 관리하기						
	어린이집 회계 관리하기						
	보육실습 관리하기						
보육연구	보육현장 연구하기						
	보육프로그램 개발하기						
	보육교사교육 참여하기						
	보육인력 멘토링하기						
	보육 관련 전문단체 및 기관에 참여하기						

출처: 신혜원 외(2016). 보육교사론, pp. 90–91; 조성연, 정진화(2022). 보육 실습, pp. 16–17 내용 재인용

다섯째, 보육교사직은 대인관계능력, 영유아에 대한 수용성과 민감성, 창의성과 자기개발, 영유아에 대한 친화력과 안전관리능력, 업무에 대한 소명감, 긍정적 정서 등의 적성과 흥미가 필요한 개인 내적 요인과 영유아에 대한 사회적 책임을

담당하는 사회적 요인을 필요로 하는 전문직이다.

이상으로 볼 때 보육교사직은 직업윤리를 통해 영유아와 이를 둘러싼 성인들이 속한 집단과 사회에 이득이 되고 공동의 목적을 달성하는 데 기여하는 직업이다. 또한, 보육교사직은 영유아를 돌보는 매 순간마다 문제해결이 필요하고, 그 상황에서 의사결정을 해야만 하므로 구성원의 합의가 전제된 최적의 판단을 하기 위해 집단 내의 공통된 가치관을 확립하는 것이 무엇보다 필요한 직업이다.

3) 전문직으로서의 보육교사직

(1) 전문직과 전문성에 대한 이해

사회적 관심이 집중되는 직업윤리 관련 사례는 전문직인 경우가 많다. 전문직은 특별한 훈련과정을 거쳐 관련 자격을 취득하는 경우가 많아 그만의 권위와 자율성을 갖는다. 특히 전문직 종사자들은 자신이 가지고 있는 지식과 기술을 토대로 자율적 판단을 내리며, 그 결과는 이타적인 목적에 부합된다. 또한, 전문직은 전문성을 기초로 하는데 이때 전문성(professionalism)은 해당 직업에 종사하는 사람이 보여주는 태도나 행동과 관련지어 전문성의 기준에 적합하다는 것을 의미한다(Fromberg, 2003; 신은수 외, 2103, p. 70 재인용). 이러한 점을 고려하여 신은수 외(2013, p. 70)는 전문성이란 개인이 전문적인 지식과 기술이 요구되는 어떤 직업에 종사할 때 그러한 지식과 기술을 토대로 신념을 가지고 자율적으로 판단하고 행동하며 의사결정을 내릴 수 있는 것으로 정의하였다. 보육교사도 법적 기준에 따라 일정한 교육과정을 거쳐 관련 자격을 취득해야 하고, 영유아의 발달과 행동에 대해 진단하고, 이타적이어야 하며, 관련 지식과 기술을 통해 영유아와 상호작용할 때 직면하는 다양한 문제 상황에서 자율성을 가지고 의사결정을 해야

만 하는 경우가 많다는 점에서 전문직으로서의 특성을 가진다. 그리하여 통계청(2007)의 한국표준직업분류에서도 보육교사는 '21 전문가 및 관련 종사자'의 범주에 포함되어 '247 사회복지 관련 종사자' 중 '2472 보육교사'로 분류되어 있다.

전문직으로서의 보육교사는 영유아와 밀접한 상호작용을 통해 보살핌과 교육을 제공하면서 그들의 정서, 생각, 가치관과 행동 전반에 영향을 미치는 존재로서 전문직으로서의 전문성을 가진다. 일반적으로 전문직으로 인정받기 위해서는 몇 가지 전문성의 특성을 지닌다(신은수 외, 2013, p. 71).

- 직업과 관련된 연구소가 설립되고, 관련된 봉사를 제공한다.
- 사회에 필요한 부분이면서 기능 분야와 관련이 있다.
- 일반인이 가지고 있지 못하는 지식과 기술을 가지고 있다.
- 전문가의 결정은 이를 뒷받침해주는 이론에 기초하여 이루어진다.
- 전문가는 자율권을 가지고 있는 연합체로 조직되어 있다.
- 전문가로 승인받기 위한 기준이 있다.
- 전문가가 되기 위한 대학에서의 준비과정이 있다.
- 전문직과 그 종사자에 대하여 일반인의 신뢰 수준이 높다.
- 전문가는 자신의 일에 전념하고, 봉사에 대한 동기도 있다.
- 고객이 권위를 인정하며 전문성에 대한 책무성이 있다.
- 전문성을 통하여 자신의 행동을 책임질 수 있어야 한다.
- 일정한 윤리강령이 마련되어 있고, 윤리적 실천이 필요하다.

(2) 전문성에 대한 관점

전문직은 직업에 대한 바람직한 가치관을 확립하고 자신의 지위에 적합한 태도와 언행을 필요로 한다. 보육교사는 영유아의 전인 발달에 영향을 미치는 사람으로서 전문적인 자질과 역할을 통해 전문성을 확보해야 한다. 이러한 보육교사의 전문성은 다양한 관점에서 이해할 수 있다.

첫째, 구성주의적 관점에서 보육교사는 스스로 탐구하고 실천하며, 교수–학습에 대한 이해를 구성하도록 하여 자신의 전문성을 신장해야 한다. 이를 위해 보육교사는 자신에 대해 반성적으로 평가할 수 있어야 한다. 이러한 관점에서 Carter와 Curtis(2001; 신은수 외, 2013, p. 75 재인용)는 보육교사의 전문성을 돕기 위한 자아 인식을 돕는 도구로서 어린 시절 회상하기, 지식과 경험 명료화하기, 반성적 글쓰기, 관찰을 통해 점검하기, 모의 경험하기, 재발견을 위해 탐색하기, 게임과 신체활동 전략을 제시하기 등을 제시하였다.

둘째, 포스트모더니즘 관점에서 보육교사는 배려와 사랑을 통한 전문적인 능동적 주체자로서의 역할에 초점을 둠으로써 일방적이고 권위적인 전달 방식을 거부한다. 이에 보육교사는 영유아와의 상호작용을 통해 끊임없는 반성과 성찰로 자신의 삶을 재구성해 나가야 한다. 그러므로 보육교사는 반성적이고 비판적인 앎의 과정을 통해 자신의 역량을 발전시키는 것이 필요한데, 이를 위해서는 다양한 대안이 필요하고 보육교사가 처한 상황이나 맥락에 따라 적합한 방법을 선택하는 것이 바람직하다(신은수 외, 2013, p. 76).

셋째, 생태적 관점에서 보육교사는 생태적 전문성을 증진해야 한다. 생태적 전문성이란 생명 존중을 몸으로 실천하는 삶의 태도, 생명 · 생태주의 세계관에 대한 이해, 생태 보육 관련 지식과 보육프로그램의 생태적 운영과 실천능력 등을 말한다(하은옥 외, 2007). 이러한 생태적 전문성을 근간으로 생태적 관점의 보육교사는 생명공동체와 사람공동체에 관심을 가지고 생명의 세계에 대한 이해를 중시하는 자세를 지녀야 한다.

(3) 전문성 확보를 위한 방안

보육교사의 전문성 확보를 위해서는 몇 가지 구체적인 방안을 생각해볼 수 있다.

첫째, 보육교사의 사전교육 혹은 직전교육이 강화되어야 한다. 보육교사의 자격 기준은 고졸인 경우에 취득할 수 있는 보육교사 3급부터 2~4년제 대졸인 경우에 취득할 수 있는 보육교사 2급 등 자격을 취득할 수 있는 학력 수준이 다양하다. 자격 취득을 위한 사전교육 기간이 다양하므로 최소한 이를 유치원교사의 자격 취득 기준과 동일한 수준이 될 수 있도록 법적 기준을 강화해야 한다.

둘째, 보육교사의 사회적 지위 향상을 위한 노력이 경주되어야 한다. 과거에 비해 보육교사의 사회적 지위는 많이 상승하였으나 여전히 우리사회에서 바라보는 보육교사의 지위는 낮은 수준이다. 이러한 사회적 지위 수준을 향상시키기 위해서는 그에 상응하는 보수와 근무 여건이 정비되어야 하고 사회적 인정도 받아야 한다.

셋째, 전문적인 보육교사직을 수행하기 위해서는 전문가적인 자질을 함양하기 위한 재교육 과정이 강화되어야 한다(신은수 외, 2013, pp. 82-83). 재교육과정은 보육교사가 획득한 전문성을 유지하고 향상시키는 과정이다. 이를 위해 보육교사에게는 승급교육 등의 필수 교육과정 외에 워크숍이나 학술대회 등 새로운 기술을 익히고 정보를 획득할 수 있는 기회에 적극적으로 참여할 수 있는 여건이 마련되어야 한다.

보육교사의 전문성을 증진시키기 위해서는 보육교사의 발달 단계에 따라 그에 적합한 방법을 활용할 필요가 있다. 이의 대표적 방법으로는 멘토링 혹은 동료장학, 자기장학 등을 들 수 있다. 2019 개정 유치원교육과정과 제4차 표준보육과정에서도 동료 교사들 간의 협의회를 통한 동료장학이나 경력의 고저에 따라 이루어지는 멘토링 등의 방법을 통해 지속적으로 보육교사의 전문성 신장을 위한 노력을 경주할 것을 요구하고 있다. 먼저 멘토링(mentoring)은 전문적인 지식과 경험이 풍부한 멘토(mentor)인 경력 교사가 도움을 필요로 하는 멘티(mentee)인 후배 교사에게 자신의 생각이나 아이디어, 지식과 기술 등을 직접 전수해주는 과정이다(신은수 외, 2013, p. 88). 반면, 자기장학(self-supervision)은 보육교사가 자신의 전문성 신장을 위해 연구하고 노력하는 과정으로서 경험이 많고 능력 있는 교사에게 효과적이다. 자기장학은 자신의 행동을 긍정적으로 변화시키려는 욕구나 의지가 있을 때 효과적이므로 이를 위해서는 동료교사나 원장의 적극적인 지지와 지원이 필요하다.

참고 자료 2

전미유아교육협회(NAEYC)의 교사 전문성 발달 (교사를 위한 준비, 지식, 기술)을 위한 준거

- 유아교사는 유아교직의 구성원으로서 자신이 수행해야 할 윤리적 지침을 알고 활용해야 한다.
- 유아교사는 다음과 같은 능력을 가지고 있음을 증명해야 한다.
  - 정신적 학대나 처벌 없이 영유아와 상호작용한다.
  - 건강과 안전의 위험 요소를 인식하여, 위험으로부터 유아를 보호한다.
  - 다양한 학습 기회를 인식하여 제공한다.
  - 영유아에게 다양한 사회적 경험을 제공하고 격려한다.
  - 양질의 프로그램을 제공하기 위해 여러 조건을 적용하여 변화를 시도한다.
  - 영유아 및 그 가족과 항상 의사소통한다.
- 초임유아교사는 반드시 영유아를 가르치기 전에 다음과 같은 내용에 대해 예비교육을 받는다.
  - 유아교육과 보육 프로그램의 철학과 가치, 목적
  - 윤리적 수행에 대한 기대

- 건강과 안전, 응급 사태 시 절차
- 적합한 영유아 지도 방법과 학급 운영, 교수기술
- 유아교육과 보육 프로그램의 일과와 매일의 활동
- 유아교육과 보육 프로그램의 교육 · 보육과정
- 아동학대와 방임 등에 대한 보고 절차 등

• 대리 유아교사, 자원봉사자, 다른 성인의 경우에도 영유아를 만나기 전에 프로그램의 모든 측면에 대해 예비교육을 받아야 한다. 영유아와 함께하는 성인은 장학을 통해 질적으로 검증되어야 한다.

• 유아교사는 최소한의 학위과정을 이수해야 한다. 적어도 교사의 75%는 최소한 유아 · 보육교육, 아동발달, 초등교육, 출생부터 유치원 연령에 대한 아동발달과 학습을 포함한 유아교육 및 유아특수교육에 대한 학사학위를 소지하거나 이에 준하는 과정을 이수해야 한다.
- 가족과 지역사회와의 관계
- 영유아의 관찰 · 기록 · 평가하기
- 교수-학습, 전문성 발달과 실제 등

• 모든 유아교사는 다양한 민족, 문화, 언어를 가진 영유아들과 함께 일하는 데 필요한 전문성 발달 훈련이나 전문화된 대학 수준의 과정을 이수해야 한다. 전문적인 대학 수준의 과정에는 핵심 교과가 포함되어 있어야 하며, 교직원은 다양한 영유아들을 고려하여 가르치는 것에 적용할 수 있어야 한다.

• 모든 유아교사는 전문적인 과정을 이수하거나 전문적인 훈련과정을 거친다.

• 장학을 하거나 멘토가 되는 교직원은 대학 수준의 코스 과정을 밟았거나 성인 장학, 멘토링, 리더십 발달에 대한 전문성 발달 훈련과 준비를 한다. 전문화된 대학 코스 과정에는 이와 유사한 핵심 교과가 포함되어 있어야 한다.

• 모든 유아교사나 보조교사는 영유아의 발달적 진보와 프로그램 질을 평가할 수 있는 방법에 대해 전문적인 훈련을 받는다.

• 모든 유아교사나 보조교사는 특별한 요구를 지닌 영유아에 대한 전문적인 훈련을 받거나 전문적인 대학 코스 과정을 밟는다.

출처: 신은수 외(2013). 유아교사론, pp. 79-80.

2. 보육교사 윤리강령

1) 보육교사 윤리강령의 필요성

윤리의 사전적 의미는 사람이 마땅히 행하거나 지켜야 할 도리(한컴사전) 혹은 올바른 사회생활을 하기 위하여 따라야 하는 행동의 규범(연세 한국어 전자사전)이다. 이는 사람이 삶을 살아가면서 개인이나 집단 구성원으로서 지켜야 할 규범이므로 보육교사의 교직 윤리란 교직생활에서 지켜야 하는 실천적 규범으로서 보육교사가 직무수행과 관련하여 스스로 실천하기를 기대하는 규범이라고 할 수 있다(박은혜, 2020, p. 345). 이와 관련하여 Katz(1989)는 보육교사가 직무를 수행할 때 발생할 수 있는 여러 종류의 유혹들을 잘 다룰 수 있는 기준을 세울 수 있도록 도와주는 것이 윤리강령이라고 정의하였다(박은혜, 2020, p. 346). 윤리강령은 보육교사가 딜레마 상황에 직면했을 때 가장 적절하게 의사결정을 내릴 수 있도록 도와주는 지침이다. 이러한 윤리강령은 사회에서 그 직업이 가진 유용성을 뒷받침하는 배경이 됨과 동시에 개인의 부적절한 직업 행위를 예방하고 제거할 수 있는 기준을 마련해준다.

윤리강령은 전문직으로 분류되는 직업영역에서는 필수적으로 제시하고 있으며, 각 직업이 제공하는 서비스의 대상에 따라 특수성을 지닌 윤리 항목들로 구성된다. 그러므로 전문직에 속하는 보육 업무를 수행하는 보육교사에게 윤리강령은 필수적이다.

첫째, 윤리강령은 보육활동을 수행하면서 보육교사가 직면하는 다양한 어려움에 대해 영유아의 안녕과 행복을 위해 올바른 판단을 할 수 있도록 도와준다. 영유아는 독립적인 의사결정과 표현을 할 수 있는 능력이 없고, 자신의 신변에 관한 대부분을 성인에게 의존할 수밖에 없다. 따라서 보육교사는 영유아의 발달을 이해하고 그들을 돕는 전문가로서 다수의 영유아를 돌보고 교육하는 과정에서 영유아를 공평하게 대하고 영유아의 정서와 생각을 존중해주어야 하므로 이에 기준이 되는 윤리강령이 필요하다.

둘째, 윤리강령은 서로 다양한 요구를 지닌 영유아나 부모로 인해 발생할 수 있는 문제들을 해결하는 데 도움을 준다. 또한, 이는 보육교사의 역할과 부모의 역할 간의 구분이 어려워지는 상황에서 보육교사에게 올바른 판단을 할 수 있도록 안내해주기도 한다. 영유아기는 다른 시기에 비하여 발달의 개인차가 크고, 부모를 비롯한 양육자들과의 소통과 협력이 매우 중요하다. 그러므로 보육교사는 개별 영유아의 다양한 배경과 현재의 발달 상황을 파악하고 가정의 양육방식을 존중하면서, 동시에 자신의 전문성을 발휘하여 영유아를 지도해야 한다. 이 과정에서 보육교사와 부모는 가치관의 대립이나 혼란이 생길 수 있고, 의사결정을 하는 데 어려움을 겪을 수도 있다. 이러한 상황에서 보육교사가 객관적이고 윤리적 결정이나 판단을 해야 할 때 윤리강령이 필요하다.

셋째, 보육활동을 수행하는 과정에서 끊임없이 의사결정을 해야 하는 경우에 보육교사에게 결정 방향을 잡아준다. 영유아가 경험하게 되는 보육활동은 보육교사의 생각과 철학 등에 따라 좌우된다. 즉, 보육교사는 보육활동 시 자율적으로 판단하고 결정하기 때문에 이를 안내해줄 수 있는 윤리강령이 필요하다.

참고 자료 3

전미유아교육협회(NAEYC)의 유아교사를 위한 윤리강령

전미유아교육협회(National Association for the Education of Young Children: NAEYC)의 윤리강령은 1989년 제정 · 채택되어, 1997년에 수정되었는데, 이는 유아교사가 현장에서 부딪치는 윤리적 딜레마를 해결하려 할 때 많은 도움을 받을 수 있다.

1. 서문

NAEYC는 영유아 보육 · 교육 종사자에게 매일 요구되는 수많은 의사결정이 도덕적 · 윤리적 특성이 있다는 사실에 주목한다. NAEYC의 '윤리강령'은 책임 있는 행동에 대한 지침들을 제시하고, 영유아를 보육하고 교육하는 과정에서 직면하게 되는 중대한 윤리적 딜레마들을 해결하기 위한 보편적 기준을 제공한다. 출생에서 8세에 이르는 영유아를 위한 프로그램들의 최우선적인 핵심 가치는 영유아와 그 부모에 관련된 일상생활에서의 실제에 초점을 맞춘다. 그러한 프로그램들로는 영아프로그램, 취학전 교육기관, 보육기관, 가정보육, 유치원, 초등학교 저학년 학급 등이 있다. 이 윤리강령은 영유아를 직접 상대하지 않는 전문가들, 즉 행정가, 부모, 교육이론가, 대학교수에게도 적용될 수 있다.

2. 핵심 가치

영유아를 보육하고 교육하는 과정에서 윤리적 행동의 기준은 우리 분야의 핵심 가치에 근거한 것이다. 우리는 다음과 같은 가치에 동의한다.

- 영유아기를 인생 주기에서 독특하고 가치 있는 한 단계로 이해한다.
- 영유아 발달에 관한 지식에 근거하여 직무를 수행한다.
- 영유아와 가정 간의 밀접한 유대관계를 이해하고 지원한다.
- 가족, 문화, 집단, 사회의 맥락 속에서만이 영유아를 가장 잘 이해할 수 있고 지원할 수 있다는 사실을 인식한다.
- 각 개인(영유아, 가족 구성원, 동료)의 존엄성, 가치, 개성을 존중한다.
- 영유아와 성인이 신뢰, 존경, 긍정적 인식 등을 기초로 한 관계 속에서 영유아의 모든

잠재력을 발휘하도록 도와준다.

3. 개념적 체계

이 윤리강령은 '영유아', '가족', '동료', '지역사회와 공동체'의 네 장으로 구성되는데, 유아교사의 전문적 책임에 관한 개념을 포함한다. 각 장은 과제를 수행하는 활동 영역을 나타내며, 이는 각 영역에서 영유아를 담당한 교사들의 중대한 책임에 대한 개념 도입, 모범적인 직업적 실천을 지향하는 일련의 이상들(the ideals), 어떤 실천이 요구되고, 금지되고, 허용되는지에 대해 정의하는 일련의 원칙들(the principles)을 포함하고 있다.

'이상'은 전문가들의 희망 사항들을 반영하고 있다. '원칙'은 이 분야에서 직면하는 윤리적 딜레마들을 해결하는 과정에서 필요한 행동 지침을 제시하고 현직 유아교사들을 도와주기 위한 목적으로 만들어졌다. 각각의 이상마다 반드시 그에 부합되는 원칙이 존재하는 것은 아니다. 이상과 원칙은 유아교사들이 가르치는 일과 관련하여 질문을 받을 경우 의사결정의 지향점 역할을 하기 위한 목적으로 만들어졌다. 이 윤리강령이 몇몇 윤리적 딜레마에 대한 구체적 방향을 제공하기는 하지만, 유아교사들은 더 많은 딜레마에 직면하게 될 것이다. 유아교사들은 이 윤리강령의 지침을 이용하여 건전한 직업적 판단을 해야 한다.

이 윤리강령에 나오는 이상들과 원칙들은 영유아 보육 및 교육 분야의 중심 가치에 대한 공통 개념을 제시하고 있다. 이 윤리강령은 유아교육과 보육에서 주장해 온 내용을 공개적으로 인정함과 동시에 유아교육 종사자들이 윤리적 행동을 취하도록 지원하고 있다. 윤리적 딜레마들에 직면한 현직 유아교사들은 이 규칙의 적용 가능한 부분들과 윤리강령 전체에 담겨져 있는 정신으로부터 지침을 발견할 수 있을 것이다. 윤리적 딜레마들은 항상 존재한다. 때때로 유아교사가 취해야 할 최상의 윤리적 행동 양식에 대한 '정답'이 분명하지 않다. 하나의 상황을 처리하기 위한 분명하고 긍정적인 방식이 존재하지 않을 수 있다. 하나의 중요한 가치가 다른 중요한 가치와 상충될 수도 있다. 따라서 우리가 '하나의 딜레마'에 처했을 경우 가장 윤리적인 행동 양식을 찾는 과정에서 모든 관계 당사자들과 협의해야 하는 것이 유아교사의 직업적 책임이다.

제1장 영유아에 대한 윤리적 책임

영유아기는 인생 주기에 있어서 독특하고 중요한 하나의 단계다. 영유아에게 안전하고 건전하고 반응적인 환경을 제공하는 것은 유아교사의 중대한 책임이다. 유아교사는 첫째, 영유아의 발달을 지원하고, 둘째, 개인 간의 차이를 존중하며, 셋째, 협동적으로 생활하고 일하는 방법을 배울 수 있도록 도와주고, 넷째, 건강, 자기 인식, 능력, 자기 존중감, 쾌활성을 증진하는 데 전념해야 한다.

제2장 가정에 대한 윤리적 책임

가정은 영유아의 발달에 있어서 매우 중요하다. 가정이라는 용어는 부모뿐만 아니라 영유아에 대해 책임이 있는 모든 사람을 포함한다. 가정과 영유아를 담당하는 전문가들은 영유아의 복지에 관하여 공통적인 이해관계를 가지고 있으므로 유아교사는 가정과 기관이 영유아의 발달을 강화하는 방향으로 서로 협조해야 할 책임이 있음을 인정해야 한다.

제3장 동료에 대한 윤리적 책임

영유아 보육 및 교육기관이라는 직무 환경에서 인간의 존엄성은 존중되고, 직업에 관한 만족도는 향상되어야 하며, 긍정적인 관계가 형성되어야 한다. 유아교사의 핵심 가치에 근거하여 이 활동 영역에서 유아교사의 중요한 책임은 생산적인 직무 수행을 지원하고 직업적 요구 사항들을 충족시킬 수 있는 환경과 관계를 형성하고 유지하는 것이다. 영유아에게 적용되는 것과 같은 이상들이 성인들에 대한 유아교사의 책임에도 내재되어 있다.

제4장 지역사회와 공동체에 대한 윤리적 책임

영유아에 관한 프로그램들은 가정과 영유아의 복지를 담당하는 기타 기관들로 구성된 지역 내에서 운영된다. 지역사회에 대한 유아교사의 책임은 지역사회의 요구 조건을 만족시키는 프로그램을 제공하고, 영유아에 대한 책임을 나누는 기관들 및 전문가들과 협조하며, 필요한 프로그램들을 개발하는 것이다. 사회는 영유아의 복지와 보호에 관해 그만큼의 책임을 요구한다. 영유아의 발달에 관한 유아교사의 전문화된 지식 때문에 유아교사는 어떤 경우라도 영유아를 위한 대변인으로서의 역할 수행에 대한 의무를 수행해야만 한다.

4. 선서문

유아교사로서 나는 NAEYC의 윤리강령에 반영되어 있는 대로 영유아의 보육 · 교육에 대한 가치를 향상시키는 데 전념하겠습니다. 내 능력을 발휘해서 나는,

- 영유아 프로그램이 영유아의 발달과 보육의 최신 이론에 기초하도록 하겠습니다.
- 영유아를 양육하는 가정의 임무를 존중하고 지원하겠습니다.
- 영유아를 보육하는 동료들을 존중하고 그들이 NAEYC의 윤리강령을 준수할 수 있도록 지원하겠습니다.
- 지역사회와 공동체 내에서 영유아, 가정, 교사의 대변자로서 역할을 다하겠습니다.
- 직업적 행동의 높은 기준을 유지하겠습니다.
- 개인의 가치, 의견, 편견이 전문적 판단에 얼마나 영향을 미칠 수 있는지 인식하겠습니다.
- 새로운 사상에 개방적인 자세를 취하고 다른 사람들의 주장으로부터 배울 것은 기꺼이 배우겠습니다.
- 전문가로서 끊임없이 배우고, 성장하며, 기여하겠습니다.
- NAEYC 윤리강령의 이상들과 원칙들을 존중하겠습니다.

출처: 박은혜(2020). 유아교사론, pp. 354–358.

2) 우리나라 보육교사 윤리강령의 개발

(1) 개발 배경

어린이집은 동일한 공간에서 영유아와 그 가족, 보육교직원과 종사자들이 장시간 일과를 함께 보내면서 수시로 밀접한 상호작용이 일어나므로 보육교사는 이에 민감하게 대처해야 한다. 특히 보육교사는 영유아를 위한 최선의 보육활동을 실행하면서 다양한 갈등을 경험하게 되고, 그에 따라 수많은 의사결정을 하게 된다. 이러한 의사결정 과정에서 보육교사는 윤리적 갈등을 경험할 수 있어 이에 도

움이 되는 윤리강령의 필요성이 대두되었다. 김은설과 박수연(2010)이 어린이집 원장과 교사들을 대상으로 윤리강령의 제정 필요성에 대한 요구도 조사를 실시한 결과, 보육교사의 28%, 원장의 41%가 의사결정에 있어서 윤리적 갈등을 경험했다고 대답하였고 이에 따라 윤리강령이 필요하다는 의견이 수렴되었다. 이러한 연구결과와 더불어 국내 보육 현장에서 윤리강령의 필요성에 대한 공감대가 형성되면서 우리나라에서는 2010년 한국보육시설연합회(현 한국어린이집총연합회)와 육아정책연구소가 공동으로 원장과 보육교사가 행동 기준으로 삼을 '보육인 윤리강령'을 제정하였다.

(2) 보육인 윤리강령

보육은 영유아를 건강하게 양육하고, 안전하게 보호하며, 발달특성에 적합한 교육을 제공하는 보육서비스며, 보육인은 사랑과 존중과 전문지식을 바탕으로 영유아의 전인적 성장에 영향을 미치는 전문직업인이다. 그러므로 보육인은 윤리적 의식과 태도를 가지고 사회적 본분에 따라 보육활동을 수행해야 한다. 이를 위해 어린이집 원장과 보육교사가 스스로 책무성을 발현하여 윤리적으로 행동할 수 있도록 윤리강령을 제정할 필요성이 대두되었다.

'보육인 윤리강령'은 2010년 제정 당시 「유엔아동권리협약」에 근거한 영유아의 4가지 기본권인 생존권, 보호권, 발달권, 참여권과 더불어 영유아, 가족, 동료, 사회에 대한 윤리를 포함하였다. 그에 따라 본 강령을 직무수행의 규준으로 삼아 보육현장에서 발생하는 윤리적 갈등을 해결하고 보육교사가 영유아의 권리를 보장함으로써 직무상의 윤리적 책임을 다하여 전문직업인으로서의 위상을 공고히 할 수 있도록 하였다. 보육인 윤리강령은 2021년 11월 한국보육진흥원과 한국아동권리학회가 공동으로 개정하여 발표하였다.

보육인 윤리강령은 서문과 총 4장으로 구성되었으며, 부속물로 '보육인 윤리 선언'을 제작하였다. '보육인 윤리 선언'은 총 6개 문장으로 이루어진 선언문이다. 보육인 윤리강령이 보다 구체적이고 다양한 내용을 세부적으로 다룬 데 비해, '보육인 윤리 선언'은 행사나 필요한 경우 구어로 읽고 다짐하는 데 활용할 수 있도록 제작하였다(조성연, 정진화, 2022, p. 26).

보육인 윤리강령을 통해 보육인은 영유아와 그 가정, 동료와 사회의 존엄성을 존중하는 보육을 실천할 수 있도록 다각적인 신뢰를 구축하고 영유아의 잠재력을 최대한 발휘시켜 유능한 사회인으로 성장할 수 있도록 도와 궁극적으로 영유아와 그 가정, 동료와 사회의 통합적 · 이상적 복지 실현에 기여하도록 노력해야 한다.

보육인 윤리 선언

나는 영유아의 건강한 성장과 발달을 지원하는 보육교사(어린이집 원장)로서 직무상의 윤리적 책임을 다하여 다음 사항들을 지킬 것을 다짐합니다.

1. 나는 내가 영유아에게 지대한 영향을 미치는 존재임을 잊지 않으며, 항상 스스로의 말과 행동에 신중을 기한다.
1. 나는 영유아의 인격과 권리를 존중하며, 어떠한 경우에도 영유아에게 해가 되는 일을 하지 않는다.
1. 나는 영유아 가정의 다양성을 이해하고 존중하며, 상호 신뢰하는 동반자적 관계를 유지한다.
1. 나는 동료를 존중하고 지지하며, 서로 협력하여 최상의 보육서비스를 제공하기 위해 노력한다.
1. 나는 보육의 사회적 책임과 역할을 인식하고, 영유아의 권익과 복지를 위한 활동에 앞장선다.
1. 나는 '어린이집 원장 · 교사 윤리강령'을 직무수행의 도덕적 규준으로 삼아 진심을 다하여 충실히 이행한다.

보육인 윤리강령

보육은 영유아를 건강하게 양육하고, 안전하게 보호하며, 발달특성에 적합한 교육을 제공하는 복지서비스이며, 보육인은 사랑과 존중과 전문지식을 바탕으로 영유아의 전인적 성장에 영향을 미치는 전문직업인이다. 그러므로 보육인은 윤리적 의식과 태도를 가지고 사회적 본분에 임해야 한다. 이에 어린이집 원장과 보육교사는 스스로 책무성을 발현하여 윤리강령을 제정함을 밝힌다. 본 강령을 직무수행의 규준으로 삼아, 보육현장에서 발생하는 윤리적 갈등을 해결하고, 생존권, 보호권, 발달권, 참여권 등 영유아의 권리를 보장함으로써, 직무상의 윤리적 책임을 다하여 전문직업인으로서의 위상을 공고히 하고자 한다. 더불어 영유아와 그 가정, 동료와 사회의 존엄성을 존중하는 보육의 실천으로 다각적인 신뢰를 구축하고, 영유아의 잠재력을 최대한 발휘시킴으로써 영유아가 긍정적인 자아개념을 형성하고 유능한 사회인으로 성장할 수 있도록 도와, 궁극적으로는 영유아와 그 가정, 동료와 사회의 통합적 · 이상적 복지 실현에 기여하고자 한다.

제 I 장. 영유아에 대한 윤리

1. 영유아에게 고른 영양과 충분한 휴식을 제공하여 몸과 마음이 건강한 사람으로 자라도록 돕는다.
2. 성별, 지역, 종교, 인종, 장애 등 어떤 이유에서도 영유아를 차별하지 않고, 공평한 기회를 제공한다.
3. 영유아는 다치기 쉬운 존재임을 인식하여 항상 안전하게 보호한다.
4. 영유아에 대한 정서적 · 언어적 · 신체적 학대를 행하지 않는다.
5. 어린이집 내외에서의 영유아 학대나 방임을 민감하게 관찰하며, 필요한 경우 관련 기관("아동보호전문기관" 등)에 보고하고 조치를 취한다.
6. 영유아의 인격을 존중하고, 개인의 잠재력과 개성을 인정한다.
7. 개별적 상호작용 속에서 영유아의 요구를 수용하기 위해 노력한다.
8. 영유아의 사회 · 정서 · 인지 · 신체 발달을 통합적으로 지원하는 보육프로그램을 실시한다.
9. 특별한 도움을 필요로 하는 경우, 전문가와 협력하여 영유아의 입장에서 최선의 대안을 찾는다.
10. 보육활동을 계획 · 실행 · 평가하는 모든 과정에 영유아의 흥미와 의사를 반영한다.
11. 영유아의 개인적 기록과 정보에 대해 비밀을 보장한다.

제 II 장. 가정에 대한 윤리

1. 상호 신뢰를 바탕으로 영유아의 가정과 동반자적인 관계를 유지한다.
2. 각 가정의 양육가치와 의사결정을 존중한다.
3. 경제적 수준, 가족형태, 지역, 문화, 관습, 종교, 언어 등 어떤 것에 의해서도 영유아의 가정을 차별대우하지 않는다.
4. 보육활동 및 발달상황에 관한 정보를 정확하게 제공하여 영유아에 대한 가정의 이해를 돕는다. 다문화, 심신장애 등으로 의사소통에 도움이 필요한 경우 문제를 해결할 최선의 방법을 도모한다.
5. 어린이집 운영 전반에 관한 정보를 공개하여 영유아 가정의 알 권리에 응한다.
6. 보육프로그램과 주요 의사결정에 영유아의 가정이 참여하도록 안내한다.
7. 필요한 사회적 지원, 전문서비스 등 관련 정보를 제공하여 영유아 가정의 복리 증진을 돕는다.
8. 영유아 가정의 사생활을 보호하고, 익명성을 보장한다.

제Ⅲ장. 동료에 대한 윤리

[어린이집 원장]

1. 최상의 보육서비스 제공에 필요한 인적 · 물적 환경의 조성 및 유지를 위해 노력한다.
2. 보육교사를 신뢰하고 존중하며, 전문성과 자율성을 인정한다.
3. 성별, 학연, 지연, 인종, 종교 등에 따라 보육교사를 차별하지 않는다.
4. 업무 관련 의사결정이 필요한 경우, 보육교사의 의견 개진 기회를 보장한다.
5. 보육교사에게 지속적 재교육 등 전문적 역량 제공의 기회를 부여한다.
6. 보육교사에게 적정 수준의 보상(보험, 급여 등)을 안정적으로 제공하며, 복지증진에 힘쓴다.
7. 보육교사 개인의 기록과 정보에 대한 비밀을 보장한다.

[보육교사]

1. 존중과 신뢰를 바탕으로 협력하며, 서로의 전문성과 자율성을 인정한다.
2. 상호 간 역량 계발과 복지증진에 부합하는 근무환경이 되도록 힘쓴다.
3. 어린이집 원장 및 동료와 영유아 보육에 대한 신념을 공유한다.
4. 보육교사로서의 전문성 향상을 위해 스스로 노력한다.
5. 어린이집 내에서 영유아 및 보육교사의 인권과 복지를 위협하는 비윤리적 사태가 발생한 경우, 법률규정이나 윤리기준("한국보육시설연합회 윤리강령위원회" 참조)에 따라 조치를 취한다.

제Ⅳ장. 사회에 대한 윤리

1. 공보육에 대한 책임을 인식하고, 항상 질 좋은 보육서비스를 제공한다.
2. 영유아의 안전을 위협하는 환경이나 정책이 발견될 시, 관계기관과 협의하여 개선한다.
3. 공적 책임이 있는 어린이집으로서 재정의 투명성을 유지하고, 부정한 방법으로 사적 이익을 취하지 않는다.
4. 영유아의 권익보호를 위해 관련 정책 결정 및 법률 제정에 적극 참여하며, 사회적으로 이를 널리 알리는 데 앞장선다.
5. 지역사회 실정에 맞는 어린이집의 책임과 역할을 인지하고, 실천하고자 노력한다.

3. 영유아 권리에 대한 이해

흔히 영유아기를 인생에서 가장 행복한 시기라고 언급하는데, 이는 부모와 가족 및 기관에서 충분한 보호와 돌봄을 받으며 행복하게 성장하기 때문일 것이다. 그러나 여전히 우리나라는 유교적 전통이 남아있어 영유아가 부모나 보육교사의 지시에 따라야만 한다고 생각하는 경향이 있다. 영유아는 독립된 개체로서 자신만의 고유한 권리를 지닌다. 이는 영유아가 한 사람의 온전한 존재로서 그 시기에 누려야 할 권리를 갖고 있다는 것을 의미한다. 그러므로 보육교사는 영유아의 발달적 특수성과 보육의 전문가로서 영유아가 가진 권리를 보장하고 권익을 향상시키기 위해 노력해야 한다.

1) 영유아 권리 존중에 대한 이해

(1)「유엔아동권리협약」

영유아 권리와 관련하여 가장 기본이 되는 기준은 1989년 11월 20일 유엔 총회에서 채택된「유엔아동권리협약」이다. 우리나라는 1991년 11월 20일에 비준하였다. 이 협약은 역사상 가장 많은 국가가 비준한 인권조약이자 아동의 권리 보호만을 목적으로 만들어진 국제사회 최초의 협약으로서 아동이 누려야 할 모든 권리를 담고 있다.「유엔아동권리협약」은 법적 구속력을 갖는 국제 규범으로서 18세 미만의 모든 아동을 보호 대상으로 함과 동시에, 적극적인 권리의 주체로 인정하는 아동권리에 관한 국제문서이다(공계순 외, 2020, pp. 20-21). 이 협약은 제1조부터 제42조까지는 아동의 권리에 대한 내용을 담고 있으며, 제43조부터 제54조까지는 이 협약의 이행에 대한 내용을 담고 있다. 아동의 권리는 생존권, 보호권, 발달권, 참여권의 4개 기본권과 비차별의 원칙, 아동 이익 최우선의 원칙, 아동의 생명 존중 및 발달 보장의 원칙, 아동 의사존중의 원칙을 근간으로 한다.

참고 자료 4

「유엔아동권리협약」의 기본권과 기본 원칙

1. 기본권

- 생존권: 적절한 생활수준을 누릴 권리, 안전한 주거지에서 살아갈 권리, 충분한 영양을 섭취하고 기본적인 보건서비스를 받을 권리 등 기본적인 삶을 누리는 데 필요한 권리
- 보호권: 모든 형태의 학대와 방임, 차별, 폭력, 고문, 징집, 부당한 형사처벌, 과도한 노동, 약물과 성폭력 등 아동에게 유해한 것으로부터 보호받을 권리
- 발달권: 잠재능력을 최대한 발휘하는 데 필요한 권리로서 교육받을 권리, 여가를 즐길 권리, 문화생활을 하고 정보를 얻을 권리, 생각과 양심과 종교의 자유를 누릴 권리 등
- 참여권: 자신의 생활에 영향을 주는 일에 대하여 의견을 말할 수 있어야 하며, 그 의견을 말하고 존중받을 권리로서 표현의 자유, 양심과 종교의 자유, 의견을 말할 권리, 평화로운 방법으로 모임을 자유롭게 열 수 있는 권리, 사생활을 보호받을 권리, 유익한 정보를 얻을 권리 등

2. 기본 원칙

- 비차별의 원칙(Non–discrimination): 모든 아동은 본인과 부모, 후견인의 인종, 피부색, 성별, 언어, 종교, 정치적 의견, 출신, 재산, 장애 여부, 태생, 신분 등과 관계없이 동등한 권리를 누려야 한다.
- 아동 이익 최우선의 원칙(Best interests of the child): 아동에게 영향을 미치는 모든 것을 결정할 때는 아동의 이익을 최우선으로 고려해야 한다.
- 생존과 발달의 원칙(The right to life, survival, and development): 아동은 특별히 생존과 발달을 위해 다양한 보호와 지원을 받아야 한다.
- 아동 의사존중의 원칙(Respect for the views of the child): 아동은 자신의 잠재능력을 최대한 발휘할 수 있도록 적절한 사회활동에 참여할 기회를 갖고, 자신의 생활에 영향을 주는 일에 대해 의견을 말할 수 있어야 하며 그 의견을 존중받아야 한다.

출처: 아동권리보장원 홈페이지(www.korea1391.go.kr/new/page/agreement.php)에서 2022년 11월 29일 인출

(2) 영유아 권리 존중을 위한 관련법과 아동권리헌장

영유아의 권리 존중과 관련한 내용은 「아동복지법」 제2조의 기본 이념에 명시되어 있다. 기본 이념에 의하면 아동은 어떠한 종류의 차별도 받지 않고 자라야 하며, 안정된 가정환경에서 행복하게 자라야 하고, 아동의 이익이 최우선적으로 고려되어야 할 뿐만 아니라, 아동의 권리보장과 복지증진을 위해 이 법에 따른 보호와 지원을 받을 권리를 가진다. 그럼에도 불구하고 기존의 우리나라 어린이헌장(1957년 제정, 1988년 개정) 및 청소년헌장(1990년 제정, 1998년 개정)은 「유엔아동권리협약」의 이념과 내용을 충분히 반영하지 못하며, 아동을 독립된 권리의 주체로 보지 않고 성인 중심의 아동양육 시각이 남아있어 권리의 범위도 제한적이라는 점이 지적되었다. 이에 따라 2016년 5월 2일 「아동권리헌장」을 제정하여 공포하였다(보건복지부, 2016). 「아동권리헌장」은 아동이 스스로 자신의 권리를 알고 지킬 수 있도록 하고, 성인도 아동의 권리를 이해하고 존중하는 인식을 확립해야

참고 자료 5

「아동복지법」 제2조(기본 이념)

1. 아동은 자신 또는 부모의 성별, 연령, 종교, 사회적 신분, 재산, 장애 유무, 출생지역, 인종 등에 따른 어떠한 종류의 차별도 받지 아니하고 자라나야 한다.
2. 아동은 완전하고 조화로운 인격발달을 위하여 안정된 가정환경에서 행복하게 자라나야 한다.
3. 아동에 관한 모든 활동에 있어서 아동의 이익이 최우선적으로 고려되어야 한다.
4. 아동은 아동의 권리보장과 복지증진을 위하여 이 법에 따른 보호와 지원을 받을 권리를 가진다.

참고 자료 6

아동권리헌장

모든 아동은 독립된 인격체로 존중받고 차별받지 않아야 한다. 또한, 생명을 존중받고, 보호받으며, 발달하고 참여할 수 있는 고유한 권리가 있다. 부모와 사회, 국가와 지방자치단체는 아동의 이익을 최우선적으로 고려해야 하며, 다음과 같은 아동의 권리를 확인하고 실현할 책임이 있다.

① 아동은 생명을 존중받아야 하며 부모와 가족의 보살핌을 받을 권리가 있다.
② 아동은 모든 형태의 학대와 방임, 폭력과 착취로부터 보호받을 권리가 있다.
③ 아동은 출신, 성별, 언어, 인종, 종교, 사회·경제적 배경, 학력, 연령, 장애 등의 이유로 차별받지 않을 권리가 있다.
④ 아동은 개인적인 생활이 부당하게 공개되지 않고 보호받을 권리가 있다.
⑤ 아동은 신체적·정신적·사회적으로 건강하게 성장하고 발달하는 데 필요한 기본적인 영양, 주거, 의료 등을 지원받을 권리가 있다.
⑥ 아동은 자신이 살아가는 데 필요한 지식과 정보를 알 권리가 있다.
⑦ 아동은 자유롭게 상상하고 도전하며 창의적으로 활동하고 자신의 능력과 소질에 따라 교육받을 권리가 있다.
⑧ 아동은 휴식과 여가를 누리며 다양한 놀이와 오락, 문화·예술 활동에 자유롭고 즐겁게 참여할 권리가 있다.
⑨ 아동은 자신의 생각이나 느낌을 자유롭게 표현할 수 있으며, 자신에게 영향을 주는 결정에 대해 의견을 말하고 이를 존중받을 권리가 있다.

2016년 5월 2일

대한민국정부

출처: 아동권리보장원 홈페이지(http://www.korea1391.go.kr/new/bbs/board.php?bo_table=reference&wr_id=28)에서 2022년 11월 29일 인출

한다는 내용을 담고 있다. 「아동권리헌장」은 국가 차원에서 아동권리에 대한 국민적 공감대의 필요성을 인식하여 이를 널리 알리고자 하였다는 점에서 의의가 있다.

2) 보육 현장에서의 권리 존중

(1) 제4차 표준보육과정과 2019 개정 유치원교육과정에서의 권리 보장

국가・사회적 차원에서 아동 권리와 관련한 논의는 영유아들을 위한 보육과정과 교육과정에서 활발하게 이루어지고 있다. 이에 2019년에 유치원교육과정이, 2020년에 표준보육과정이 개정되어 운영되고 있다. 제4차 표준보육과정과 2019 개정 유치원교육과정은 영유아의 발달을 기초로 흥미와 놀이를 강조한다. 표준보육과정과 유치원교육과정의 배경에는 영유아의 놀 권리가 보장되어야 한다는 것이 전제되어 있다. 이는 「유엔아동권리협약」 제31조에 제시된 바와 같이 모든 아동은 충분히 쉬고 놀 권리가 있다는 것과 그 맥을 같이 한다고 볼 수 있다.

(2) 어린이집 평가제와 영유아 권리

아동권리의 보호와 아동학대 예방, 영유아의 안전관리 강화에 대한 사회적 요구 증대로 어린이집의 질 관리에 대한 필요성이 제기되었다. 이에 2004년 「영유아보육법」에 평가인증제도의 도입근거를 마련함으로써 2005년 한 해 동안 어린이집 평가인증에 대한 시범 운영을 실시한 후, 2006년 1월에 제1차 어린이집 평가인증을 시행하였고, 2017년 통합지표를 발표하였다. 이후 2018년 「영유아보육법」 개정을 통하여 보육・양육에 대한 사회적 책임 강화(국정과제48-3) 실현과 영유아의 건강한 성장 및 발달을 위해 모든 어린이집을 대상으로 하는 의무평가제의 법적 근거가 마련되어 2019년 6월 12일부터 어린이집 평가제가 시행되었다(보건복지부, 한국보육진흥원, 2022, p. 7). 이러한 어린이집 평가제는 바람직한 보육서비스의 실제를 제시하고 어린이집의 질적 수준을 공정하게 평가하기 위한 것이다. 어린이집 평가제는 모든 어린이집을 대상으로 어린이집의 보호 · 양육에 대한 사회적 책임 강화의 실현과 영유아의 건강한 성장 및 발달을 도모하기 위한 목적으로 실시되고 있다.

참고 자료 7

어린이집 평가제 평가영역과 평가지표 및 평가항목 수

평가영역(항목)	평가지표	평가항목 수
1. 보육과정 및 상호작용(18)	1-1. 영유아 권리 존중 (필수)	2
	1-2. 보육계획 수립 및 실행	6
	1-3. 놀이 및 활동 지원	3
	1-4. 영유아 간 상호작용 지원	4
	1-5. 보육과정 평가	3
2. 보육환경 및 운영관리(14)	2-1. 실내 공간 구성 및 운영	4
	2-2. 실외 공간 구성 및 운영	3
	2-3. 기관 운영	4
	2-4. 가정 및 지역사회와의 연계	3
3. 건강 · 안전(15)	3-1. 실내외 공간의 청결 및 안전	3
	3-2. 급 · 간식	3
	3-3. 건강증진을 위한 교육 및 관리	3
	3-4. 등 · 하원의 안전	3
	3-5. 안전교육과 사고예방	3
4. 교직원(12)	4-1. 원장의 리더십	3
	4-2. 보육교직원의 근무환경	3
	4-3. 보육교직원의 처우와 복지	3
	4-4. 보육교직원의 전문성 제고	3

출처: 보건복지부, 한국보육진흥원(2022). 2022 어린이집 평가 매뉴얼: 어린이집용, p. 58.

2020년부터 시행되고 있는 어린이집 평가제의 평가지표는 총 59개 항목으로 구성되어 있으며, 가장 강조하고 있는 부분은 영유아 중심의 안심 보육환경의 조성을 핵심으로 한 영유아의 권리 존중과 안전보호다. 이를 위해 '영유아 권리 존중'을 첫 지표(1-1)이자 필수지표로 지정하여 그 의미를 강조하였다. 이와 함께 어린이집 평가제는 놀이중심 보육과정 운영을 강화하고, 급·간식 위생 및 안전 항목 중 영유아의 등원부터 하원까지 안전하게 생활하는 데 필요한 필수요소 8개를 지정하여 필수지표 또는 필수요소 충족이 최상위 등급을 받을 수 있는 필수조건이 되도록 하였다.

(3) 보육 현장에서의 영유아 권리 존중 실천 사례

보육교사는 어린이집에서 하루 일과를 운영하는 동안 영유아들과 언어적·비언어적 상호작용을 한다. 영유아들을 돌보고 교육하는 일은 보육교사에게 보람있고 즐거운 일이지만 예기치 못한 안전 사고의 발생 등으로 긴장의 연속이기도 하다. 영유아들은 자신의 생각이나 느낌을 언어로 표현하는 것이 어렵고 행동을 조절하는 데도 능숙하지 않으며 보육교사에 대한 정서적 의존도도 높다. 그러므로 보육교사는 매 순간 자신의 언어와 태도에 주의를 기울여야 하며 영유아를 존중하는 자세를 지니도록 노력해야 한다. 다음은 경기도육아종합지원센터(2020)의 「어린이집 평가지표로 알아보는 영유아 권리존중」에 보고된 몇 가지 실천 사례를 발췌하여 제시한 것이다.

① 등원 시 영아가 엄마와 헤어지기 힘들어하는 경우

보육교사는 영유아가 부모와 헤어지기 힘들어하는 경우 불안감을 느끼지 않고 편안하게 헤어질 수 있도록 돕고, 헤어짐에 대한 불안을 무시하거나 축소하지 않도록 한다.

비존중 사례	바람직한 권리존중 실천 사례
"이러면 안 되지? 씩씩하게 헤어져야 착한 친구지?" "엄마 가시는데 속상해 하셔. 울면 안 되지. 이렇게 울면 미운 사람 돼요."	■ 사랑하는 우리 ○○. 이리 오렴. 선생님이 안아줄까? (영아를 안아준다.) ■ 우리 ○○가 왜 울까? 엄마와 헤어지기 힘드니? 선생님과 재미있게 놀고 있으면 엄마가 데리러 오실거야. 선생님과 어떤 놀이할까? ■ (가족사진이나 애착물건을 보여주며) 엄마가 어디 계실까? 엄마 여기 있네. ■ (새로운 놀잇감을 제공하며) 이건 뭐지? 소리가 나네.

② 놀이를 선택하지 못하고 배회하거나 망설이는 경우

보육교사는 영유아가 놀이에 참여하지 못하고 배회 또는 방관하는 경우 놀이를 간단히 소개하거나 또래의 놀이를 함께 관찰하면서 서서히 놀이에 흥미를 가져볼 수 있도록 돕는다.

비존중 사례	바람직한 권리존중 실천 사례
"놀기 싫어?" "왜 이렇게 왔다 갔다 하니? 한 곳에 앉아서 놀아야지!" "놀고 싶은 거 없어? 꼭 같이 놀아줘야 하니?"	■ ○○가 어떤 놀이를 할지 아직 선택하지 못했구나. 가까이 가서 보면서 어떤 놀이를 할지 정해볼까? ■ ○○야, 밀가루 반죽이 아주 부드러운데 한번 만져볼까? ■ (손인형을 이용하여) ○○야, 오늘 원숭이가 그려진 옷을 입고 왔구나. 우리 반에도 원숭이 인형이 있었는데 어디 있는지 찾아볼까? ■ (자동차 놀이를 하고 있는 유아들에게) "기름은 어디에서 넣어요?"라고 묻고, "친구들이 주유소를 찾고 있대. ○○가 주유소에서 기름을 넣어줄 수 있겠니?"

③ 바르지 않은 자세로 식사할 때

보육교사는 바람직한 식습관과 식사예절을 지도할 경우 칭찬, 격려와 같은 긍정적인 방법을 사용한다.

비존중 사례	바람직한 권리존중 실천 사례
"(교사가 손으로 영아의 등을 밀며) 똑바로 앉아서 빨리 먹어야지. 자꾸 그러면 밥 먹을 수 없어. 또 그렇게 앉아서 먹는 거야? 바르게 먹지 않으면 정리할 거야." "왜 이렇게 움직이면서 먹니? 바르게 앉아야지, 꼭 아기 같구나."	■ "바르게 앉아서 먹지 않으면 소화가 잘 안 되어서 배가 아플 수도 있대. 우리 허리를 펴고 앉아서 먹어볼까?" ■ "(교사가 옆에 앉으면서) ○○야, 우리 허리를 펴고 바르게 앉아볼까? 친구에게 기대면 음식을 흘릴 수 있어. 우리 ○○가 좋아하는 달걀말이가 있구나. 책상 앞으로 조금만 더 가까이 가보자. 선생님이 도와줄까? 와~ 바른 자세로 앉아서 먹으니까 음식도 흘리지 않고 맛있게 먹을 수 있네."

④ **영유아의 행동이나 결과물에 대해 칭찬할 때(인정과 격려)**

보육교사는 영유아가 이해할 수 있는 단어를 사용하여 명료한 문장으로 이야기한다. 격려할 때 보육교사는 영유아의 적절한 행동을 구체적으로 묘사해주어 영유아 본인이 고유한 존재로 인정받는다는 느낌을 가질 수 있도록 한다.

비존중 사례	바람직한 권리존중 실천 사례
"옳지!" "잘했어!" "칭찬의 박수 짝짝짝!"	■ "지난번에는 선생님이 손을 잡아주어야만 미끄럼틀을 탔는데, 이제는 스스로 타고 내려올 수 있구나!" ■ "우와~ 토끼처럼 깡충깡충 뛰어넘었구나. 선생님이 손을 잡아주지 않았는데도 정말 잘했어. 멋지다." ■ "우리 ○○가 밥을 골고루 잘 먹으니까 튼튼해져서 다리 힘이 세졌구나!"

⑤ **영유아의 행동을 수정하거나 통제할 필요가 있을 때**

보육교사는 영유아의 행동을 제지하거나 통제해야 할 필요가 있을 때 간결하고 명료하게 현재 상황과 영유아가 할 수 있는 구체적인 행동을 안내한다.

비존중 사례	바람직한 권리존중 실천 사례
"선생님 말을 안 들어서 또 잃어버렸잖아!"	■ "○○야, 오늘 만든 비행기를 잃어버려서 속상하겠다. 선생님하고 다시 찾아보자. 그리고 다음부터는 바구니나 서랍에 넣어두면 잃어버리지 않을 거야."
"앞으로 나오면 안 돼." "선생님이 허락할 때까지 만지지 말고 보고만 있어."	■ "○○야, 조금만 뒤로 가주면 다른 친구가 잘 보일 것 같은데, 그렇게 해줄 수 있겠니?"
"친구들은 다 정리하는데 너만 뭐하니? 왜 놀고 있는 거야?" "우리 먼저 나간다. 네 살 동생들도 정리를 잘하는데 너는 왜 그렇게 못하니?"	■ "○○야, 종이접기를 더 하고 싶니? 그런데 이제 정리하는 시간이 되었어." ■ "오늘은 놀이터에서 공놀이를 하려고(공을 보여주며) 선생님이 공을 준비했어. 바깥놀이 나가려면 정리해야겠다. 선생님이랑 같이 정리해 볼까?" ■ "우리 정리하고 공놀이하러 바깥에 나가자. 종이접기는 오후에 계속하면 어떨까?"

참고 자료 8

영유아 권리 존중을 위한 교사의 자가체크리스트

본 체크리스트는 영유아의 권리 존중에 대한 이해와 실천을 돕기 위해 어린이집 보육교직원이 스스로 체크해 볼 수 있도록 개발되었다. 또한, 해설서를 통해 영유아 권리 존중을 위한 바람직한 방향 및 지향하는 바를 제시하였다. 보육교직원은 주기적인 자가체크(분기별 1회 이상)를 통해 영유아-교사 간의 긍정적인 상호작용 및 영유아 권리 존중 민감성 향상에 도움을 받을 수 있다.

	내용	확인
1	어린이집 일과에서 영유아의 권리 존중을 실천하고 있습니까?	
1-1	낮잠 및 휴식에 대한 영유아의 개별적 욕구를 반영할 수 있는 적절한 환경(시간, 공간)을 조성해 주고 있다.	☐
1-2	대소집단활동에 참여하지 않거나 계속해서 놀이하려는 영유아의 욕구를 존중해주고 있다.	☐
1-3	급 · 간식에 대한 영유아의 기호, 먹는 속도와 양을 존중해주고 있다.	☐
1-4	배변, 배뇨 등 영유아의 기본적인 생리적 욕구를 존중해주고 있다.	☐
1-5	보육교직원은 일관성 있는 태도로 영유아의 욕구를 존중해주고 있다.	☐
2	영유아가 보육과정의 계획과 운영에 참여할 수 있는 구조가 있습니까?	
2-1	영유아가 만든 결과(작품, 사진, 노래, 블록, 구조물 등)에 대해 존중하며 적절히 게시되어 있다.	☐
2-2	영유아의 의견이 잘 표현될 수 있는 분위기를 조성하며 영유아의 의견을 반영한 보육과정을 운영한다.	☐
2-3	규칙을 정할 때는 영유아의 의견을 반영하거나 동의를 구하고 있다.	☐
3	자유선택활동시간에 영유아를 존중하는 상호작용을 하고 있습니까?	
3-1	영유의 개인차를 인정하고 놀이에서 자율성과 주도성을 지지하는 상호작용을 한다.	☐
3-2	영유아의 흥미, 관심, 기분 및 건강상태를 전반적인 맥락에서 파악하고 있다.	☐
3-3	영유아 간의 관계를 살피며 상호 역동성을 파악하여 상호작용한다.	☐
4	영유아 권리 실천을 위해 어린이집을 다양한 방법으로 개방하고 있습니까?	
4-1	어린이집 운영위원회를 운영하고 있다.	☐
4-2	열린어린이집 운영 등의 다양한 방식으로 양육자의 참여가 이루어지고 있다.	☐

	내용	확인
4-3	양육자의 보육실 참관(절차 및 방법 안내)이 이루어지고 있다.	☐
5	보육교직원은 영유아 권리 존중을 위해 양육자와 소통하고 있습니까?	
5-1	양육자와의 소통을 통해 영유아의 전반적인 상태(기분, 건강, 배변 등)와 가정 내 주요한 정보를 파악하고 있다.	☐
5-2	양육자에게 규칙적인 등·하원 시간 등 안정된 생활습관의 중요성을 전달하고 있다.	☐
5-3	영유아에 대하여 양육자와 서로 협의하고 책임을 공유하는 적극적인 노력을 하고 있다.	☐
6	영유아 권리 존중의 이해와 실천을 위한 보육교직원의 교육이 이루어지고 있습니까?	
6-1	영유아 권리 존중을 위한 교육이 실행되고 있다.	☐
6-2	아동학대 신고의무자에 대한 교육, 양성평등교육 등을 이수하고 있다.	☐
6-3	영유아 권리의 기초가 되는 'UN아동권리협약'의 내용을 이해하고 있다.	☐
7	영유아의 권리 보호를 위해 보육교직원의 적절한 근무환경이 이루어져 있습니까?	
7-1	보육교직원의 적절한 근무환경에 대한 노력이 이루어지고 있다.	☐
7-2	보육교직원의 업무스트레스 해소를 위한 구체적인 노력이 이루어지고 있다.	☐
8	영유아 권리 존중을 위해 보육교직원 간 협의지원이 이루어지고 있습니까?	
8-1	어린이집 운영(보육과정, 특별활동, 견학, 행사 등)의 계획과 평가에 보육교직원의 의견이 수렴되고 있다.	☐
8-2	반 운영에 어려움이 있을 때 자체회의를 통해 협력 및 해결하는 구조가 있다.	☐

출처: 서울특별시육아종합지원센터(2015). 영유아 권리 존중을 위한 자가체크리스트, pp. 1-2.

생각해볼 문제

1. 보육교사가 전문직으로서 갖추어야 할 요건 중 특히 강조되는 측면은 무엇인지 생각해봅시다.
2. 보육교사 윤리강령의 필요성을 최근의 사회적 이슈와 관련하여 생각해봅시다.
3. 영유아 권리 존중을 실천하기 위해 보육교사가 일상적으로 노력하여 갖추어야 할 자질(예 언어와 비언어의 사용 등)에 대해 생각해봅시다.

CHAPTER

4

보육교사의 자격관리

CHAPTER 4

보육에 대한 사회적 관심이 증가함에 따라 보육교사의 자격과 그 기준에 대한 관심도 높아지고 있다. 특히 보육과 관련한 사회적 이슈가 발생하면 그와 동시에 보육교사의 자격에 대한 문제가 제기되면서 보육교사의 자격 기준에 대한 논의가 이루어져 왔으며 자격 기준은 「영유아보육법」 제정 당시에 비해 현저하게 강화되었다. 따라서 이 장에서는 보육교사의 자격 기준과 이의 취득을 위한 교과목과 학점 기준 및 자격 관리를 위한 보수교육에 대해 알아보고자 한다.

학습 목표

1. 보육교사의 자격 기준에 대해 알아본다.
2. 보육교사의 자격 취득을 위한 보육 관련 교과목과 학점 기준에 대해 알아본다.
3. 보육교사의 자격 관리와 이를 위한 보수교육에 대해 알아본다.

1. 보육교사의 자격 기준

1) 보육교사 자격 취득과 급수

(1) 보육교사 자격 취득

보육교사는 「영유아보육법」 제2조 제5호에 의한 어린이집의 원장 및 보육교사와 그 밖의 직원에 포함되는 보육교직원 중 일인으로서 어린이집 영유아의 보육, 건강관리 및 보호자와의 상담, 그 밖에 어린이집의 관리·운영 등의 업무를 담당하는 자다. 보육교사는 영유아를 보육하고 어린이집의 원장이 불가피한 사유로 직무를 수행할 수 없을 때 그 직무를 대행하는 역할을 수행하는 자다(「영유아보육법」 제18조 제2항). 즉, 보육교사는 영유아의 보호와 건전한 교육을 통해 영유아가 건강한 사회구성원으로 성장할 수 있도록 지원할 뿐만 아니라, 영유아의 보호자도 지원하여 가정의 복지 증진에 기여하는 사람이다(신혜원 외, 2016, p. 13). 그러므로 보육교사는 영유아가 지닌 잠재력을 충분히 발휘하여 영유아가 전인 발달을 할 수 있도록 돕는 역할을 수행한다.

영유아의 보육과 전인 발달을 도모하기 위한 보육교사는 「영유아보육법」에서 제시하는 자격 기준을 갖추어야만 한다. 보육교사의 자격은 「영유아보육법」 제21조에 명시되어 있다. 즉, 보육교사는 보건복지부장관이 검정·수여하는 자격증을 받은 자로서 다음 중 하나에 해당하는 사람이어야 한다.

- 「고등교육법」 제2조에 따른 학교에서 보건복지부령으로 정하는 보육 관련 교과목과 학점을 이수하고 전문학사학위 이상을 취득한 사람
- 법령에 따라 「고등교육법」 제2조에 따른 학교를 졸업한 사람과 같은 수준 이상의 학력이 있다고 인정된 사람으로서 보건복지부령으로 정하는 보육 관련

교과목과 학점을 이수하고 전문학사학위 이상을 취득한 사람

- 고등학교 또는 이와 같은 수준 이상의 학교를 졸업한 자로서 시 · 도지사가 지정한 교육훈련시설에서 소정의 교육과정을 이수한 사람

(2) 보육교사 급수

보육교사 자격 취득을 위해 관련 기관에서 교육을 실시할 수 있는 교육과정은 「영유아보육법」상에 명시되어 있다. 법적 기준에 따라 보육교사는 「영유아보육법 시행령」 제21조 [별표1]에 해당하는 자격 기준을 갖춘 자로서 이는 1급, 2급, 3급으로 나뉜다(조성연, 정진화, 2022, pp. 18−19).

① 보육교사 1급

보육교사 1급은 보육교사 2급 자격을 가진 자가 3년 이상 보육업무 경력이 있거나 보육교사 2급 자격을 취득한 후 보육 관련 대학원에서 석사학위를 취득하고 보육업무 경력이 1년 이상인 자로서 80시간의 승급교육을 이수한 경우에 취득할 수 있다. 이 중 보육 관련 대학원은 학과(전공) 및 학위명에 '보육, (영)유아, 아동'의 단어가 포함된 대학원이어야 한다. 만일 그렇지 않을 경우에는 보육 관련 교과목을 최소 15학점 이상 이수했는지의 여부를 확인하여 보육 관련 교과목 이수 기준으로 인정한다.

② 보육교사 2급

보육교사 2급은 대학 등 양성기관에서 「영유아보육법 시행규칙」 [별표4]에 따른 17과목의 51학점을 이수하고, 6주, 240시간의 보육현장실습에서 80점 이상의 평가점수를 획득한 경우에 취득할 수 있다. 또한, 보육교사 3급 자격을 가진 자가 2년 이상의 보육업무 경력이 있는 경우에 80시간의 승급교육을 이수하면 취득할

수 있다.

③ **보육교사 3급**

보육교사 3급은 고등학교 또는 이와 같은 수준 이상의 학교를 졸업한 사람으로서 보육교사교육원(또는 교육훈련시설)에서 22과목 65학점의 교육과정을 수료하고, 6주 240시간의 보육현장실습에서 70점 이상의 평가점수를 획득한 경우에 취득할 수 있다.

2) 보육교사 2급 자격취득을 위한 보육 관련 교과목과 학점 기준

보육교사 2급은 「고등교육법」에 의한 전문대학, 대학 등에서 보육 관련 교과목과 학점을 이수하거나, 「학점인정 등에 관한 법률」에 따라 학점은행제로 보육 관련 교과목과 학점을 이수하거나, 다른 법률에서 졸업 시 전문대학 이상의 학력이 인정되는 시설에서 보육 관련 교과목과 학점을 이수하여 전문학사학위 이상을 취득한 경우에 그 자격을 취득할 수 있다. 보육교사 2급 자격취득을 위해서는 「영유아보육법 시행규칙」 제12조 제1항 [별표4]의 규정에 의한 보육 관련 교과목에 대해 17과목 51학점 이상을 이수하고 졸업해야 한다. 보육 관련 교과목은 교사 인성 영역, 보육 지식과 기술 영역, 보육 실무영역의 3개 교육영역으로 필수와 선택 교과목이 있으며(표 4-1 참조), 별도로 교육영역별 대면교과목이 있다(표 4-2 참조). 대면교과목은 과목당 8시간 이상 출석 수업을 하고, 1회 이상 출석 시험을 실시해야 한다. 한편, 보육교사 자격증 취득을 위해 관련 학과로 유아교육과인 경우, '유아교육개론', '유아교육과정' 등과 같은 교과목은 '보육학개론', '보육과정' 등을 이수한 것으로 인정한다.

표 4-1 보육 관련 교과목의 교육영역별 교과목과 이수과목 수 및 학점

구분		교과목	이수 과목 (학점)
교사 인성 영역	필수 교과목	보육교사(인성)론, 아동권리와 복지	2과목 (6학점)
보육 지식과 기술 영역	필수 교과목	보육학개론, 보육과정, 영유아발달, 영유아교수방법론, 놀이지도, 언어지도, 아동음악(또는 아동동작, 아동미술), 아동수학지도(또는 아동과학지도), 아동안전관리(또는 아동생활지도)	9과목 (27학점)
	선택 교과목	아동건강교육, 영유아 사회정서지도 아동문학교육, 아동상담론, 장애아지도, 특수아동 이해, 어린이집 운영관리, 영유아 보육프로그램 개발과 평가, 보육정책론, 정신건강론, 인간행동과 사회환경, 아동간호학, 아동영양학, 부모교육론, 가족복지론, 가족관계론, 지역사회복지론	4과목 (12학점) 이상
보육 실무 영역	필수 교과목	아동관찰 및 행동연구, 보육실습	2과목 (6학점)
전체		17과목 51학점 이상	

※ 각 과목은 3학점을 기준으로 하며 최소 2학점 이상이어야 함

※ 상기 교과목 이외에 교과목 명칭이 동일하지 아니하더라도 교과 내용이 동일하다고 인정받고자 하는 경우, 동일 교과목 심의를 보육교직원 자격검정위원회로 요청하여 동일 과목으로 인정받아야 하며, 심의절차는 자격검정위원회 운영규정에 따름. 단, 심의결과는 당해 대학에만 인정되고, 타 대학은 미적용(당해 사건에 개별적 효력만 인정)

출처: 보건복지부(2023). 2023년 보육사업안내, p. 165.

표 4-2 보육 관련 교과목의 교육영역별 대면교과목

구분	교과목
인성 영역	보육교사(인성)론, 아동권리와 복지
보육 지식과 기술 영역	놀이지도, 언어지도, 아동음악(또는 아동동작, 아동미술), 아동수학지도(또는 아동과학지도), 아동안전관리(또는 아동생활지도)
보육 실무 영역	아동관찰 및 행동연구, 보육실습

출처: 보건복지부(2023). 2023년 보육사업안내, p. 165.

3) 보육실습 기준

(1) 보육실습 교과목과 학점 기준 및 실습 기간

보육실습은 현장실습과 이론수업으로 구성되어야 하는데 '보육실습'이라는 교과목으로 이수하는 것이 원칙이다. 다만, 교과목 명칭이 다르더라도 '보육현장실습', '교육실습', '학교현장실습'이란 교과목 명칭으로 이수한 경우에 실습기관과 실습기간의 조건을 만족하는 경우에는 보육실습 교과목을 이수한 것으로 인정한다.

보육실습 교과목은 반드시 3학점 이상으로 이수해야 하고, 평가점수가 80점 이상(B학점, 단, 보육교사교육원 또는 교육훈련시설인 경우에는 70점 이상)인 경우에만 실습을 이수한 것으로 인정한다. 보육실습은 보육실습 교과목이 개설된 학기(직전 · 후 방학 포함)에 어린이집, 「유아교육법」에 따른 교육과정과 방과후 과정을 운영하는 유치원에서 실시해야 하는데 6주, 240시간 이상을 원칙으로 한다. 다만, 보육실습 기간이 길어서 한 번에 하기 어려운 경우에는 학기 내에 2회로 나누어 실시할 수도 있다. 다만, 학기를 달리하여 두 개의 보육실습 교과목(I , II)을 개설한 경우에는 각 학기에 1회씩 실시할 수 있다(참고 자료 1 참조).

보육실습을 위한 6주, 240시간은 월요일부터 금요일까지 연속하여 실습해야 하고, 1일 실습시간은 오전 9시부터 오후 7시 사이의 8시간을 원칙으로 한다. 따라서 주 1회 실습 또는 주말실습 등 특정 요일에만 보육실습을 실시하여 그 시간이 240시간 이상이 되더라도 보육실습을 이수한 것으로 인정하지 않는다. 다만, 부득이한 사유로 1일 8시간의 실습시간을 충족하지 못한 경우, 증빙서류를 제출하고 1일 6시간 이상 실습한 경우에 한하여 인정한다. 부득이한 사유의 인정 여부는 어린이집 보육교직원 자격검정위원회에서 심의 · 의결한다.

참고 자료 1

실습기간에 대한 해석

■ 6주, 240시간 이상이란?

– 연속하여(월요일 ~ 금요일까지) 6주, 240시간 이상 실습을 실시해야 하고, 1일 실습시간은 8시간(오전 9시부터 오후 7시 사이)이 원칙

따라서, 주 1회 실습 또는 주말실습 등 특정 요일에만 보육실습을 실시한 경우 그 시간이 240시간 이상이 되더라도 보육실습을 이수한 것으로 인정할 수 없음

■ 2회에 나누어 실시하는 방법

– 하나의 보육실습 교과목을 개설한 경우: 학기 내에 2회로 나누어 실시

– 학기를 달리하여 두 개의 보육실습 교과목(Ⅰ, Ⅱ)을 개설한 경우: 각 학기에 1회씩 실시

■ 예시

Q: A대학에서 2학년 1학기에 보육실습Ⅰ, 2학년 2학기에 보육실습Ⅱ 교과목을 개설, 학점은 각각 2학점으로 하고, 학생들은 1학기와 2학기에 각각 3주 120시간(월~금, 오전 9시~오후 6시까지 실습)을 정원 15인 이상으로 평가인증을 유지하는 어린이집에서 보육교사 1급 자격증을 소지한 지도교사에게 보육실습을 받은 경우, 보육실습을 이수한 것으로 인정 가능한가?

A: 보육실습 이수 인정 가능

- 학점의 적절성: 보육실습 Ⅰ, Ⅱ의 합이 총 3학점 이상인 경우, 보육실습을 이수한 것으로 인정
- 실습의 적절성: 실습은 교과목이 개설된 학기 중에 실시해야 하므로, 보육실습 Ⅰ, Ⅱ가 개설된 학기에 각 3주, 120시간씩 총 6주, 240시간 실시하였으므로 인정

출처: 보건복지부(2023). 2023년 보육사업안내, p. 168.

(2) 보육실습 기관

보육실습 기관은 어린이집과 유치원이다. 어린이집은 실습 시작 당시 정원 15인

이상이고, 평가제 평가결과 A등급 혹은 B 등급을 유지하는 기관이어야 한다(「영유아보육법」 제30조). 또한, 유치원은 교육과정과 방과후 과정을 운영해야 하는데 보육실습을 시작하는 때에 교육청에 방과후 과정을 운영하는 유치원으로 등록되어 있어야 한다. 보육실습을 위한 실습지도교사는 실습지도 이전에 보육교사 1급 또는 유치원 정교사 1급 자격증을 소지해야 하며, 동일한 실습 기간 내에 1명당 3명 이내의 보육실습생을 지도할 수 있다.

어린이집이나 유치원이 보육실습 기관으로 적합한지에 대해 확인하고자 할 경우에는 임신육아종합포털 아이사랑 홈페이지(http://www.childcare.go.kr)나 어린이집정보공개포털(http://info.childcare.go.kr)을 통해 검색할 수 있다.

2. 보육교사의 자격관리

보육교사의 자격검정과 자격증 발급·재발급에 관한 업무는 한국보육진흥원(https://chrd.childcare.go.kr/)에서 수행한다. 보육교사의 자격검정은 무시험을 원칙으로 하여 신청자가 제출한 서류를 보육교직원 자격검정위원회에서 심의·의결하여 결정한다. 대학 등의 양성기관에서는 해당 기관의 학생 서류를 일괄 신청하여 접수한다.

보육교사 자격증 신청은 인터넷 신청만 가능(http://chrd.childcare.go.kr)하고, 인터넷 신청을 했더라도 구비서류는 등기우편으로 제출해야 한다. 자격증 신청 관련 구비서류 안내는 보육교직원 국가자격증 홈페이지 '자격기준'을 참고하고, 자격증 신청 이후 진행현황은 홈페이지 회원가입 후 '마이페이지 〉 나의 현황(자격) 〉 자격증 신청 현황' 화면에서 조회할 수 있다.

참고 자료 2

자격증 발급신청과 교부 절차

보육교직원 통합정보 홈페이지 접속
(http://chrd.childcare.go.kr)

↓

홈페이지 회원가입

↓

자격증 신청
(인터넷 신청)

수수료 결제
(신용카드 결제/가상계좌 입금/실시간 계좌이체)

↓

구비서류 제출(등기우편)

- 구비서류: "홈페이지 자격기준" 참고
- 보내실 곳: 서울특별시 용산구 청파로 345 주연빌딩 5층 한국보육진흥원 교직원지원국 자격관리팀
(☎1661-5666)

↓

어린이집 원장 · 보육교사 자격검정
보육교직원 자격검정위원회

↓

자격증 발급
(등기 발송 또는 방문 수령)

출처: 보건복지부(2023). 2023년 보육사업안내, p. 159.

3. 보수교육

1) 보수교육 종류

보수교육은 보육교사의 자질 향상을 위해 보육교사가 정기적으로 이수해야 하는 교육이다. 이는 보육교사가 보육에 필요한 지식과 능력을 유지 · 개발하기 위하여 정기적으로 받는 직무교육과 3급에서 2급, 2급에서 1급으로의 상위 등급의 자격을 취득하기 위해 받는 승급교육이 있다(보건복지부, 2023, p. 220, 표 4-3, 4-4 참고 자료 2 참조). 보육교사의 보수교육에는 성폭력 및 아동학대 예방, 실종 · 유괴의 예방과 방지, 감염병 및 약물의 오남용 예방 등 보건위생 관리, 재난대비 안전, 교통안전, 영유아의 인권보호 교육을 포함하는 보육교사의 인성 함양 등을 포함한다. 보수교육은 집합교육이 원칙이다.

표 4-3 어린이집 원장의 보수교육

<table>
<tr><th colspan="5">직무교육</th><th>사전직무교육</th></tr>
<tr><td colspan="2">일반직무교육</td><td colspan="3">특별직무교육</td><td rowspan="2">어린이집 원장 사전 직무교육</td></tr>
<tr><td>기본교육/ 심화교육</td><td>장기 미종사자 교육</td><td>영아보육 직무교육</td><td>장애아보육 직무교육</td><td>방과후보육 직무교육</td></tr>
</table>

출처: 보건복지부(2023). 2023년 보육사업안내, p. 220.

표 4-4 보육교사들의 보수교육

<table>
<tr><th colspan="5">직무교육</th><th colspan="2">승급교육</th></tr>
<tr><td colspan="2">일반직무교육</td><td colspan="3">특별직무교육</td><td rowspan="2">2급 보육교사 승급교육</td><td rowspan="2">1급 보육교사 승급교육</td></tr>
<tr><td>기본교육/ 심화교육</td><td>장기 미종사자 교육</td><td>영아보육 직무교육</td><td>장애아보육 직무교육</td><td>방과후보육 직무교육</td></tr>
</table>

출처: 보건복지부(2023). 2023년 보육사업안내, p. 220.

① 직무교육

보육교사의 직무교육은 현직에 종사하고 있는 보육교사를 대상으로 보육업무 경력이 만 2년이 지난 사람과 보육교사 직무교육(승급교육을 포함)을 받은 해부터 만 2년이 지난 사람을 대상으로 한다. 현직 보육교사는 만 2년의 근무 기간이 경과하면 3년 내에 교육을 이수해야 한다. 이는 근무시간과 무관하게 2년의 근무 기간으로 하여 보조교사, 연장전담교사, 대체교사 등도 동일하게 적용된다. 보육교사가 직무교육을 받아야 하는 연도에 직무교육을 받지 못한 경우에는 다음 연도 12월 31일까지 받아야 한다.

② 장기 미종사자 직무교육

장기 미종사자 직무교육은 보육교사 자격을 가진 사람으로서 만 2년 이상 보육업무를 수행하지 않았으나 다시 보육업무를 수행하려는 사람을 대상으로 하는 직무교육이다. 2년 이상 보육업무를 수행하지 않은 보육교사 자격증 취득자가 다시 보육업무를 수행하려면 반드시 보육업무 시작 전까지 장기 미종사자 교육을 받아야만 한다. 다만, 장기 미종사자가 다시 보육업무를 수행하기 이전 만 2년 이내의 기간 동안, 집합 보수교육을 이수한 경우에는 장기 미종사자 교육을 이수한 것으로 본다.

③ 특별직무교육

특별직무교육은 영아 · 장애아 · 방과후보육을 담당하고 있거나 담당하고자 하는 보육교사를 대상으로 한다. 영아 · 장애아 · 방과후 담당 보육교사로 근무하고자 하는 자는 사전에 특별직무교육을 받아야 하는 것이 원칙이지만, 불가피하게 받지 못한 경우에는 채용 후 6개월 이내에 특별직무교육을 받아야 한다. 특별직무교육을 받은 사람은 일반직무교육을 이수한 것으로 본다.

④ **승급교육**

2급 보육교사 자격 취득 후 보육업무 경력이 만 2년 이상이 경과한 보육교사는 1급 보육교사 승급교육을 받아야 한다. 다만, 보육교사 2급 자격을 취득한 후 보육 관련 대학원에서 석사학위 이상을 취득한 자는 보육업무 경력이 만 6개월 이상 경과한 경우에 1급 승급교육을 받을 수 있다. 승급을 위한 보육교사 경력은 자격증 상의 자격인정일 이후 어린이집 임면일을 기준으로 산정한다. 승급교육을 받은 사람은 일반직무교육을 이수한 것으로 본다.

참고 자료 3

교육 구분별 보수교육 대상자와 교육 시간

<table>
<tr><th colspan="3">교육 구분</th><th>교육 대상</th><th>교육 시간</th><th>비고</th></tr>
<tr><td rowspan="6">직무 교육</td><td rowspan="3">일반 직무 교육</td><td>보육 교사</td><td>현직에 종사하고 있는 보육교사로서 보육업무 경력이 만 2년을 경과한 자와 보육교사 직무교육(승급교육 포함)을 받은 해부터 40시간 매 3년마다 만 2년이 경과한 자</td><td>40시간</td><td>이수하고자 하는 자</td></tr>
<tr><td>원장</td><td>어린이집 원장의 직무를 담당한 때부터 만 2년이 지난 경우</td><td>40시간</td><td>매 3년마다</td></tr>
<tr><td>장기 미종사자</td><td>만 2년 이상 보육업무를 수행하지 아니하다가 다시 보육업무를 수행하고자 하는 보육교사 또는 원장 자격 취득자</td><td>40시간</td><td>이수하고자 하는 자</td></tr>
<tr><td rowspan="3">특별 직무 교육</td><td>영아 보육</td><td>영아보육을 담당하고 있는 일반직무교육 대상자와 영아보육을 담당하고자 하는 보육교사 및 어린이집 원장</td><td>40시간</td><td>이수하고자 하는 자</td></tr>
<tr><td>장애아 보육</td><td>장애아보육을 담당하고 있는 일반직무교육 대상자와 장애아 보육을 담당하고자 하는 보육교사 및 어린이집 원장</td><td>40시간</td><td>이수하고자 하는 자</td></tr>
<tr><td>방과후 보육</td><td>방과후 보육을 담당하고 있는 일반직무교육 대상자와 방과후 보육을 담당하고자 하는 보육교사 및 어린이집 원장</td><td>40시간</td><td>이수하고자 하는 자</td></tr>
</table>

교육 구분		교육 대상	교육 시간	비고
승급 교육	2급 승급 교육	보육교사 3급의 자격을 취득한 후 보육업무 경력이 만 1년이 경과한 자	80시간	이수하고자 하는 자
	1급 승급 교육	보육교사 2급 자격을 취득한 후 보육업무 경력이 만 2년이 경과한 자 및 보육교사 2급의 자격을 취득한 후 보육 관련 대학원에서 석사 학위를 취득한 경우 보육업무 경력이 만 6개월이 경과한 자	80시간	이수하고자 하는 자
원장 사전 직무 교육	–	「영유아보육법」 시행령 [별표1] 제1호의 가목부터 라목(일반, 가정, 영아 전담, 장애아 전담 어린이집 원장)까지 어느 하나의 자격을 취득하고자 하는 자	80시간	이수하고자 하는 자

※ 어린이집에서 특수교사나 치료사로 근무하는 자도 일반·특별직무교육 대상으로서 보수교육을 이수해야 한다.(일반직무교육이나 특별직무교육 중 선택적으로 이수할 수 있음)

※ 보수교육을 연속하여 3회 이상 받지 아니하는 경우 보육교사 자격이 정지될 수 있으므로 보수교육 대상자는 필히 보수교육을 이수해야 함

※ 2019년에 직무교육을 이수한 보육교사의 경우 만 2년이 경과한 2021년에 직무교육을 이수해야 하며 그 해에 교육을 받지 못한 경우, 다음 해인 2022년 12월까지 받아야 함. 2022년에도 받지 않았다면 1회 위반, 2023년에도 받지 않았다면 2회 위반, 2024년도에도 받지 않는다면 3회 위반에 해당함

출처: 보건복지부(20223). 2023년 보육사업안내, p. 223.

2) 보수교육 내용

(1) 직무교육

① 일반직무교육

보육교사의 일반직무교육은 기본교육과 심화교육 및 장기 미종사자 교육이 있다. 기본교육과 심화교육은 각각 15과목의 40시간을 이수해야 한다. 그 내용은 인성·소양 영역(3과목, 8시간), 건강·안전 영역(3과목, 9시간), 전문지식·기술 영역(23시간)이다. 이 중 전문지식·기술 영역은 장애 및 다문화 실제 영역(2과목, 4시간), 보육활동 운영의 실제 영역(8과목 중 선택, 16시간), 가족 및 지역

사회 협력 영역(2과목 중 선택, 3시간)으로 구성된다. 한편, 장기 미종사자 일반직무교육은 10과목 40시간을 이수해야 한다. 그 내용은 인성 · 소양 영역(2과목, 8시간), 건강 · 안전 영역(1과목, 4시간), 전문지식 · 기술 영역(7과목, 28시간)으로 구성된다.

② 특별직무교육

보육교사의 특별직무교육은 영아, 장애아, 방과후보육 담당자를 대상으로 인성 · 소양 영역, 건강 · 안전 영역, 전문지식 · 기술 영역 중 보육활동 운영의 실제와 가족 및 지역사회 협력과 관련한 교과목을 내용으로 하며, 온라인 교육으로 이루어진다. 각 분야별로 과목당 2시간씩 20과목의 40시간을 이수해야 하는데 각 분야별 과목수와 시간은 분야에 따라 차이가 있다.

(2) 승급교육

보육교사 승급교육은 21과목 80시간이고, 평가시험(2시간)을 반드시 치러야 한다. 승급교육은 인성 · 소양 영역(3과목, 11시간), 건강 · 안전 영역(4과목, 12시간), 전문지식 · 기술 영역(3영역, 55시간)이다. 이 중 전문지식 · 기술 영역은 장애 및 다문화 실제 영역(2과목, 8시간), 보육활동 운영의 실제 영역(10과목, 39시간), 가족 및 지역사회 협력 영역(2과목, 8시간)으로 구성된다.

생각해볼 문제

1. 현재의 보육교사 자격 취득 기준의 적절성에 대해 생각해봅시다.
2. 보육교사의 자격 취득을 위한 6주간의 보육실습의 적절성에 대해 생각해봅시다.
3. 보수교육의 이수 시간과 교육 내용 등의 적절성에 대해 생각해봅시다.

CHAPTER

5

보육교사의 임용과 복무

CHAPTER 5

보육교사로서의 역할을 수행하기 위해서는 가장 먼저 보육교사 자격을 취득해야 한다. 그러나 실질적인 보육교사로서의 역할은 보육교사 자격 취득 후 어린이집에 임용되어 보육교사로서 복무하면서부터라고 할 수 있다. 따라서 이 장에서는 보육교사의 임용과 관련한 조건과 절차 및 각종 서류, 보육교사의 배치 기준과 근무 시간 등에 대해 알아보고자 한다.

학습 목표

1. 보육교사의 임용 조건과 절차 및 관련 서류에 대해 알아본다.
2. 보육교사의 배치 기준과 근무 시간에 대해 알아본다.

1. 보육교사의 임용

보육교사 자격증을 취득한 경우에는 임용 조건을 갖추어 적절한 절차를 밟은 후 보육교사로서 어린이집에서 근무할 수 있다. 이에 보육교사가 되고자 하는 사람은 임용 조건과 절차 등에 대해 알아둘 필요가 있다.

1) 임용 조건과 절차

보육교사는 어린이집 원장의 제청으로 법인·단체의 대표자 또는 교사 임용권을 위임받은 수탁자 등의 어린이집 설치자에 의해 임용된다. 보육교사의 임용 조건은「영유아보육법 시행령」제21조 [별표 1]의 보육교사 자격 기준('제4장. 1. 보육교사의 자격기준' 참조)에 해당하는 자로서 국가에서 부여하는 보육교사 자격증을 취득했거나 자격증 발급을 신청하고 자격검정이 완료되어 자격번호가 부여됨으로써 자격증 발급이 예정된 자여야 한다. 보육교사 국가자격증 발급 여부는 '보육통합정보시스템'에서 조회할 수 있다.

어린이집이 국가 또는 지방자치단체로부터 보육교사의 인건비를 보조받는 경우에는 공개경쟁을 원칙으로 하여 보육교사를 채용한다. 또한, 국·공립어린이집인 경우에는 국가나 지방자치단체장이 선발고사 등을 통하여 별도로 보육교사를 채용할 수도 있지만 거의 대부분 선발고사 없이 보육교사를 임용한다. 어린이집에서 보육교사가 결원이 된 경우에 원장 등의 임용권자는 1개월 이내에 신규 보육교사를 채용해야 한다.

보육교사로 채용될 경우에 임용되는 보육교사는 원장 등의 임용권자와 임금, 근로시간 등의 근로조건을 명시한 근로계약을 체결해야 한다. 보육교사로서의 근로계약 시 결혼, 출산, 육아휴직 등으로 인한 퇴직 요구 등과 같은 부당한 내용이

참고 자료

교직원 채용과 임면보고 절차

보육교직원 채용 (원장, 보육교사, 특수교사, 조리원(조리사) 등)	• 채용주체: 어린이집 설치자 • 채용조건: 자격기준을 갖춘 자 • 채용 시 구비서류 – (공통) 인사기록카드, 주민등록등본, 채용신체검사서, 성범죄 경력 및 아동학대 범죄전력 조회 회신서, 개인정보 제공 및 고유식별정보 처리동의서, 보수교육 수료증 – (자격이 필요한 자) 자격증 또는 면허증 사본 ※ 간호사 채용 시, 면허신고증도 제출해야 함
⬇	
교직원 임면보고	• 임면보고 절차: 어린이집 → 특별자치시장 · 특별자치도지사 · 시장 · 군수 · 구청장(채용 후 14일 이내) • 임면보고 시 구비서류 - 인사기록카드, 채용신체검사서, 자격증사본, 성범죄 경력 및 아동학대 범죄전력 조회 회신서, 개인정보 제공 및 고유식별정보 처리 동의서, 보수교육 수료증 ※ 간호사 채용 시, 면허신고증도 제출해야 함 ※ 자격증 사본 및 보수교육 수료증은 서면 제출 또는 보육통합정보시스템으로 온라인 제출 가능 ※ 인사기록카드는 "보육통합정보시스템"을 통해 임면보고 가능('15. 2. 2.~) ※ 어린이집 및 시 · 군 · 구에서는 교직원 임면보고를 시스템을 통해 실시하고 적극 지도
⬇	
교직원 자격의 적격성 확인	• 확인주체: 특별자치시장 · 특별자치도지사 · 시장 · 군수 · 구청장 • 확인대상: 어린이집 원장, 보육교사, 특수교사, 장애영유아를 위한 보육교사, 치료사, 간호사, 영양사, 조리원 중 조리사 • 확인방법: 각 자격별 자격증명 서류, 보수교육 수료증 및 보육통합정보시스템
⬇	
교직원 결격사유 조회 및 범죄경력 조회	• 결격사유 조회 및 범죄경력 조회 주체: 특별자치시장 · 특별자치도지사 · 시장 · 군수 · 구청장 • 내용: 교직원 결격 사유(법 제20조)
⬇	
경력관리시스템 입력 관리	• 교직원 임면 사항을 경력관리시스템에 입력 관리

출처: 보건복지부(2023). 2023년도 보육사업안내, p. 178.

포함되지 않아야 하고, 가능한 한 기간을 정하지 않고 체결한다. 한편, 보육교사가 근로자 상시 5인 이상 30명 미만 어린이집에 채용될 경우에는 근로계약 체결 시 개정된 「근로기준법」('22.1.1. 시행)의 관공서 공휴일 유급 휴일 보장에 따라 어린이집의 연도 전환 시기 등을 고려하여 3월 1일(삼일절)이 근로계약 기간에서 누락되지 않도록 주의한다.

2) 임용 서류

보육교사가 어린이집 교사로 임용될 경우에는 갖추어야 할 서류가 많다. 특히 초임의 보육교사는 관련된 서류가 미비되지 않도록 세심하게 준비해야 한다. 이에 보육교사가 어린이집에 임용될 경우에 갖추어야 할 서류는 다음과 같다(보건복지부, 2023, p. 181).

- 인사기록카드: 「영유아보육법 시행규칙」 별지 제7호 서식
- 주민등록등본
- 채용신체검사서(공무원 채용 신체검사서 준용 가능)
  - 감염성질환과 정신질환 등에 대한 검사를 포함하고 있는 채용신체검사서는 명칭에 관계없이 채용신체검사서로 인정 가능
- 보육교사 국가자격증 사본: 국가자격증 발급 예정자는 자격증 취득 후 자격증 사본 구비

이 외에 원장 등의 임용권자는 경찰청 온라인시스템(범죄경력회보서 발급시스템, http://crims.police.go.kr)을 통해 「아동 · 청소년의 성보호에 관한 법률」 제56조에 따라 성범죄 경력 조회와 「아동복지법」 제29조의3에 따라 아동학대 관련 범

죄 전력 조회를 신청하고 확인한다.

3) 호봉

호봉은 근무경력의 기간에 따라 1년 단위로 인건비를 책정하는 기준이다. 호봉 획정 시 어린이집에서 보육교사로 근무한 경력을 포함하여 경력으로 인정되는 경우는 다음과 같다(보건복지부, 2023, p. 197).

- 어린이집 보육교직원으로 근무한 경력
- 대체교사 경력과 시간제보육 담당 보육교사, 센터장, 보육전문요원, 특수교사, (상근)컨설턴트 등을 포함하여 육아종합지원센터에서 근무한 경력
- 2019년 6월 12일 이후 한국보육진흥원에서 6급 상당 또는 그 이상의 직급, 현장평가직으로 근무한 경력
- 2005년 1월 30일 이후 보육교사 자격을 가지고 방과후 과정을 운영하는 유치원에 근무한 경력
- 병적증명서상 실제 복무한 군 복무경력(최대 3년)

보육교사로 재직 중 출산 등을 이유로 휴직을 하게 되면 다음의 경우는 호봉 획정 시 경력 기간으로 산입된다(보건복지부, 2023, p. 201).

- 「근로기준법」 제74조에 따른 90일 이내(다태아 임신인 경우에는 120일 이내)의 출산전후휴가 및 유산 · 사산휴가 기간은 호봉 획정 시 경력 기간으로 산입
- 「남녀고용평등과 일 · 가정 양립 지원에 관한 법률」 제19조에 따른 자녀 1인당 1년 이내의 육아휴직 기간은 호봉 획정 시 경력 기간으로 산입

- 「남녀고용평등과 일 · 가정 양립 지원에 관한 법률」 제22조의2에 따른 90일 이내의 가족 돌봄휴직 기간은 호봉 획정 시 경력 기간으로 산입
- 「근로기준법」 또는 「산업재해보상보험법」상의 업무상 재해로 인한 1년 이내의 휴직 기간은 호봉 획정 시 경력 기간으로 산입

초임호봉은 1호봉으로 하며, 호봉 인정 근무경력 1년을 1호봉씩으로 하여 초임호봉을 획정한다(보건복지부, 2013, p. 198). 초임호봉의 획정에 반영되지 못한 1년 미만의 잔여기간이 있는 경우에는 해당하는 기간을 다음 호봉승급 기간에 산입하여 호봉을 산정한다. 호봉승급은 일정한 재직기간의 경과에 의하여 현재의 호봉보다 높은 호봉을 부여하는 것으로서 호봉승급에 필요한 기간은 1년이다. 호봉승급은 2021년 7월 1일부터 매달 1일자로 시행한다.

호봉 획정 시 보육교사 자격증을 가지고 근무경력이 증명된 경우라면 어린이집에 근무한 경력과 방과후 과정을 운영하고 있는 유치원과 특수학교 내 유치원에서 교사(기간제교사 포함)로 근무한 경력은 100% 호봉으로 인정된다. 그러나 보육교사 자격증을 가지고 교사 이외의 임시강사, 직원 등으로 근무한 경력은 50%만 호봉으로 인정된다. 유치원 등에서 근무한 경력을 호봉으로 인정받기 위해서는 교육(지원)청이나 해당 유치원의 원장이 발급한 경력증명서를 제출해야만 한다. 보수교육, 출산휴가, 야간연장 등 대체교사(임시교사 포함)로 투입된 보육교사는 시간 단위로 근무한 경력을 합산하여 근무기간으로 호봉을 인정받을 수 있다.

2. 보육교사의 복무

어린이집에 보육교사로 임용되어 근무하게 되면 해당 기관의 복무 기준에 따라 근무해야 한다. 보육교사는 휴일, 휴가 등으로 근무를 하지 않는 날을 제외하고는 근무시간 동안 어린이집에 상주하며 상시 해당 직무에 종사해야 한다.

1) 보육교사 배치기준

어린이집은「영유아보육법」제17조와 동법 시행규칙 제10조에 따라 영유아 연령별 배치기준에 근거하여 필요한 수의 보육교사를 임용하여 운영해야 한다. 다만, 영유아 20인 이하를 정원으로 보육하는 어린이집은 어린이집의 원장이 보육교사를 겸임할 수 있다. 영유아 연령에 따른 보육교사 배치기준은 표 5-1과 같다(보건복지부, 2023, pp. 203-204). 다만, 도서 · 벽지 · 농어촌 지역 등에 있는 어린이집으로서 보육교사 배치기준 중 보육교사 1인이 보육할 수 있는 영유아 수를 적용하기 어렵다고 인정하는 경우에는 지방보육정책위원회의 심의를 거쳐 관할 시 · 도지사의 승인을 얻어 이를 달리 적용할 수 있다.

표 5-1 보육교사 배치기준

배치기준	자격기준	비고
• 만 1세 미만 → 영아 3인당 1인 • 만 1세 이상 만 2세 미만 → 영아 5인당 1인 • 만 2세 이상 만 3세 미만 → 영아 7인당 1인 • 만 3세 이상 만 4세 미만 → 유아 15인당 1인 • 만 4세 이상 미취학 유아 → 유아 20인당 1인 ※ 유아 40인당 1인은 보육교사 1급 자격자여야 함 • 취학아동 → 20인당 1인 • 장애아 3인당 1인 ※ 장애아 9인당 보육교사 1인은 특수교사 자격소지자여야 함 • 연장반 만 3세 미만 → 영아 5인당 1인 • 연장반 만 3세 이상 → 유아 15인당 1인 ※ 연장반의 만 1세 미만 및 장애아 → 3인당 1인	「영유아보육법 시행규칙」 제10조 [별표2]	현원 기준

주 1) 원장이 보육교사 겸직 시 원장 자격증과 보육교사 자격증을 모두 소지해야 함
※ 어린이집 설치 · 운영자는 어린이집의 여건에 따라 어린이집 부담으로 보육교사를 추가적으로 배치할 수 있음
※ 영유아 20인 이하를 보육하는 어린이집은 어린이집의 원장이 보육교사를 겸임할 수 있음
2) 「영유아보육법 시행규칙」 제10조(보육교직원 배치기준)에도 불구하고, 「근로기준법」 제54조에 따른 휴게시간 부여를 위해 영유아의 안전을 저해하지 않는 특정시간(낮잠시간 등) 동안에 한하여 예외적으로 아래의 배치기준에 따라 운영할 수 있음
※ 다만, 담임교사 1인당 아동 수를 예외 적용한 경우에도 가급적 성인 1인당 아동 수는 일반기준을 준수할 수 있도록 원장, 보조교사 등이 해당 시간에 순환 근무하여 영유아를 관찰 · 보호하도록 노력해야 함
(교사 대 아동비율 적용예시)

보육교사 대 아동비율 적용 예시

구분	교사 1인당 아동 수	
	일반기준	보육교사 휴게시간 시 예외
0세	3명	최대 6명
1세	5명	최대 10명
2세	7명	최대 14명
3세	15명	최대 30명
4세 이상	20명	최대 40명

출처: 보건복지부(2023). 2023년 보육사업안내, pp. 203-204.

2) 근무시간

보육교사의 근무시간은 「근로기준법」 등 노동관계법령에 따라 평일 8시간을 원칙으로 하고, 연장보육 전담교사의 근무시간은 평일 4시간을 원칙으로 한다(보건복지부, 2023, p. 207). 그러나 평일 12시간 운영을 원칙으로 하는 어린이집의 운영시간 특성상 보육교사는 연장근무를 할 수도 있다. 특히 어린이집 원장이 1일 8시간 근무하는 경우에는 보육교사 중 원장 업무를 대행할 자를 지정하여 어린이집 운영에 지장이 없도록 해야 한다.

보육교사는 전임으로서 휴일, 휴가 등으로 근무를 하지 않는 날을 제외하고는 근무시간 동안 어린이집에 상주하며 상시 해당 직무에 종사해야 한다. 다만, 보조교사, 야간연장 보육교사는 근무시간을 달리하는 경우라면 연장보육 전담교사를 겸임할 수 있다. 또한, 정원 20인 이하 어린이집 혹은 도서・벽지・농어촌 지역의 21~39인 이하 어린이집으로서 특별자치시장・특별자치도지사・시장・군수・구청장의 승인을 받은 경우에는 원장이 보육교사를 겸임할 수 있다.

보육교사가 회의 참석 등과 같은 특별한 사유로 외출하는 경우에는 근무상황부에 기록・관리하고, 공문, 리플릿 등의 증빙서류를 첨부해야 한다. 또한, 보육교사의 외출이나 휴가, 휴게시간 등은 「근로기준법」 등 노동관련법령에 따라 실시한다. 보육교사가 업무 외의 외출 시에는 개인 연간 휴가 일수에서 차감한다. 보육교사의 휴가는 보육 공백을 최소화할 수 있도록 순번제로 실시한다. 보육교사의 휴게시간은 「근로기준법」 제54조에 따라 보육활동 시간이 4시간인 경우에는 30분 이상, 8시간인 경우에는 1시간 이상의 휴게시간을 보육활동 중에 주어야 한다. 보육교사의 휴게시간은 조기퇴근이나 수당지급으로 대체할 수 없다. 담임교사가 휴게시간을 사용하는 동안 원장 또는 보조교사가 담임교사의 업무를 대행할 수 있다. 보육교사가 보수교육, 출산휴가 등으로 공백이 생기는 경우에는 이를 대체할 수 있는 대체교사 또는 그 밖의 인력을 배치해야 한다.

담임교사가 육아기 근로시간 단축제도를 활용하는 경우(「남녀고용평등과 일 · 가정 양립 지원에 관한 법률」 제19조의2) 사용자는 보육 공백을 대체할 인력을 신규 채용하거나 다른 반 담임교사, 보조교사, 연장보육 전담교사 등의 기존 인력을 활용하여 배치해야 한다. 다만, 기존 인력을 활용하여 배치할 경우, 당초 편성된 동일 연령반과 혼합반의 연령별 교사 대 아동비율을 준수해야 하고, 담임교사는 영유아와의 지속적인 관계 형성이 필요한 직무 특성상 이를 고려할 필요가 있어 기본보육시간(16시)까지는 근무해야 한다.

생각해볼 문제

1. 국 · 공립어린이집인 경우 대부분 선발고사 없이 보육교사를 임용하고 있는 현 상황을 유치원 교사임용시험과 비교하여 생각해봅시다.
2. 보육교사의 근무시간은 「근로기준법」 등 노동관계법령에 따라 평일 8시간을 원칙으로 하고, 연장보육 전담교사의 근무시간은 평일 4시간을 원칙으로 하지만, 「영유아보육법」 상 평일 12시간 운영을 원칙으로 하기에 연장근무를 할 수도 있는 보육교사의 현실적인 측면에 대해 생각해봅시다.
3. 현재의 보육교사 배치기준의 적절성과 효율성에 대해 생각해봅시다.

CHAPTER

6

영유아 이해와 지도

CHAPTER 6

영유아기는 인생의 초기 단계로서 이 시기의 발달과 성장은 이후의 삶에 초석이 된다. 따라서 보육교사는 영유아기의 특성을 잘 이해하여 영유아를 바람직한 방향으로 지도할 수 있는 전문적 능력을 갖추어야 한다. 이를 위해 보육교사는 영유아의 심리와 발달에 대한 지식을 획득하여 영유아를 면밀하게 관찰할 수 있어야 하며, '의미있는 성인'으로서 영유아와 언어적 · 비언어적 상호작용을 할 수 있어야 한다. 이러한 능력을 통해 보육교사는 영유아의 적응적 · 부적응적 행동에 대해 적절하게 대응함으로써 영유아의 전인 발달을 도모할 수 있을 것이다. 따라서 이 장에서는 영유아를 이해하고 지도하는 데 필요한 관찰과 보육교사와 영유아 간의 일상생활에서의 상호작용 및 영유아의 부적응 행동에 대한 이해와 지도방법에 대해 알아보고자 한다.

학습 목표

1. 영유아를 이해하고 지도함에 있어 관찰의 중요성과 필요성을 이해한다.
2. 보육교사와 영유아 간 상호작용의 필요성과 유형에 대해 알아본다.
3. 영유아의 부적응 행동에 대한 이해를 기초로 바람직한 영유아 지도방법에 대해 알아본다.

1. 영유아 관찰

1) 관찰의 의미와 필요성

관찰(觀察)의 사전적 의미는 사물이나 현상을 자세히 살펴봄이다(국립국어원 표준국어대사전, 2023). 보육교사가 영유아를 관찰하는 경우는 영유아에 대해 호기심과 궁금증을 가지고 조금 더 깊이 알고자 할 때이다. 보육교사는 관찰을 통해 영유아에 대해 새로운 정보를 얻고, 획득한 정보를 보육과정에 반영할 수 있으므로 보육현장에서 영유아를 잘 관찰하는 것이 필요하다.

첫째, 개별 영유아는 끊임없이 성장하는데 그 속도는 인생의 다른 어떤 시기보다 빠르며 변화 양상도 다양하다. 보육교사는 현재 시점에서 영유아의 성장에 도움이 되는 것이 무엇인지 판단하여 어떤 내용과 방법으로 영유아와 상호작용할 것인지를 매 순간 결정하여 실행해야 한다. 이를 위해 무엇보다 우선되는 것이 일상적 장면에서의 면밀한 관찰이라고 할 수 있다.

둘째, 영유아기는 언어나 인지 발달이 충분히 이루어지지 않아 영유아를 평가하는 데 있어 관찰을 제외한 여타의 방법을 사용하는 데 어려움이 있다. 일상생활 속에서 보육교사는 다양한 업무를 수행하면서 영유아와 상호작용해야 한다. 보육교사는 일과 중 다양한 업무를 수행하는데, 이때 보육교사가 영유아를 평가하고 이해하는 데 있어 관찰이 가장 유용한 방법이 될 수 있다(표 6-1 참조). 따라서 보육교사는 영유아의 행동을 전문적으로 관찰할 수 있는 능력을 갖추어야 하고, 관찰 결과를 토대로 바람직한 의사결정을 내릴 수 있어야 한다.

표 6-1 보육교사의 일반적 업무에 따른 관찰의 필요성

영역	내용
환경구성과 관리	• 놀이 실행을 위한 실내외 환경구성과 관리 • 영유아의 흥미에 따른 놀이실 환경구성과 놀이자료 제공 • 놀이 공간(흥미영역 포함)의 구성과 비치된 자료의 적절성 검토 • 공간, 시설, 자료의 안전과 위생 상태 관리
교육 · 보육프로그램의 운영	• 연간, 주간, 월간 계획과 주제 선정 및 계획 • 영유아의 흥미 변화에 따른 기존 계획의 수정과 보완 • 놀이 · 일상생활 · 활동 실행과 그에 따른 평가
개별 영유아에 대한 지원과 관리	• 영유아와의 유대관계 형성과 정서 지원 • 개별 영유아의 발달 특성에 대한 파악과 지원 • 관찰일지, 부모 안내용 보고서 등의 각종 서류 작성 • 영유아에 대한 검사와 기타 평가 실시
건강 · 영양 · 안전관리	• 영유아의 일상적 건강 상태 확인 • 기본생활습관에 대한 파악과 일상적 지도 • 안전한 생활을 위한 환경 조성과 안내 및 지도
부모와 가족에 대한 지원	• 영유아의 기관 생활에 대한 가정과의 정보 공유 • 부모와의 면담을 통한 심도 있는 영유아 이해와 지도방안 논의

2) 보육교사로서의 관찰

(1) 영유아의 발달상황에 대한 관찰

보육교사는 영유아의 발달에 대한 전문지식을 가진 사람으로서 영유아의 현재 발달상황을 객관적 시각으로 분석할 수 있어야 한다. 무엇보다 보육교사는 영유아의 전인 발달 추구라는 핵심적 가치를 달성하기 위해 개별 영유아의 발달상황에 초점을 두고 영유아를 관찰해야 한다. 그러므로 보육교사는 담임 학급 내 개별 영유아가 나타내는 신체, 정서, 사회성, 인지, 언어영역의 다양한 행동을 지속적으로 관찰할 필요가 있다.

표 6-2　발달영역별 영유아 관찰 포인트

발달영역	관찰 포인트
신체	감각기관과 지각능력의 발달, 대 · 소근육의 발달, 눈과 손의 협응능력의 발달 등
정서	자신과 타인의 정서 이해, 평상시 정서 상태, 정서표현, 정서조절능력 등
사회성	자신에 대한 인식, 또래, 교사와의 관계 등
언어	듣기, 말하기, 읽기, 쓰기(끼적이기) 능력과 그에 대한 관심 등
인지	사물과 현상에 대한 호기심, 탐구력, 표상, 기억, 문제해결력 등

(2) 표준보육과정과 2019 개정 유치원교육과정에 근거한 관찰

보육교사는 국가에서 제시한 표준보육과정과 2019 개정 유치원교육과정에 따른 보육 · 교육내용을 충실하게 수행해야 하는 책무성이 있다. 이를 위해 보육교사는 표준보육과정(영아)과 2019 개정 유치원교육과정(유아)의 체계와 내용을 파악함으로써 영유아의 놀이, 일상생활, 활동 등에서의 행동을 지속적으로 관찰해야 한다.

① 놀이, 일상생활, 활동 지원을 위한 관찰

국가수준의 표준보육과정과 2019 개정 유치원교육과정에서는 보육교사의 관찰자로서의 역할을 강조한다. 이는 영유아가 자유로운 놀이 속에서 스스로 배워가는 유능한 존재라는 것을 전제로 하기 때문이다. 놀이를 선택하고 주도하는 것은 영유아이므로 보육교사는 영유아가 무엇을 선택하고 어떻게 놀이하는지를 매순간 관찰하고 그 놀이 속에서 이들이 경험하고 있는 교육적 의미를 발견할 수 있다. 그리하여 표준보육과정에서는 보육교사가 영유아의 놀이를 따라가는 것으로 표현하고 있다. 이는 보육교사가 영유아의 놀이를 계속 지켜보고 좇아가면서 그 의미를 찾는 역할을 하는 것이라고 볼 수 있다. 영유아의 하루 일과는 놀이, 일상생활, 활동이 복합적으로 이루어지므로 보육교사는 지속적으로 영유아의 행동을 관찰함으로써 적절한 환경을 제공해주면서 그에 따른 상호작용을 한다(그림 6-1 참조). 보육교사가 영유아의 놀이를 관찰하는 것은 현재 영유아가 흥미 있어 하는 놀이를 유지하고 확장하여 심화될 수 있도록 지원하는 데 목적이 있다고 할 수 있다.

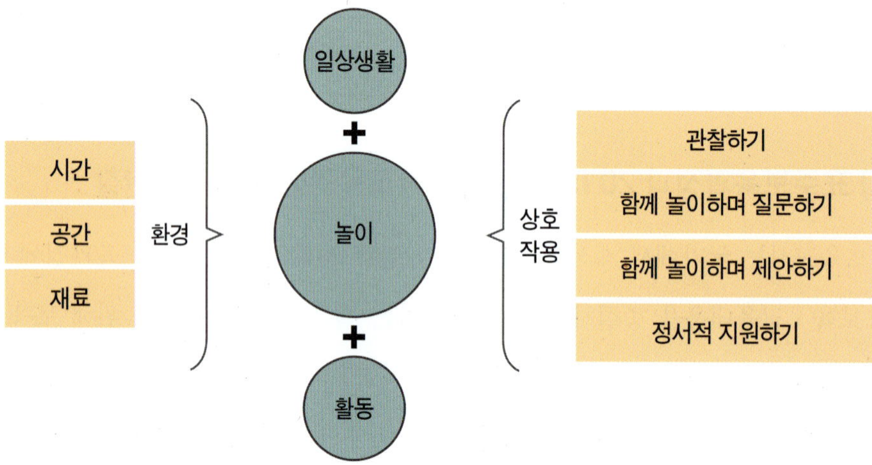

그림 6-1 보육교사의 관찰과 영유아 지원의 관계

출처: 교육부 · 보건복지부(2020). 놀이를 지원하는 교사의 역할, p. 9.

② 보육과정의 영역과 내용에 근거한 관찰

모든 교육과정은 교육적 의도를 가지고 있어 목적성과 공공성을 띤다. 표준보육과정과 유치원교육과정도 모든 영유아를 대상으로 우리 사회에서 길러내고자 하는 인간상, 즉 건강한 사람, 자주적인 사람, 창의적인 사람, 감성이 풍부한 사람, 더불어 사는 사람을 추구하는 데 목적을 두었다. 그러므로 보육교사는 표준보육과정과 유치원교육과정의 체계와 내용을 숙지하여 영유아들의 놀이, 일상생활, 활동 속에 그 요소들을 담고 있는지를 관찰하여 해석할 수 있어야 한다. 이를 위해 보육교사는 영유아가 기관에서 경험하고 있는 것이 표준보육과정과 유치원교육과정의 어느 한 영역이나 내용에 편중되지 않고 골고루 이루어지고 있는지, 현재 영유아가 참여하고 있는 놀이, 일상생활, 활동의 수준과 내용이 해당 연령에 부합하는지를 관찰한다. 또한, 보육교사는 영유아가 경험했거나 현재 경험하고 있는 것은 무엇이고, 어떤 경험이 부족하거나 심화되어야 하는지 판단하여 그 내용을 이후의 일과 운영과 계획에 반영할 수도 있다.

참고 자료 1

표준보육과정에 근거한 관찰 · 분석의 근거 예시

<table>
<tr><td colspan="2">4세 유아의 빵가게 역할놀이 관찰을 통한
개별 유아의 발달영역별, 교육 · 보육과정 내용별 분석의 예</td></tr>
<tr><td colspan="2">• 놀이상황
역할놀이 영역에서 4세 유아 A가 책상 위에 밀가루 반죽과 밀대, 각종 찍기틀을 늘어놓고 빵, 과자 만들기 놀이를 하고 있다. 한 명의 또래 유아 B가 다가와 관심을 보이며 "나도 같이 하자."라고 말하자, "그래, 여기가 빵 만드는 부엌이야. 내 옆에서 해도 돼."라고 말한다.
놀이에 대한 의견을 나누던 중 유아 B가 "우리 가게에 간판도 만들어서 붙이면 어떨까?"라고 하자, 유아 A는 "좋아! 내가 색연필과 도화지를 가져올게."라고 한다. 간판을 만든 후 유아 A가 가게 안쪽에 붙이려고 하자, 유아 B가 "손님들이 가게 밖에서 보아야 하니까 창문 바깥쪽에 붙이자."라고 말한다.
그때 지나가던 유아 C가 아기 인형을 안고 "여기 아기 과자도 있나요? 우리 아기가 자꾸 울어요."라고 하자, 유아 A가 "아기가 배고파서 속상한가 봐요. 얼른 만들어줄게요."라고 대답한다.</td></tr>
<tr><td>교육 · 보육과정에
근거한 분석</td><td>의사소통: 상황에 적절한 단어를 사용하여 말한다.
사회관계: 친구와 서로 도우며 사이좋게 지낸다.
예술경험: 경험을 극놀이로 표현한다.</td></tr>
<tr><td>개별 영유아의
발달영역에 근거한 분석</td><td>언어: 다양한 어휘의 이해와 사용, 문해활용능력 등
인지: 표상 및 가작화 능력, 조망수용능력 등
정서: 긍정적 정서의 표현, 타인의 정서 이해 등
사회성: 또래와의 협력, 친사회적 행동 등</td></tr>
</table>

2. 보육교사와 영유아 간 상호작용

1) 일상생활지도

영유아는 어린이집에서의 일상생활 속에서 놀이하고 활동하면서 자연스럽게 기본생활습관을 형성하게 된다. 인생의 초기 단계에서 잘못 형성된 기본생활습관은 연령이 증가해도 성인의 지도나 교육으로 쉽게 수정하기 어려우므로 영유아기의 올바른 기본생활습관의 형성은 매우 중요하다. 영유아의 기본생활습관은 가정에서의 지도와 인지발달, 언어발달, 대소근육 발달 등과도 관련되므로 동일 연령에서조차 개인차가 크고 그 양상도 다양하다. 특히 맞벌이 가정의 증가와 무상보육 실시 등으로 어린이집에 다니는 영유아의 연령이 점차 하향화되고 영유아가 하루 중 대부분의 시간을 기관에서 보내는 경우가 증가함에 따라 기관에서 실시되는 기본생활습관 지도는 더욱 중요해지고 있다. 따라서 보육교사는 일상생활 속에서 영유아의 연령에 적합한 지도방법을 숙지하여 영유아가 올바른 기본생활습관을 형성할 수 있도록 지도해야 한다.

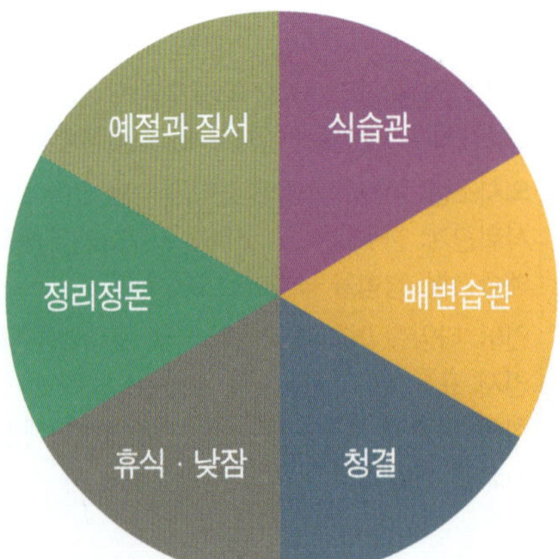

그림 6-2 어린이집에서의 일상생활지도 내용

어린이집에서의 일상생활지도는 그 내용이 매우 다양하다(그림 6-2 참조). 일상생활지도는 하루 일과 중 어떤 특정 시간에 이루어지는 것이 아니라, 실내외 자유선택놀이 시간을 포함하여 등·하원, 전이, 식사, 낮잠 등의 일상생활 속에서 이루어진다. 등원시간의 경우에도 인사와 언어예절, 겉옷 벗어서 정리하기, 손씻기 등과 같은 기본생활습관을 경험할 수 있으므로 보육교사는 매일의 일상생활 속에서 기본생활습관을 자연스럽게 지도할 수 있다.

(1) 영아의 일상생활지도

영아를 대상으로 한 일상생활지도를 할 때 보육교사는 영아가 가정과 다른 낯선 환경에서 또래와 성인들과 상호작용한다는 것을 고려하여 최대한 편안함을 느끼면서 생활습관의 기초를 형성해 나갈 수 있도록 개별적으로 지도해주어야 한다.

① 청결습관 지도

어린이집에서의 손씻기는 빈번하게 이루어지는 활동이다. 집단생활을 하는 어린이집의 특성상 영아가 손씻기를 통해 청결습관을 형성하는 것은 매우 중요하다. 그러나 영아는 청결에 대한 개념과 필요성에 대해 아직 이해하지 못하기 때문에 보육교사는 영아가 손씻기에 익숙해질 수 있도록 지속적으로 도움을 주고 시범을 보이며 지도해주어야 한다. 이를 위해 보육교사는 영아에게 손을 씻어야 하는 이유에 대해 설명하기보다는 거품 내기의 즐거움, 손을 씻기 전과 후의 기분 변화, 깨끗해진 손에서 나는 냄새 등에 초점을 두어 영아가 손씻기 활동을 유쾌하고 긍정적인 경험으로 인식할 수 있도록 지도한다.

② 식습관 지도

영아기는 이유식을 실시해야 하는 시기이므로 보육교사는 영아가 우유나 모유에서 점차 성인이 먹는 음식에 적응할 수 있도록 도와주어야 한다. 특히 영아는 이유식을 통해 점차 고형식에 적응해나가야 하므로 보육교사는 영아가 천천히 다양한 식재료를 맛볼 수 있는 경험을 해나갈 수 있도록 지도한다. 특히 영아는 어린이집에서의 음식을 먹는 경험이 낯설고 불편할 수 있으므로 보육교사는 무엇보다 영아가 안정감을 느끼며 즐겁게 먹을 수 있도록 돕는 것에 초점을 둔다. 이를 위하여 보육교사는 숟가락 등 도구를 활용하기 어려운 영아에게 손으로 음식을 만져보거나 탐색할 수 있는 기회를 주면서 영아가 음식을 먹는 것을 격려해준다. 영아는 12개월 무렵 수저와 식기 사용이 가능해지므로 보육교사는 영아에게 음식을 먹을 때 사용하는 각종 도구의 올바른 사용법을 보여주면서 자연스럽게 따라해보도록 지도한다.

③ 낮잠 및 휴식 지도

활동량이 많고 빠른 속도로 성장하는 영아에게 낮잠은 매우 중요하다. 영아는 오랜 시간 어린이집에서 생활하기 때문에 충분한 휴식과 안정을 취하는 것이 필요하다. 보육교사는 영아가 낮잠 자는 공간을 친숙하게 느끼고 편안하게 잠들 수 있도록 적절한 환경을 조성해주어야 한다. 낮잠 공간은 소음이나 빛이 차단되고, 환기가 잘되는 등 쾌적한 환경이어야 한다. 또한, 영아의 수면 습관이 모두 다를 수 있으므로 보육교사는 영아마다 적합한 방식으로 수면을 취할 수 있도록 도와주고, 애착을 가진 인형이나 물건이 있다면 이를 활용하여 심리적 안정감을 갖고 수면을 취할 수 있도록 지도한다. 영아가 낮잠을 자고 난 이후에 보육교사는 영아에게 다가가 관심을 보여주고 말을 거는 등의 행동을 함으로써 영아가 정서적으로 편안함을 느낄 수 있도록 해준다.

④ **배변 지도**

기저귀를 사용하는 영아에 대해 보육교사는 수시로 영아의 배뇨·배변 상태를 확인해야 한다. 영아기는 괄약근의 조절과 함께 자율성이 발달하는 시기이므로 보육교사는 영아가 배변에 대해 부정적 인식을 갖지 않도록 도와주고, 영아가 스스로 배변활동을 할 수 있도록 지도한다. 또한, 영아기 말쯤이면 상당수의 영아는 배변훈련을 할 수 있다. 이에 보육교사는 자신의 배변 욕구를 표현하는 영아에 대해 세심한 주의를 기울이는 등 개별 영아의 배변훈련 상황을 파악하여 그에 적합한 배변 지도를 해주어야 한다.

(2) 유아의 일상생활지도

3세 이후의 유아기는 인지와 언어가 급속하게 발달하면서 기본생활습관을 형성하는 데 필요한 능력이 빠르게 발달한다. 즉, 인과관계에 대한 이해, 기억력, 문제해결력, 듣고 이해하는 능력, 어휘력 등이 증가함에 따라 보육교사는 유아의 일상생활지도를 하는 데 있어 매우 수월해진다. 그러나 유아 스스로 확고한 인식이나 의지를 발휘하기 어렵고, 여전히 자기중심적인 특성을 지니고 있으므로 보육교사는 지속적으로 유아를 격려하고 유아의 행동을 관찰하고 확인할 필요가 있다.

① **청결습관 지도**

유아기에 접어들면 유아들은 손씻기와 청결습관이 질병을 예방하는 기초라는 것을 이해할 수 있다. 그러므로 보육교사는 유아가 청결습관의 필요성을 인식하고 스스로 실행할 수 있도록 지도한다. 특히 보육교사는 유아가 적절하고 바른 방법으로 청결습관을 실천할 수 있도록 지도한다. 이를 위해 보육교사는 일과 중에 손씻기, 식사 후 이닦기, 세수하기, 주변 정리하기 등의 상황을 지속적으로 관찰함으로써 유아에게 지도가 필요한 상황에 적절히 개입하여 습관을 형성할 수 있도록 지도한다.

② 식습관 지도

유아에게 음식과 관련된 경험은 무엇보다 즐겁게 인식되도록 하는 것이 중요하다. 이를 위해 보육교사는 간식시간이나 점심시간에 유아가 다양한 메뉴에 대해 호기심과 관심을 갖도록 유도하면서 음식 재료의 이름, 맛, 색이나 모양에 대해 자연스럽게 이야기 나누도록 한다. 또한, 보육교사는 유아들과 함께 식사를 하면서 자연스럽게 대화함으로써 편안한 분위기를 조성해줄 수도 있다. 이때 보육교사는 개별 유아의 특성을 파악하여 식사량을 조절해준다.

③ 낮잠 및 휴식 지도

유아기는 신체적 움직임이 활발하여 에너지를 많이 소모하는 시기다. 보육교사는 유아가 동적인 놀이를 한 후에는 반드시 휴식을 취하도록 지도하며, 유아의 몸 상태나 상황에 따라 낮잠을 권하도록 한다. 유아의 경우 낮잠이 필수적인 것은 아니지만 어린이집의 방침이나 부모의 요구 등에 따라 일관된 규칙을 만들고 유아가 신체 리듬을 유지하고 하루 일과를 편안하게 보내는 데 중점을 두어 낮잠을 잘 수 있도록 한다.

④ 배변습관 및 화장실 지도

유아가 배변훈련을 마쳤다 하더라도 놀이에 몰두하면 화장실 가는 것을 놓치는 경우가 있다. 따라서 보육교사는 일과 중 전이시간에 유아가 화장실에 다녀올 것을 규칙적으로 안내해 줄 필요가 있다. 만일 유아가 배뇨나 배변 시 실수를 한다면 보육교사는 유아가 수치심을 느끼지 않도록 독립된 공간에서 처리해줌으로써 유아가 정서적으로 위축되지 않도록 지도한다.

2) 보육교사의 놀이지원과 상호작용

(1) 보육교사의 놀이지원

① 놀이지원의 중요성

보육교사는 영유아의 흥미와 자유선택에 의한 놀이가 유지되고 확장될 수 있도록 다양한 지원을 제공해주어야 한다. 놀이의 주도권은 영유아에게 있으므로 보육교사는 영유아의 흥미와 선택을 존중하여 놀이가 자연스럽게 펼쳐지도록 돕는 지원자가 되어야 한다.

영유아의 놀이가 활발하게 이루어지기 위해서는 영유아의 놀이에 대한 '내적 동기'와 자유로운 선택이 우선되어야 하는데, 이 두 가지는 놀이의 핵심 요소라고 할 수 있다. 2019 개정 유치원 교육과정에서는 놀이의 주제, 방법, 자료 등을 영유아가 즉시, 직접 선택하고 펼쳐가는 것이 중요하므로 보육교사는 영유아의 현재 관심사를 최대한 고려하여 영유아가 관심 있어 하는 놀이에 충분히 몰입하여 활동할 수 있도록 놀이 지원자로서의 교사 역할에 충실해야 한다. 즉, 보육교사는 놀이를 위한 사전 계획과 준비에 노력을 기울이기보다는 영유아가 관심 있어 하는 놀이를 마음껏 실행할 수 있도록 풍부한 환경을 제공해주어야 한다.

② 다양한 놀이지원

가. 시간과 공간의 제공

영유아가 자신의 관심사를 선택하여 놀이를 하기 위해서는 무엇보다 충분한 시간과 공간이 필요하다. 이를 돕기 위해 보육교사는 영유아가 계획한 놀이가 잘 전개될 수 있도록 공간을 마련해주어야 한다. 또한, 영유아의 놀이는 역동적이며 시시각각 변화하기 때문에 보육교사는 영유아가 몰입하고 있는 놀이를 주시하면서 놀이의 흐름이 끊어지지 않도록 추가적인 지원을 제공해주어야 한다. 뿐만 아니라, 보육교사는 영유아가 놀이하는 동안 놀이에 대한 몰입도와 놀이에 대한 지속욕구, 놀이의 연속적인 흐름 등을 고려하여 놀이하는 데 필요한 시간을 충분히 제공해주고 상황에 따라 시간 조정이 필요하다면 기꺼이 이를 고려해야 한다. 표 6-3은 하루 일과에 대한 보육교사의 대략적 계획을 담은 일일보육계획안과 실행평가를 예시한 것으로서 바깥놀이에 대한 유아의 흥미와 지속성을 고려하여 놀이시간을 연장하고 이후의 일과 흐름을 조정한 사례다.

표 6-3 일일계획과 평가 예시

일자	20○○년 ○월 ○일 ○요일	○○○반	교사 이름: ○○○
일과 시간표	09:00~ 등원 09:10~ 실내놀이 10:10~ 오전간식 10:40~ 정리정돈 및 화장실 가기 10:50~ 화장실 다녀오기 11:10~ 화장실 다녀오기 11:00~ 이야기나누기 '주말 지낸 이야기' 11:20~ 바깥놀이 / 손씻기 12:20~ 점심식사 후 이닦기 12:40~ 점심식사 후 이닦기 13:20~ 조용한 활동, 낮잠 준비 14:00~ 낮잠 및 휴식 15:20~ 낮잠 깨기 / 정리정돈 15:30~ 낮잠깨기 / 정리정돈 16:10~ 오후간식 16:30~ 실내외 놀이 17:40~ 귀가준비		
표준보육과정 운영 평가	• 어제에 이어 오전에 〈박물관 놀이〉가 활발하게 이루어지고, 유아들이 역할 · 쌓기 놀이를 확장하면서 실내놀이 시간을 연장함 • 계획해둔 이야기 나누기 활동은 반드시 진행하지 않아도 되는 활동이라고 판단함 • 점심식사 시간을 여유 있게 계획해두었기 때문에 식사 시작시간을 늦추어도 무리가 없다고 판단함 • 평소보다 바깥놀이 활동량이 많아서인지 유아들이 평소보다 피곤해하여 낮잠 깨는 시간을 10분 늦추었음		

출처: 교육부, 보건복지부(2019). 2019 개정 누리과정 놀이실행자료, p. 96.

나. 풍부한 자료와 융통적 활용

영유아가 놀이를 구성하여 실시하고자 할 때 보육교사는 영유아에게 다양한 놀이자료를 제공해주어야 한다. 영유아는 현재 흥미를 가지고 있는 놀이를 어떻게 표현할지 끊임없이 계획을 세우기 때문에 보육교사는 영유아의 놀이가 보다 풍성하고 흥미롭게 진행될 수 있도록 놀이자료를 충분히 제공해주어야 한다. 이를 위해 보육교사는 현재 영유아의 관심이 무엇이며 놀이가 어떻게 흘러가고 있는지를 면밀하게 관찰하여 대략적으로 예측함으로써 영유아가 필요할 때 즉시 사용할 수 있도록 놀이 자료를 준비해두어야 한다. 간혹 영유아가 놀이를 하면서 자료를 찾다가 흥미를 잃어버릴 수도 있으므로 보육교사는 하루 일과가 시작되기 전에 어제의 놀이 관찰을 토대로 오늘 어떤 자료가 필요할지를 예상하여 준비해 두어야 한다. 영유아의 놀이는 갑자기 흥미가 끊어지기보다 자연스럽게 이어지면서 점차 변화되고 확장되어가는 경향이 있고, 어제와 오늘의 놀이는 비슷하다가도 달라지며 자료가 추가되면서 새로운 놀이로 발전해가기도 한다. 그럼에도 불구하고 영유아의 놀이는 종종 보육교사의 예상을 벗어나 새로운 주제가 도출되어 즉시 다른 자료가 필요해질 수도 있다. 영유아의 놀이 특성을 고려한다면 이것은 매우 자연스러운 현상이다. 그러므로 보육교사는 영유아의 놀이를 늘 주의 깊게 관찰하면서 놀이자료에 대한 영유아의 요구를 파악하고 세심하게 지원할 수 있어야 한다.

다. 또래 · 환경과의 상호작용 격려

개별 영유아의 성향에 따라 놀이하는 방식이나 태도는 매우 다양하다. 동적인 놀이를 좋아하는 영유아가 있는 반면, 정적인 놀이에 참여하기를 더 선호하는 영유아가 있다. 또한, 놀이에 참여하면서 나타내는 즐거움의 표현 정도도 매우 다양하고 친구와 함께 수행하는 놀이에 참여하고자 하는 사회적 자발성도 발달에 따라 혹은 개인적 성향에 따라 차이가 있다. 영아일수록 혼자 놀이를 즐기지만 연령이 증가하면서 점차 또래와 함께 놀이를 수행하고자 하는 사회적 놀이로 발달해 간다. 그러므로 보육교사는 영유아의 연령에 따른 사회적 놀이 특성을 파악하여 영유아의 놀이가 활발하게 이루어질 수 있도록 도와주어야 한다. 영유아는 또래와 함께 놀이하면서 발달적 측면에서 여러 가지 이점을 얻게 되고 그것이 이후 발달에 긍정적 영향을 미치므로 보육교사는 연령이 높아질수록 자연스럽게 또래와 함께 상호작용하면서 놀이를 계획하고 구성할 수 있는 기회를 마련해주고 격려해준다. 이와 더불어 보육교사는 영유아가 스스로의 흥미와 관심에 따라 주변의 자연, 사물에 대해 호기심을 가지고 적극적으로 탐색할 수 있도록 충분한 기회를 제공해준다.

(2) 상호작용의 필요성과 유형

영유아의 놀이에 대한 보육교사의 지원에서 무엇보다 우선하는 것은 보육교사와 영유아 간의 상호작용이다. 어린이집에서 보육교사는 하루 중 대부분의 시간을 영유아와 상호작용한다. 보육교사와 영유아 간의 상호작용을 통해 영유아의 놀이는 확장되고 그 수준도 높아져 놀이가 보다 활성화되고 풍성해진다.

영유아에게 보육교사는 가장 영향력 있고 매력적인 존재며, 함께 놀이하고 싶은 상대다. 훌륭한 보육교사란 영유아와 잘 놀아주는 사람이다. 즉, 보육교사는 영유아의 놀이에 참여할 때 직접적 참여자로서 혹은 교류자로서의 역할을 수행한다. 그러나 보육교사가 놀이에 참여할 때 무엇보다 중요한 것은 개입의 적절성이다. 보육교사가 놀이에 참여한다고 해서 늘 긍정적 영향만 있는 것은 아니며 오히려 영유아의 놀이를 방해할 수도 있기 때문이다.

보육교사의 개입은 내부 개입과 외부 개입으로 나눌 수 있다. 내부 개입이란 보육교사가 영유아의 놀이에 참여자로 들어가 역할을 수행하거나 모델을 보이는 등 직접 상호작용하는 것이고, 외부 개입은 보육교사가 영유아의 놀이를 관찰하며 청중의 자세를 유지함으로써 놀이 밖에서 영유아에게 질문을 던지거나 제안을 하는 등의 도움을 주는 것이다. 표 6-4는 보육교사와 유아 간 놀이에서의 내부 개입과 외부 개입 사례를 제시한 것이다.

표 6-4 보육교사-유아 간 놀이 상호작용에서의 내 · 외부 개입의 예

개입	사례
내부 개입	교사: (채소 모형을 가리키면서) 오늘 저녁식사 때 요리할 채소를 사러 왔어요. 유아: 어떤 채소요? (채소 모형을 들어 보여주며) 이 토마토 정말 맛있어요. 교사: 네, 통통하고 맛있어 보여요. 그런데, 한 개뿐인가요? 저는 양파랑 고추도 필요해요. 유아: (채소를 찾아서 내밀며) 자, 여기 있어요. 교사: 여기 장바구니에 넣어서 갈게요. 담아주세요.
외부 개입	교사: 여기는 채소가게 같아 보이는구나. (유아가 바닥에 늘어놓은 채소 모형을 가리키면서) 배추, 양파, 이건 고추… 종류도 많네! 좀 팔았니? 유아: 기다리고 있는데 아직 손님들이 안 왔어요. 교사: 그랬구나. 여기에 큰 블록들과 의자를 가져와서 손님들이 채소를 잘 볼 수 있도록 올려두는 건 어떨까? 나는 이 가게에 올 손님들이 있는지 찾아보고, 여기에서 채소를 살 수 있다고 알려놓을게. (교사는 아직 놀이를 시작하지 않은 유아들에게 다가가 채소가게가 생겼음을 알려주며 들러 볼 것을 권한다.)

한편, 놀이상황에서 나타나는 보육교사와 영유아 간의 상호작용을 보육교사가 놀이에 참여하는 방법에 따라 분류하기도 한다(표 6-5 참조).

표 6-5 보육교사의 영유아 놀이 참여 유형

놀이 참여 유형	내용	
소극적 놀이 지원하기	• 갈등 중재하기 • 환경 또는 놀잇감 제공하기	• 도움 제공하기

놀이 참여 유형	내용	
놀이에 관심 보이기	• 관찰하기 • 격려하기	• 질문하기 • 묘사하기
놀이 촉진하기	• 참여 유도하기 • 병행놀이하기 • 모델링하기	• 역할맡기 • 제안하기 • 환경 조성하기
교사 주도하기	• 주도하기	• 지시/교수하기

출처: 신유림 외(2020). 놀이지도, p. 76.

보육교사가 영유아와 교류하고 소통하며 놀이에 개입하는 방식은 매우 다양하다. 유능한 보육교사는 현재의 놀이상황에 가장 유용하고 적절한 전략을 선택하여 사용한다. 보육교사가 놀이 상대자로서 영유아의 놀이에 직접 개입하기보다는 비록 소극적이지만 현재 일어나고 있는 놀이 양상을 관찰하거나 영유아가 놀이하는 곳을 지나치며 몇 마디 질문을 하는 것만으로도 영유아의 놀이를 격려하는 좋은 보육교사로서의 역할을 수행하는 것이라고 할 수 있다.

참고 자료 2

보육교사의 놀이 지원 예시

숲에서 자유롭게 놀이하던 유아들이 나뭇가지를 모아 집 만들기 놀이를 하던 중, 새롭게 흥미가 달라진 놀이사례이다. 보육교사가 유아들에게 제공한 지원은 무엇인지 설명해보자.

"너희 모닥불 피워 봤어?"

"캠핑가면 밖에서 불 피우는 건데."

"그럼 모닥불 만들어서 캠핑놀이 하자."

"불을 크게 하려면 나무가 많아야 해."

"지금 우린 캠핑 온 거야!"

교사의 놀이 지원 실제	편성 및 교수학습
나뭇가지로 집 만들기에 열중하던 유아들은 "너희 모닥불 피워 봤어?"라는 한 유아의 갑작스런 질문에 나뭇가지에 불을 피우는 놀이로 관심이 옮겨졌다. 다른 놀이를 하던 유아들도 흥미를 느끼며 모이기 시작하면서 새로운 놀이가 시작되었다.	상호작용 (관찰하기)
캠핑놀이에 대한 유아들의 흥미가 발현되는 것을 보고 캠핑놀이와 관련한 놀잇감과 자료를 지원하였다.	자료의 변화 (교사가 계획한 자료 제공)

그림 6-3 놀이예시: 캠핑놀이

출처: 교육부, 보건복지부(2019). 2019 개정 누리과정 놀이실행자료, p.95.

3. 영유아의 부적응 행동 이해와 지도

1) 부적응 행동의 개념

영유아기는 인생 중 가장 빠르게 발달하는 동시에 자기중심적인 특성과 행동 및 미성숙한 사회화 능력을 나타낸다. 그러므로 보육교사는 기관에서 생활하는 영유아들이 또래와 함께 지내는 과정에서 어려움을 겪을 수 있다는 점을 유념해야 한다.

과거 '문제 행동'이라는 용어는 최근 '부적응 행동' 또는 '실수 행동'이라는 용어로 대체되어 사용되고 있다. Gartrell(2008)은 영유아의 바람직하지 않은 행동을 '문제(problem)'로 인식하지 말고 지식이나 정보가 부족하거나 능력의 부족함으로 인해 나타나는 '실수 행동(mistaken behavior)'으로 인식해야 한다고 주장하였다(신혜원 외, 2019, p. 15 재인용). 현재 어린이집 등 보육현장에서 가장 널리 쓰이는 용어는 '부적응 행동'이며, 영유아가 새로운 환경과 상황에서 적응해나가는 과정에서 보이는 행동이라는 의미를 담고 있다고 할 수 있다.

2) 영유아 부적응 행동 지도

(1) 부적응 행동 관련 정보의 수집과 분석

영유아마다 기질, 정서, 행동조절, 가정환경 요인 등이 다르고 그에 따라 나타나는 부적응 행동도 그 동기나 원인이 다양하므로 보육교사는 부적응 행동을 보이는 영유아의 특성을 심층적으로 이해해야 한다. 이를 위해 보육교사는 평소 영유아가 나타내는 말과 행동을 지속적으로 관찰하여 기록해둘 뿐만 아니라, 영유아의 부적응 행동이 나타나는 상황, 즉 맥락적 요인에 대해 충분히 검토하고 분석할 필요가 있다. 일반적으로 영유아가 부적응 행동을 나타낼 경우, 그런 행동이 표출되기 직전에는 해당 영유아의 정서상태가 예민해지고 긴장도도 높아지는 경향이 있으므로 보육교사는 해당 영유아의 행동 패턴을 파악함으로써 그런 행동을 예방하거나 효과적으로 대처할 수 있어야 한다.

(2) 부적응 행동 예방과 지도를 위한 전략

어린이집은 또래와 보육교사 외에도 여러 역할을 수행하는 성인들과 함께 생활하면서 유기적으로 일과를 수행해 나간다. 그러나 특정 영유아의 부적응 행동이 나타나고 그 행동이 쉽게 사라지지 않을 경우 또래 관계뿐만 아니라 전체 영유아의 놀이나 일과의 흐름에도 부정적인 영향을 미칠 수 있고, 보육교사는 심리적·육체적으로 어려움을 경험할 수 있다. 이런 경우에 보육교사는 인내심을 가지고 해당 영유아의 행동 패턴이나 그런 행동이 발생한 맥락을 파악함으로써 완전하지는 않더라도 상황을 조정할 수 있는 전략을 발견하여 해결할 수 있도록 노력해야 한다. 어린이집에서 비교적 빈번하게 발생하는 영유아의 부적응 행동을 예방하는 데 도움이 되는 몇 가지 방안을 소개하면 다음과 같다(정대련 외, 2018, pp. 105-106).

① 바람직한 행동을 위한 환경구성

영유아는 물리적 환경에 민감하게 행동한다. 예를 들어, 가구가 별로 없는 놀이실에 들어서면 영유아는 신나게 뛰어다닐 수 있다. 그러나 놀이실 내에 책상과 의자, 교구장 등이 배치되면 영유아는 가구에 부딪히지 않기 위해 덜 뛰어다니면서 생활한다. 따라서 영유아의 부적응 행동이 자주 나타나는 영역이나 공간이 있다면, 보육교사는 놀이실 내의 물리적 환경부터 먼저 점검하고 재배치하도록 노력할 필요가 있다.

- 흥미영역 중 지속적으로 갈등 상황이나 부적응 행동이 나타나는 영역이 있는지 확인하고 해당 영역의 환경구성을 점검한다.
- 영유아가 원하는 놀잇감을 쉽게 선택할 수 있는지 확인한다.
- 영유아들의 충분한 모임 공간을 확보하여 영유아들 간에 부딪히는 일이 발생하지 않도록 주의한다.
- 영유아의 흥미에 적합한 교구로 환경을 구성하여 영유아가 즐겁게 놀이에 참여할 수 있도록 한다.
- 영유아가 특정한 소리나 색깔 등의 자극, 혹은 특정한 놀잇감에 대해 부적응 행동을 나타내는지 살펴본다.

② 바람직한 행동을 위한 일과 운영

하루 일과가 리듬감 있고 균형감 있게 운영될 때 영유아는 놀이 활동에 더욱 집중하여 흥미를 가지고 보다 적극적으로 참여함으로써 안정적으로 생활할 수 있다. 이를 위해 보육교사는 하루 일과 중 동적인 활동시간과 정적인 활동시간을 유사한 비율로 구성하여 운영할 필요가 있다.

- 연령별 자유 선택 놀이 시간과 실외놀이 시간을 계획한다.
- 영유아 모두 정적인 활동 후 반드시 동적인 활동을 계획하여 영유아의 신체활동 욕구를 충족시키고, 정적인 활동과 동적인 활동 시간을 균형 있게 안배한다.
- 동적인 활동에 의한 활발한 신체적 움직임으로 인해 다소 흥분된 영유아들을 진정시켜 부적응 행동을 예방할 수 있도록 이후에는 반드시 정적인 시간을 경험하게 한다.

③ 보육교사의 긍정적 영향력 증진

보육교사는 놀이실 운영과 관련해 권리와 책임이 있으므로 영유아의 행동과 반응은 보육교사로부터 가장 큰 영향을 받는다. 그러므로 보육교사는 일관된 놀이실 운영과 영유아에 대한 적절한 기대 등을 통해 영유아의 부적응 행동을 예방하거나 줄일 수 있다.

- 영유아의 발달에 적합한 보육목표를 설정함으로써 영유아에 대해 적절한 기대를 갖는다.
- 영유아의 개인차를 수용하면서 놀이실 내에서 수용되는 행동과 수용되지 않는 행동을 일관성 있게 운영한다.
- 부적응 행동을 나타내는 영유아를 도움이 필요한 대상으로 인지한다.
- 실내외에서 활동을 진행할 때 모든 영유아를 공평하게 대한다.

④ 바람직하지 못한 행동 무시

영유아들은 자신들이 관심 받고 싶을 때 혹은 주변 사람들에게 큰 영향을 미치는 과정을 즐기려고 할 때 바람직하지 못한 행동을 하기도 한다. 이런 경우에 보육교사는 영유아의 바람직하지 못한 행동을 일관되게 무시하는 것이 적절하다. 다만, 안전이 최우선으로 고려되어야 하므로 영유아의 바람직하지 못한 행동이 또래나 다른 성인에게 해를 입힌 경우에는 반드시 개입하여 지도해야 한다. 그러나 영유아가 보육교사의 관심을 끌기 위해 바람직하지 못한 행동을 반복적으로 실행하는 경우라면 보육교사는 영유아에게 바람직한 행동을 안내하거나 부적응 행동을 감소시키기 위한 긍정적 강화를 사용하여 지도해야 한다.

- 영유아가 관심을 끌기 위해 바람직하지 않은 행동을 하였는데 그런 행동이 위험하거나 다른 사람에게 피해를 주는 경우가 아니라면 무시한다.

- 영유아가 바람직하지 않은 행동을 했을 때 보육교사로부터 기대했던 반응이 나타나지 않아 영유아가 실망스러운 표정을 짓거나 몸짓을 할 경우에는 영유아에게 바람직한 방법을 안내한다.
- 영유아가 바람직하지 않은 행동에 대한 자신의 의도를 쉽게 포기하고 바로 다른 놀이에 집중하거나 바람직한 행동을 한다면 즉시 긍정적 강화를 준다.

(3) 부적응 행동의 유형과 지도 사례

영유아기에 보일 수 있는 부적응 행동의 유형은 하루 일과 중 매우 다양하게 나타나므로 보육교사는 인내심을 갖고 기다려주는 자세를 취하면서 영유아의 발달에 적합한 세심한 지도를 해주어야 한다. 이에 보건복지부와 육아정책연구소(2013)는 공동으로 보육현장에서 빈번하게 나타나는 영유아 부적응 행동을 지도하는 방법에 대한 교사용 지침서를 개발한 바 있다. 여기서는 영유아의 세 가지 부적응 행동에 대한 원인분석과 지도방법에 대해 살펴보고자 한다.

① 차례를 지키거나 기다리는 것을 어려워하는 경우

가. 원인분석

- 부모의 양육태도와 관련하여 부모가 모든 상황에서 영유아의 욕구만을 최우선으로 하여 영유아가 기다리는 경험이 부족한 경우
- 영유아의 발달 특성상 자기중심적 사고로 인해 타인의 상황이나 입장, 혹은 생각 등을 잘 이해하지 못한 경우
- 충동을 조절하는 능력이 부족하여 상황이 빨리 해결되지 않으면 그 과정에서 조절이 힘든 경우

나. 지도방법

- 차례를 기다리는 동안 영유아에게 다른 역할을 부여하여 기다리는 시간이 힘들지 않도록 배려하기
  - 식사하기 전 줄 서서 기다리는 동안 친구들에게 숟가락 나누어 주기, 양치질하기를 기다리는 동안 친구들에게 치약 짜주기, 다른 친구들이 신체게임에 참여하는 동안 친구 응원하기 등 구체적인 역할을 부여하기
- 상호작용을 통해 다른 사람의 마음을 이해할 수 있도록 지도하기
  - 놀이 중 다른 친구나 보육교사의 상황이나 마음을 언어적으로 설명해주기
  - 갈등상황이 생겼을 때 상황에 대해 이해할 수 있도록 상대방의 입장에서 설명해주기
- 충동을 조절하는 데 도움이 되는 활동을 실시하기
  - 순서를 기다리며 즐겁게 참여할 수 있는 활동(예 신체게임, 규칙이 간단한 판게임 등)에 참여하면서 자연스럽게 충동을 조절할 수 있는 기회를 제공하기
  - 영유아의 연령이 많은 경우에는 대집단 시간을 이용하여 다른 사람의 말을 끝까지 듣고 자신이 말할 수 있도록 연습하는 기회를 제공하기

② 친구의 놀잇감을 뺏는 경우

가. 원인분석

- 친구와 놀고 싶은데 방법을 잘 몰라서 친구의 놀잇감을 빼앗거나 놀이를 방해하는 경우
- 친구가 가지고 놀고 있는 장난감을 자신도 가지고 놀고 싶어서 뺏는 경우
- 영유아기의 자아중심적 사고로 친구 것을 빼앗거나 욕심을 부리는 것이 나쁜 행동이라는 것을 이해하지 못하는 경우

- 모든 놀잇감을 혼자 소유하려 하거나 자신이 원하는 놀잇감을 친구가 가지고 노는 경우에 요청해야 하는 것을 이해하고 받아들이지 못하는 경우
  - 물건 나누기는 또래에 대한 믿음이 있어야 하므로 이런 믿음이 생기거나 또래에 익숙해질 때까지 기다리기

나. 지도방법

㉠ 즉각적 개입

- 친구와 놀고 싶거나 친구가 가지고 있는 장난감을 원하는 경우에는 상호작용 4단계를 적용해보기
  - 상호작용 1단계: 영아의 욕구 인정해주기(예 "친구가 가지고 노는 장난감을 너도 가지고 놀고 싶구나.", "친구와 같이 놀고 싶니?" 등)
  - 상호작용 2단계: 친구의 입장 설명하기(예 "친구가 가지고 놀던 장난감을 네가 그냥 가져오면 빼앗는 거야.", "친구 것을 빼앗으면 친구가 속상해.", "소리를 지르거나 친구를 불편하게 하면 친구들이 짜증 나서 같이 안 놀려고 해." 등)
  - 상호작용 3단계: 문제행동에 초점을 두고, 다른 사람에게 피해를 주는 행동은 나쁘다는 것을 부드럽지만 단호하게 알려주는 등 용납되지 않는 행동을 설명해주기(예 "놀고 싶다고 친구가 놀고 있는 장난감을 가져오면 안 돼.", "친구들이 놀고 있는데 소리를 지르거나 불편하게 하면 친구들 놀이를 방해하는 거야." 등)
  - 상호작용 4단계: 적절한 대안 알려주기(예 "친구한테 나도 놀아도 되냐고 물어보자.", "돌아가면서 같이 놀자.", "너 놀 동안 기다릴게. 같이 얘기해 보자." 등)

㉡ 예방적 접근

• 충분한 수의 동일한 놀잇감을 제공해줌으로써 소유로 인한 갈등을 줄일 수 있는 물리적 환경을 구성하기

– 36개월 이전 영아들은 자신의 놀잇감을 가지고 놀이에 집중하는 시간이 짧고 옆에 있는 친구가 가지고 노는 놀잇감에 흥미를 보이는 경우가 많으므로 다양한 놀잇감을 구비하기보다는 모양 · 색이 동일한 놀잇감을 충분하게 준비하기

– 개별적인 놀이공간을 여유있게 제공하고 영역 간의 동선을 고려하여 환경을 구성하는 등 충분한 놀이 공간을 확보해주기

– 충분한 놀이시간을 계획하여 영아들이 여유를 가지고 놀 수 있도록 활동 시간과 기회를 제공하기(예 "친구가 아직 다 안 놀았대. 우리가 조금 기다리자." 등)

• 나누기를 경험하는 기회를 제공하기

– 자기중심적인 영아는 자신이 가장 아끼는 물건을 나누는 것은 거부하므로 좋아하는 친구에게 애착을 갖는 장난감이 아닌 것부터 친구에게 빌려주도록 유도하거나 일상적인 용품이나 간식 등을 나누는 경험을 해볼 기회를 제공하기

• 자기 조절 기술을 배워 나가도록 돕기

– 영유아는 잘못된 행동에 대해 심하게 훈육할 때 자신감을 잃고 위축될 수 있음을 고려하여 지도하기

– 영유아가 실수 행동을 거듭할 때 바람직한 자기조절의 방법을 반복하여 설명해주기

③ 친구를 때리는 경우

가. 원인분석

- 대물 다툼 상황을 해결하기 위한 지식과 기술의 부족
  - 자신이 알고 있는 사회적 기술을 다 사용하고도 원하는 것을 얻지 못했을 때 신체적 공격성을 보이는 경우
  - 갈등 상황에서 대안적인 해결책을 찾지 못할 경우에 공격성을 나타내는 경우
- 공격적 행동에 대한 잘못된 경험과 기대
  - 공격적 행동이 즉각적인 물질적 이득을 볼 수 있는 경우
  - 친구를 때려서 원하는 것을 얻은 경험이 공격적 행동에 대한 긍정적 기대를 갖게 하는 경우
  - 유아의 공격행동에 대해 평소에는 별로 관심을 보이지 않던 부모가 떼를 쓰면 들어주거나 공격행동을 제재할 때 나타낸 부모의 반응이 공격행동을 강화시키는 경우
- 부모의 지나친 통제와 폭력적 태도, 공격행동에 대한 허용적 태도, 과잉보호, 방임 등의 양육태도
  - 통제가 지나치면 유아의 욕구불만이 높아져 공격적으로 행동하고, 이를 제재하는 과정에서 체벌 등을 사용할 때 오히려 영유아에게 모델링이 되어 더 공격적인 행동을 나타내는 경우
  - 유아의 공격행동을 웃어넘기거나 어리광으로 받아주거나 묵인할 때 유아가 자신의 행동에 대해 분별할 수 있는 기회를 잃고 행동을 지속시키는 경우
  - 부모의 과잉보호로 인해 유아가 또래관계에서 무엇이든 원하는 대로 할 수 없게 되면 공격적 행동을 통해 자신의 욕구를 충족하려고 하는 경우

– 부모의 사랑을 충분히 받지 못할 경우 불안정한 정서상태를 유발하고, 부모의 관심을 끌어내기 위해 공격적 행동을 하는 경우

나. 지도방법

㉠ 즉각적 개입

- 4단계의 상호작용 기법을 적용해보기
  - 상호작용 1단계: 감정 인정하기–맞고 밀쳐진 유아를 일단 안아주고 마음 읽어주기(예 "이런~ 피아노 치는 것 때문에 친구가 밀쳐서 아프겠네."), 갈등 상황에 대해 말하도록 돕기, 꾸짖지 않고 유아의 말을 수용하고 옳고 그름보다 유아들이 느끼는 감정을 그대로 표현해 부정적 감정을 해소시킬 수 있는 기회 제공하기(예 "그래. 피아노를 치고 싶다고 얘기했는데 친구가 비켜주지 않아 답답했나 보구나.")
  - 상호작용 2단계: 친구 입장 이해하기–다른 친구의 감정이 어떨지 말하도록 요청하고, 상대방에 대한 감정 이입을 조성하기(예 "그런데 친구 기분이 어떨지 한 번 말해보렴.")
  - 상호작용 3단계: 공격적 행동에 대해 단호하게 지도하기(예 "아무리 화가 나도 말로 해야 돼.")
  - 상호작용 4단계: 친구와 화해 방법을 모색하도록 돕기–서로 더 나은 감정이 될 수 있는 방법을 찾도록 도와주기(예 "○○도 화가 났고 △△도 기분이 나쁜데, 어떻게 하면 서로 기분이 좋아질까?")

㉡ 예방적 접근

- 갈등상황카드를 활용하여 공격적 행동에 대한 대안 가르치기
  - 계획된 활동을 통해 유아가 공격성에 대해 사회적으로 적절한 대안을 찾

고, 그에 대해 말하고, 제시하는 능력을 향상시키기

– 손인형, 이야기책, 화이트보드, 개방형으로 끝나는 짧은 이야기를 통해 유아에게 자기주장과 협상에 관련된 기술을 가르치기(예 "(개방형으로 끝나는 이야기를 들은 후) 너라면 어떻게 해보겠니?")

• 대물다툼 상황을 예방하기 위해 '차례 정하기' 규칙을 적용하기

– 차례 지키기를 통해 유아가 자신의 행동을 조절할 수 있고 대물다툼으로 인한 갈등상황을 줄일 수 있으며 보육교사의 신뢰를 느껴보기

– 사회적 기술 및 문제해결력을 배울 수 있도록 차례 정하기 과정을 놀이처럼 해보기

– 유아들이 선호하는 놀이에서 차례를 정하는 규칙을 만들어 유아에게 순서를 지키며 즐겁게 활동할 수 있도록 가르치기

– 차례 정하기 방법: 모자에서 이름표 꺼내기(모든 유아의 참여를 가능하게 함), 번호표 받기(원하는 친구만 참여하게 함) → 시간을 제한하는 자명종 시계나 모래시계 비치

ⓒ 유의사항/ 참고사항

• 또래 간의 갈등상황에서 결과에만 집중하여 일방적으로 피해자와 가해자를 판결하는 방식으로 개입하지 않기

• 갈등 상황에서 유아들에게 친사회적 행동을 지도할 수 있도록 타인을 존중하며 자율적이고 주도적으로 해결책을 찾게 하기

• 갈등 상황을 교육적 경험으로 활용하여 갈등 해결능력을 길러줄 수 있는 기회로 활용하기

생각해볼 문제

1. 개별 영유아에 대한 관찰을 효과적으로 실시할 수 있는 방법에 대해 생각해봅시다.
2. 영유아의 일상생활 장면, 놀이 장면을 예상하여 상황에 적절한 보육교사의 상호작용에 대해 생각해봅시다.
3. '실수 행동'의 의미에 기초하여 영유아의 부적응 행동을 대하는 보육교사의 바람직한 자세에 대해 생각해봅시다.

CHAPTER

7

보육교사의 인간관계와 지역사회와의 협력

CHAPTER 7

인간관계는 인간과 인간, 인간과 집단과의 관계를 통틀어 이르는 말로서(국립국어원 표준국어대사전, 2023) 인간은 태어나면서부터 누구나 다른 사람과 관계를 맺으며 살아간다. 그리하여 인간은 살아가면서 스스로 원하든 원치 않던 몇 개의 조직에 속하게 되고 자신이 속한 집단 내에서 다른 사람들과 관계를 맺으며 사회화된다. 인간관계에서는 여러 가지 어려움이 발생할 수 있는데 그 어려움은 조직의 분위기에 부정적인 영향을 미친다. 특히 어린이집은 소규모 집단으로서 친밀한 인간관계를 형성하는 조직이며, 조직 내 대부분의 업무는 인간관계와 관련된다. 또한, 어린이집은 보육교직원 간의 연령층이 다양하여 그로 인한 어려움도 수반될 수 있다. 그리고 어린이집은 지역사회의 구성원으로서 지역사회와의 유기적인 협력도 매우 중요하다. 그러므로 보육교사는 보육교직원뿐만 아니라 부모 및 지역사회와 협력하는 것이 매우 중요하다. 이에 이 장에서는 보육교사의 인간관계와 지역사회와의 협력 관계에 대해 살펴보고자 한다.

학습 목표

1. MZ세대 보육교사의 특성을 이해한다.
2. 보육교사와 동료, 원장, 학부모 등과의 인간관계에 대해 알아본다.
3. 보육교사와 지역사회와의 유기적인 협력관계에 대해 알아본다.

1. MZ세대 보육교사의 특성

MZ세대는 1980년대 초부터 2000년대 초에 출생한 밀레니얼 세대(M세대)와 1990년대 중반부터 2000년대 초에 출생한 Z세대를 아우르는 신조어다. 이러한 MZ세대는 다양한 특징을 지닌다.

- 디지털 환경에 익숙하여 모바일을 우선적으로 사용한다. 최신 트렌드와 남과 다른 이색적인 경험을 추구하며, 온라인을 이용한 학습, 즉 소셜미디어, 인터넷, 유튜브, 블로그 등을 이용한다.
- 집단 속의 누군가가 아닌 개성을 가진 한 개인으로 인정받기를 원한다. 이들은 저출산 시대의 소자녀로 태어나 자신에게만 관심이 집중된 환경에서 자랐기 때문에 기성세대가 만들어 놓은 획일화된 삶에서 벗어나 자기만의 가치나 생각으로 사는 삶을 추구한다.
- 수평적이고 자유로운 의사소통과 즉각적인 답변(피드백)을 원한다.
- 워라벨을 중요시한다. 워라벨은 일(work)과 삶(life)의 균형(balance)을 이룬다는 뜻으로 만들어진 신조어다. 이들은 개인의 행복 추구를 중요한 삶의 가치로 생각하면서 개인의 삶이 일과 분리되어 존중받기를 원한다. 따라서 이들은 퇴근 시간 이후 사생활을 중요시하면서 본인의 문화와 취미생활 등을 중시한다.
- 개인정보나 SNS(social network service) 공개 등을 중요한 문제로 인식한다.
- 공정의 가치를 매우 중요하게 여긴다.
- 언제든 자신의 의견을 자유롭게 제시한다.
- 근무와 관련한 개인의 권리를 최대한 보장받으려고 한다.

현재 어린이집의 보육교사들 대부분이 MZ세대로 구성되어 있어 어린이집에서의 다양한 업무에서 이러한 특징을 나타낸다. MZ세대 보육교사들이 나타내는 특징은 다음과 같다.

- 사회에서 보육교사에게 기대하는 이미지는 어린이집에서만 수행하고, 그 이후의 삶은 자신의 개성과 가치관에 따라 지낼 수 있기를 바란다.
- 아프면 눈치 보지 않고 조퇴를 하고, 원치 않거나 다른 사정으로 참석이 어려운 회식 자리는 언제든 빠질 수 있다고 생각한다.
- 어린이집은 원장과 보육교직원 간, 보육교직원들 간에 나이와 경력에 따른 위계가 있지만 공정하지 않다고 생각하면 언제든 자신의 의견을 말한다.
- 미래 보육 전망이나 발전보다는 현재의 어린이집 문제들을 해결하기 원하고, 어린이집 행사나 업무를 간소화하기를 원한다.
- 업무분장 시 한 개인에게 일이 몰리지 않고 일을 공평하게 맡기를 원한다.
- 연가, 조퇴 등이 필요할 때는 원장이나 경력 보육교사의 눈치를 보지 않고 사용한다.

MZ세대 보육교사들은 지금 당장의 내 삶을 더 중요하게 생각하면서 어린이집에서의 인간관계를 형성하고 있다. 그러므로 MZ세대의 특성을 반영한 어린이집의 인간관계와 근무환경에 상당한 변화가 필요하다.

2. 동료교사와의 관계

어린이집은 담임교사 일 이외에 보육이나 행정 등에서 동료교사들이 공동으로

해야 할 업무 등이 있어 다양한 협력이 필요하다. 보육교사가 동료교사들로부터 격려와 지지를 받으며 업무를 진행할 때 직무만족도와 성취감이 고양되고 어린이집에 대한 충성도도 높아진다. 그러나 어린이집의 원장과 보육교직원들 간의 관계가 원만하지 못하면 보육교사의 직무만족도가 낮아지면서 스트레스 상황에 처할 수 있다.

1) 동료교사 간 갈등과 해결방안

동료교사 간 갈등을 경험하는 보육교사들은 직무수행 시 의욕과 사기가 감소하고, 자신의 역할 모호함을 경험하면서 직무만족도가 낮아져 보육의 질적 수준을 저하시킨다(강상, 류경희, 2015; 이진희, 김현주, 2017). 보육교사들 간 갈등이 발생하게 되면 보육교사로서의 역할수행에 부정적 영향을 미치고 이는 이직에 영향을 주는 요인이 되기도 한다. 어린이집에서 발생할 수 있는 동료교사 간 갈등은 다음과 같다.

- 보육교사들은 동료라는 점에서는 수평적 관계지만, 연령, 학력, 입사 순서 등의 요인에 의해서는 수직적 관계가 형성될 수 있어 그로 인한 갈등이 있다.
- 원장의 운영방식이 일관성이 없고 비민주적으로 운영될 경우에는 그로 인한 갈등이 있다.
- 보육교사들은 다양한 배경과 연령으로 구성되어 있는데 대부분 여성이다. 여성은 남성에 비해 관계를 중요시하는 성향이 있어 그로 인해 비롯되는 갈등이 있다.
- 어린이집에서는 공동으로 보육업무를 수행하는 경우가 많아 보육교사 간 가치관과 성격 차이로 인한 갈등이 생길 수 있다.

- 어린이집은 연령별 영유아 대 교사의 비율, 보육과정, 보육시간 등에 차이가 있어 보육교사들 간 업무내용과 업무량이 달라 그에 따른 갈등이 있다.

어린이집에서 발생할 수 있는 동료교사들 간의 갈등이 잘 해결되면 오히려 그들 간의 관계를 긍정적으로 변화시킬 수 있다. 따라서 갈등 그 자체가 부정적인 현상이라기보다는 갈등 상황을 잘못된 방법으로 해결하려고 할 때 더 심각한 문제가 발생할 수 있다는 점에 주의해야 한다. 동료교사와의 원만한 관계는 직무만족도를 높여 보육교사가 어린이집에서 만족스러운 직장생활을 할 수 있도록 하는 중요한 요인이될 수 있다. 따라서 동료교사들과 신뢰감을 형성하여 원만한 인간관계를 통해 갈등이 발생하지 않도록 해야 하지만 갈등이 발생했을 경우에 이를 해결하기 위한 방안이나 바람직한 관계를 형성하기 위한 갈등 예방 방안은 다음과 같다.

- 연령이나 학력, 경력 등을 이유로 동료교사들 간 함부로 대하는 태도를 지양하여 사전에 갈등이 발생하지 않도록 주의한다.
- 보육교사로서의 역할을 충실히 이행하지 않으면 다른 동료교사에게 피해를 주어 갈등이 발생할 수 있으므로 수업, 행정 등의 담당 업무를 잘 수행하도록 한다.
- 명확하지 않은 업무 제시로 인해 동료교사들 간 갈등이 발생할 수 있으므로 원장이나 주임교사 등은 동료교사에게 명확하게 업무를 제시한다.
- 동료교사는 서로의 고충을 나누고 문제 상황을 함께 해결해 나가는 협력자이자 조력자임을 인정한다.
- 동료교사들 간 갈등이 발생할 경우에는 나의 입장을 긍정적으로 전달하고, 상

대방의 의견을 경청하는 자세를 통해 원만하게 해결할 수 있도록 노력한다.

2) 성공적인 동료교사와의 관계

보육교사는 동료와의 관계를 통해 새로운 지식이나 정보를 얻고 어린이집에서 일어나는 문제를 해결하고 보육 능력을 향상시키기 위한 도움을 서로 주고받을 수 있다. 동료교사와 민주적이고 역동적인 관계를 형성하기 위해 보육교사들은 다음과 같은 전략을 사용할 수 있다.

- 동료교사와 정기적인 모임을 갖는다. 동일연령을 담당하는 교사들끼리 모임을 가질 수 있고, 취미나 연령이 비슷한 또래끼리 모임을 만들어 정기적인 만남을 가질 수도 있다. 정기적인 모임은 동료교사들과의 친교뿐만 아니라 어린이집에서의 공통 관심사에 대한 토론의 장이 될 수 있다.
- 보육교사들의 책임과 역할을 분명히 하고 어린이집의 복무규정(출퇴근, 외출, 조퇴, 휴가, 반차, 연장근무, 휴게시간, 결근, 복장 등)에 대해 책무성을 갖는다. 직장에서의 근무 수칙을 잘 지키는 것으로도 동료교사들 간 갈등 요소를 줄일 수 있다.
- 동료교사와 함께 상급학교 진학을 하거나 학회 또는 전문단체에 함께 가입하여 전문적 지식을 넓히고 새로운 정보를 공유한다.
- 오랜 시간을 함께 보내는 보육교사들의 공동체 생활에 도움이 되는 대인관계 기술, 의사소통 기술, 신뢰감 형성기술을 위한 워크숍 등을 정기적, 비정기적으로 마련한다.

3. 보육교사와 원장과의 관계

원장의 보육관이나 보육철학, 운영방침 등은 어린이집 운영 전반에 영향을 미치고 그들간의 관계는 보육의 질에도 영향을 미칠 수 있다. 그러므로 원장은 어린이집 운영 시 합리적, 민주적, 개방적으로 의사결정을 함으로써 보육교직원들과 원만한 인간관계를 형성할 수 있도록 노력해야 한다.

어린이집은 다양한 연령층으로 구성되어 있어 구성원들 간 연령의 차이가 클수록 세대 간 차이와 갈등이 발생할 여지가 많다. 그러므로 원장은 개별 보육교사들 간의 인간관계나 근무상황, 학급 운영의 어려움 등을 민감하게 살필 수 있어야 한다. 또한, 원장은 보육교직원들 간 한두 명이라도 적대적, 지배적, 고립적 관계가 있다고 판단될 경우, 보육교사들과의 개별 면담을 통해 상황을 파악하고 관계를 개선할 수 있도록 노력해야 한다. 원장과 보육교사들이 서로 존중하고 신뢰 관계를 형성하기 위한 방안은 다음과 같다(국공립어린이집 원장직무교육, 2020 p. 44).

- 불필요한 행정업무를 폐지하고 잡무를 간소화하는 등 보육교사의 개별 과업량을 축소하고, 업무역량 강화와 지원을 통해 역할과다에 따른 보육교사의 직무스트레스를 예방한다. 이를 위해 원장은 자체교육뿐만 아니라, 학회, 워크숍, 육아종합지원센터의 교육 등 다양한 교육을 통해 보육교사의 전문성을 향상시키기 위해 노력한다.
- 보육교사가 대인관계에서 발생할 수 있는 감정적 어려움을 효과적으로 해결해 나갈 수 있도록 그와 관련된 대처전략 등에 대해 조언을 하거나 상담을 한다.
- 보육교사가 역할 수행에 따른 어려움을 경험하지 않도록 업무분장을 명확히

한다. 이를 위해서는 매 학기 명확한 업무분장을 통해 모든 보육교직원이 담당할 역할을 충분히 인지할 수 있도록 관리한다.

• 직무 수행 시 보육교사가 역할갈등에 처하지 않도록 양립할 수 없는 사안을 요구하지 않는다. 모든 영유아에 대해 편애하지 말 것을 요구하면서 특정 영유아에 대한 관심을 요구하는 것을 예로 들 수 있다.

원장은 양질의 보육을 위해 어린이집의 비전을 수립하고 원장 자신을 포함한 보육교직원의 전문성 향상을 위해 노력하여야 하는데 이를 위해 리더십을 갖추어야 한다. 리더십은 기관을 다스리거나 이끌어 가는 지도자로서의 능력(국립국어원 표준국어대사전, 2023)이므로 원장은 보육교직원 간의 민주적 의사소통을 통해 건전한 조직문화를 조성하는 리더십을 갖추어야 한다(한국보육진흥원, 2022, p. 213). 리더십이 있는 원장은 어린이집이 추구하는 목표를 설정하고 그 목표를 달성하기 위해 보육교직원들 간 단합을 도모할 수 있도록 노력한다. 이런 측면에서 어린이집 평가 시 원장이 자신의 전문성 향상을 위한 노력을 하고 있는지, 보육교직원을 존중하는지, 건전한 조직문화 형성을 위해 노력하는지 등에 대해 평가한다. 어린이집 평가제에서의 원장 관련 평가제 내용은 표 7-1과 같다.

표 7-1 어린이집 원장 관련 평가제 지표

	평가 항목
4-1-1	원장은 자신의 전문성 향상을 통해 어린이집 발전에 기여한다.
평가 내용	① 원장은 어린이집 운영에 대한 철학과 소신을 가지고, 보육의 질을 높이기 위한 다양한 노력을 하고 있음 ② 원장은 전문가로서의 전문성 향상을 위해 관련 교육에 참여하고 있음 ③ 2년 이상 근속한 교사가 전체 교사의 50% 이상임
4-1-2	원장은 보육교직원을 존중한다.
평가 내용	① 원장은 보육교직원에게 존중하는 말과 태도를 보임 ② 원장은 보육교직원에게 의견을 묻거나 제안을 경청하고 이를 반영함
4-1-3	원장은 건전한 조직문화 조성을 위해 노력한다.
평가 내용	① 교사회의를 월 1회 이상 정기적으로 실시하여 민주적으로 운영함 ② 보육교직원의 업무가 효율적으로 분장되어 각자의 업무를 정확히 알고 있음 ③ 원장은 보육교직원과 사전에 계획된 일정대로 정기적인 개별면담을 실시함

출처: 한국보육진흥원(2022). 2022 어린이집 평가 매뉴얼, pp. 214-216.

4. 보육교사와 부모와의 관계

보육교사와 부모는 영유아의 발달과 성장에 공통 관심을 갖고 있어 서로 신뢰하고 협력해야 한다. 부모와 보육교사가 영유아의 발달에 대해 협력적인 관계일 때 보육교사는 자신의 일과 능력에 대한 긍정적 신념과 만족도가 높아 보육의 효율성을 극대화시켜 영유아의 학습과 발달을 촉진킬 수 있다(강상, 류경희, 2015, p. 220).

부모와 보육교사 간의 관계는 영유아를 매개로 맺어진 우연적, 선택적, 간접적, 부분적이고 일시적이며 이중적인 관계이지만 또한, 보육교사와 부모는 영유아의 문제에 대해서는 공식적이고 합법적인 관계이지만 비공식적이고 비합법적인 만남에 대해서는 규제가 가해지는 특성이 있다. 특히 영유아가 어린이집에서 제공한 정보를 충실히 전달하지 못하는 경우가 많아 그로 인해 부모와 보육교사 간 오해가 생기기도 한다. 따라서 부모와 보육교사는 서로 협력적인 관계를 유지하면서 갈등이 발생하지 않도록 노력해야 한다.

1) 부모와의 동반자 관계

보육교사와 부모는 영유아의 건강한 성장과 전인 발달을 위해 서로 간의 관계 특성을 이해하면서 폭넓은 상호작용을 통해 신뢰할 수 있는 동반자적인 협력관계를 형성해야 한다. 그러나 때로 보육교사와 부모 간에 정보의 부재나 오해 등으로 갈등이 발생하기도 한다. 이런 경우에 보육교사와 부모 간의 갈등관리는 매우 중요하다. 일반적으로 어린이집에서 발생할 수 있는 보육교사와 부모 간의 갈등 원인은 다음과 같다(이호선, 2021, pp. 38-40).

- 보육관의 차이나 교수방법, 훈육지침을 서로 충분히 이해하지 못할 때
- 문화적 차이나 육아 경험이 상이할 때
- 영유아 보육과 관련한 보육교사와 부모 간 시각 차이가 클 때
- 부모가 보육교사의 방침이나 행동에 대해 불만이 있을 때
- 부모가 보육교사의 자녀 홀대와 무관심을 우려할 때
- 부모가 보육교사에게 자녀에 대한 편애와 특별지도를 요청할 때
- 부모가 보육교사의 보육활동에 대한 의문으로 개별요청을 할 때
- 보육교사가 다른 영유아를 편애한다고 생각하여 부모가 보육교사에게 불만을 나타낼 때
- 부모가 보육교사와 가정의 경제적 · 사회적 상황에 따른 문제를 이야기하면

서 자존심이 상할 때

- 부모가 보육교사에게 가정의 특성에 따라 영유아를 차등 대우했다고 이야기할 때
- 부모가 자신의 요청이 보육교사로부터 거절당했다고 생각할 때
- 영유아가 어린이집에 대한 잘못된 정보를 가정에 제공했을 때
- 부모 혹은 보육교사가 대화 중 부적절한 표현을 할 때

보육교사와 부모 간에는 크고 작은 문제로 사소한 갈등이 발생할 수 있으므로 이들 간에는 영유아의 건강한 발달과 성장을 위해 유기적인 협력을 통한 동반자 관계가 필요하다. 보육교사와 부모 간의 동반자 관계는 효율적인 의사소통을 통해 교사효능감, 직무만족도, 보육의 질 등 보육교사의 직무에 중요한 영향을 미친다. 뿐만 아니라 보육교사와 부모 간 동반자 관계가 잘 이루어지면 보육교사와 부모 간 영유아에 대한 정보공유가 더 잘 이루어지고, 보육교사-유아 간 상호작용에도 긍정적인 영향을 미친다(임우영, 안선희, 2011). 그러므로 보육교사와 부모 간의 동반자 관계를 위해 보육교사는 다양한 방법으로 부모와 소통하고 어린이집 활동에 부모를 참여시켜 부모의 소속감과 책임감을 강화시킬 필요가 있다. 이러한 보육교사와 부모 간 동반자 관계를 위해 보육교사는 다음과 같은 역할을 수행할 수 있다(Hoover-Dempsey, Sandler, 1995; 이호선, 2021. p.102 재인용)

- 부모와 영유아 돌봄에 대한 보육 지식과 정보 공유하기
- 부모와 효과적으로 의사소통하기
- 부모의 기관행사 참여와 활동을 독려하기 위한 방안 모색하기
- 가정 내 부모의 영유아 학습을 돕기 위한 방법 제시하기
- 의사결정에 부모 참여시키기

• 지역사회와 협력하기
• 부모상담과 부모교육하기
• 보육교사–부모 간 다양한 소통 통로 만들기

2) 어린이집 평가에서 부모 관련 평가제 내용

보육교사는 가정과의 유대를 통한 영유아의 보육을 위해 부모와 수시로 정보를 교환하고 부모들이 보다 적극적으로 어린이집의 많은 활동에 참여할 수 있도록 다양한 방안을 모색해야 한다. 이를 위해 보육교사는 부모와 수시로 개별 면담을 실시하기도 하고, 어린이집의 각종 행사에 부모들이 참여할 수 있도록 안내하여 부모들이 어린이집 행사에 관심을 가질 수 있도록 한다. 어린이집 평가제에서도 가정과의 유대관계가 중요하다는 점을 고려하여 다음과 같은 부모 관련 지표를 만들어 평가하고 있다.

표 7-2 부모 관련 평가제 지표

평가 항목	
2-4-1	어린이집을 개방하여 다양한 부모참여와 교육이 이루어진다.
평가 내용	① 부모가 보육실 활동을 참관할 수 있는 구체적인 절차와 방법을 안내하고 있음 ② 부모가 자원봉사, 현장학습 동반, 급식 지원 등의 방법으로 어린이집 운영 지원에 참여하고 있음 ③ 부모교육(아동학대 예방교육 포함)을 두 가지 이상의 방법으로 실시하고 있음
2-4-2	평소 가정과 다양한 방법으로 소통하고 정기적인 개별면담을 통해 가족을 지원한다.
평가 내용	① 평소 두 가지 이상의 방법으로 가정과 소통하고 있음 ② 모든 영유아의 부모와 연 2회 이상 개별면담하고 주요 면담내용을 기록, 관리함 ③ 영유아나 가족의 문제를 파악하고 이해하고자 노력하고 있음

출처: 한국보육진흥원(2022). 2022 어린이집 평가 매뉴얼, pp. 147, 149.

참고 자료 1

부모와의 소통 예

- 지면 활용: 가정통신문, 알림장, 소책자, 게시판 등
- 온라인 매체 활용: 이메일, 문자메시지, SNS, 스마트알림장, 홈페이지, 카페, 블로그 등
- 수시면담: 영유아의 특성이나 가정의 배경을 고려한 비정기적인 의사소통으로 전화, 수시방문면담 등
- 집단모임: 소모임, 워크숍, 각종 행사 등
- 부모만족도 조사: 어린이집의 서비스 전반과 운영에 대한 만족도 조사 실시

5. 보육교사와 지역사회와의 협력

어린이집은 지역사회의 일원으로서 영유아의 보육활동을 위해 지역사회와 연계망을 형성하여 유기적인 협력체제를 형성하는 것이 필요하다. 어린이집은 지역사회 내 육아지원체제로서 지역사회 기관 간과 지역사회와 개별 가정 간의 연결고리로서 역할을 담당해야 한다. 이를 위해 원장과 보육교사는 지역사회 연계를 계획하고 실행하기 위한 방안을 모색하고 역량을 강화해야 한다. 즉, 원장과 보육교사는 지역사회와의 연계를 조력할 전문가를 통해 지속적인 교육, 장학, 컨설팅 등을 제공받을 필요가 있다. 이처럼 어린이집과 지역사회와의 연계가 중요하기 때문에 어린이집 평가제에서도 어린이집이 지역사회와 연계하여 다양한 활동을 하는지에 대해 평가한다.

표 7-3 지역사회 연계 관련 평가제 지표

평가 항목	
2-4-3	지역사회와 연계한 다양한 활동을 실시하고 있다.
평가 내용	① 지역사회 지원을 이용한 다양한 활동을 월 1회 이상(영아의 경우 2개월에 1회 이상) 실시한 기록이 있음

출처: 한국보육진흥원(2022). 2022 어린이집 평가 매뉴얼, p. 151.

어린이집이 지역사회와 연계할 수 있는 형태는 현장 체험과 기관 방문활동, 산책활동, 지역사회 행사 참여, 지역사회 조사 활동, 지역사회 인사 초빙 특강, 지역사회 기관 간 프로그램 협력, 기관 자원의 지역사회 개방 등이다. 어린이집에서 활용할 수 있는 지역사회 기관은 도서관, 박물관, 우체국, 초등학교, 소방서, 경찰서, 의료기관, 사회복지기관, 동물원, 놀이공원, 숲, 산, 인근놀이터, 주민자치센터, 육아종합지원센터, 건강(다문화)가정지원센터, 지역아동센터 등이다.

참고 자료 2

지역사회를 이용한 다양한 활동 예

- 지역사회에 있는 공원, 산책로 등을 활용한 일상생활 관련 활동
- 지역의 자원(도서관, 우체국, 초등학교, 노인센터, 마트, 해변, 생태습지, 박물관, 유적지 등)을 방문하는 등의 활동
- 지역사회의 경찰관, 소방관, 보건소 직원 등이 어린이집을 방문하여 안전 · 건강에 대해 교육하는 활동
- 지역사회 어르신들이 어린이집을 방문하여 예절 교육, 동화책 읽어주기 등을 지원해 주는 활동
- 인근 노인정 · 마을회관을 방문하여 어르신들을 즐겁게 해드릴 수 있는 미니 공연
- 유아들이 만든 활동 결과물을 이용하여 거리에서 안전에 대한 미니 캠페인 실시

생각해볼 문제

1. MZ세대 보육교사의 특징을 고려하여 동료교사와 원장과의 신뢰로운 인간관계에 대해 생각해봅시다.
2. 가족구조의 변화와 가족 유형의 다양화와 관련하여 보육교사와 가정과의 관계에 대해 생각해봅시다.
3. 보육교사가 영유아의 보육활동과 관련하여 지역사회와 협력하기 위한 연계망의 확대 범위에 대해 생각해봅시다.

CHAPTER

8

보육교사의 발달과 전문성 개발

CHAPTER 8

영유아의 성장과 발달에 미치는 보육교사의 영향력은 매우 크다. 보육교사는 영유아의 발달적 특성과 개별 요구에 적합한 양육과 양질의 교육을 제공해야 한다. 이를 위해 보육교사는 보육활동을 수행하면서 성장과 변화의 과정을 거쳐 지속적인 자기 성장을 통한 전문성 개발을 위한 노력이 필요하다. 이를 통해 보육교사는 일련의 발달단계를 거쳐 교사로서의 신념, 태도, 가치를 형성하고, 지식을 쌓아가면서 기능, 행동 등에 있어서의 양적 · 질적 변화를 경험한다. 따라서 이 장에서는 보육교사의 발달단계를 알아보고, 보육교사의 전문성을 높이기 위한 방안은 무엇인지에 대해 살펴보고자 한다.

학습 목표

1. 보육교사의 발달단계를 이해한다.
2. 보육교사의 핵심역량에 따른 전문성 구성 요인에 대해 알아본다.
3. 보육교사의 전문성 발달을 위한 지원체계에 대해 알아본다.

1. 보육교사의 발달단계

보육교사의 발달은 교사로서의 경력뿐만 아니라 개인적 요인과 조직적 요인의 영향을 동시에 받는다. 개인적 요인은 보육교사 개인의 가정 배경과 긍정적 사건, 위기적 사건, 과거 경험, 개인적 관심사와 성향 등을 포함한다. 조직적 요인은 보육교사의 생활과 직접 관계있는 기관의 규정, 경영 형태, 신뢰감, 보다 거시적 차원의 사회적 기대, 교사의 전문성 신장을 도와주는 전문 단체와 노조의 역할 등을 포함한다(Fessler & Christensen, 1992; 박은혜, 2020, p. 315 재인용). 교직 발달에 영향을 주는 이러한 개인적 요인과 조직적 요인을 제시한 결과는 표 8-1과 같다.

표 8-1 교직 발달에 영향을 주는 요인

구분	범주	내용	
개인적 요인	가정	• 가정 내 지원 체제 • 재정 상태 • 가족들의 특별한 요구	• 가정 내 역할 기대 • 가족 수
	긍정적 사건	• 결혼	• 자녀의 출생
	위기적 사건	• 사랑하는 사람의 질병이나 사망 • 재정적 손실이나 법률적 문제 • 가정 내의 핍박	• 자신의 질병 • 이혼 • 친구나 친척의 어려움
	경험	• 교육적 배경 • 어린이집 이외의 사적인 일 • 다양한 보육활동	• 자녀와의 관계 • 전문성 발달을 위한 활동
	관심사	• 취미 • 자원봉사 활동 • 스포츠와 체력 관리	• 종교활동 • 여행
	성향	• 개인의 목표와 포부 • 인생에서의 우선순위 • 지역사회 특성	• 개인의 가치관 • 다른 사람과의 관계

구분	범주	내용	
조직적 요인	기관 규정	• 인사정책 • 자격 요건 • 담임 학급 영유아 연령	• 임용제도 • 보육과정 운영의 자율성
	기관 경영 형태	• 분위기 • 의사소통 방식	• 보육철학의 일치 정도
	신뢰감	• 지지적인 분위기 • 재정상태	• 보육교사에 대한 신뢰
	사회적 기대	• 보육교사에 대한 사회적 이미지	• 어린이집과 관련된 법령
	전문 단체	• 관련 학회나 협회의 방향 • 학회나 협회에서 제공하는 정보	• 학회나 협회에서의 활동 및 참여
	노조	• 지지적인 분위기 • 보호 및 안정감	• 보육위원회 및 보육 행정가와의 관계

출처: 박은혜(2020). 유아교사론, pp. 315-316.

1) 관심사 발달단계

Katz(1985)는 보육교사가 전문가로 성장해가는 과정은 발달적 경로를 거치는데, 보육교사의 관심사에 따라 일련의 발달단계가 있으며 이는 4단계로 발달한다고 보았다(문혁준 외, 2020, p. 230 재인용; 박은혜, 2020, pp. 324-331; 임부연 외, 2014, pp. 110-113). Katz의 관심사 발달단계를 토대로 그에 따른 교사면담, 반성적 저널 쓰기 및 지원방법을 살펴보면 다음과 같다.

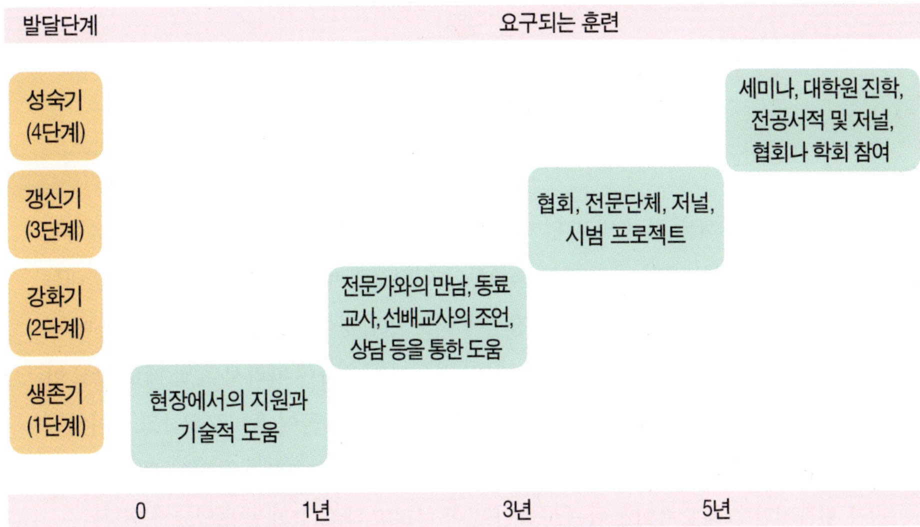

그림 8-1 카츠(Katz)의 유아교사의 관심사와 훈련 요구

출처: 임부연 외(2019). 유아교사론, p. 113.

(1) 1단계: 생존기(survival stage)

생존기는 경력 1년 미만의 초임 보육교사 시기다. 이 단계에서 보육교사는 교사로서 성공하기를 기대하지만 실제 현장에서 여러 문제에 부딪히면서 보육교사로 살아남을 수 있을지에 대해 고민하게 된다. 이 단계의 보육교사는 영유아들과 하루를 잘 지낼 수 있을지, 동료교사들과 부모들과 협력적 관계를 유지할 수 있을지, 보육현장에서 부딪히는 여러 가지 문제를 원활히 처리해 나갈 수 있을지 등에 대해 걱정한다.

참고 자료 1

생존기 보육교사

어른들과 대화를 해본 적이 별로 없어서 학부모와 대화하는 게 어려워요. 또한, 유아들이 하는 행동 중에서 어떤 것이 잘못된 행동인지 헷갈릴 때가 있어요. 그럴 때는 혼내는 경우도 있고 아닌 때도 있어요. 이런 경우에 저도 일관성이 없다고 생각하긴 하는데 유아들은 어떻게 받아들일지 걱정스럽죠. 어떤 경우에는 유아에 따라서 혼낼 때도 있고 아닐 때도 있어요…. 아직은 좋은 교사인지 모르겠어요. 유아들이 흥미로워하고 좋아하는 수업을 하려고 노력해요. 유아들이 물감수업을 좋아해서 미술활동을 많이 하는데 뒤처리가 힘들지만 그래도 유아들이 좋아하니 많이 하려고 해요. (5개월 초임교사 면담)

출처: 김양은(2018). 보육교사의 경력에 따라 전문성 유지를 위한 보수교육에 관한 연구. p. 11.

처음 어린이집에 와서 든 생각은 영아들을 어떻게 가르칠 것인가 보다는 진짜 영아들을 어떻게 키워야 하는가 하는 것이었어요. 제가 이렇게 어린 영아들을 키워본 적이 없었잖아요. 그래서 너무 힘들었어요. 기저귀를 어떻게 갈아야 하는 건지도 몰랐으니까…. 거기다가 애들이 얼마나 잘 먹는지…. 여기 밥이 엄청 잘 나오잖아요. 애들이 밥을 잘 먹어서 그런지 대변도 엄청 잘 누거든요. 대변을 보면 애를 일일이 다 들어 안아서 씻겨야 되고…. 한 아이 대변 본 거 처리하고 나면 또 다른 애가 소변을 누고 있고…, 또 씻기고…. 몸이 많이 힘들죠. 내가 보육교사라는 생각보다는 엄마 역할을 대신하고 있다는 생각이 들어요. 그래서 처음엔 많이 힘들었고 혼란스러웠죠. (6개월 초임교사 비형식적 대화)

출처: 박선미 외(2009). 교사 발달의 생존기에 대한 질적 연구생태: 보육기관 초임교사들의 경험. p.47.

막상 애가 오니까 이 애를 어떻게 키워야 될지…. 오늘 하루 내가 뭐부터 시작해야 할지 너무 고민이 되는 거예요. 그런 부분은 지금도 마찬가지라서 지금도 책도 많이 찾아보고 선생님이랑 대화도 많이 하고…. 항상 얘기를 해요. 일지 외에 따로 쓰는 건 없지만 얘기를 많이 하거든요. 뭐 이런 부분은 어떻지 않냐 이렇지 않냐…. 많이 얘기를 하고 있어요. (6개월 초임교사 개별면담)

출처: 박선미 외(2009). 교사 발달의 생존기에 대한 질적 연구생태: 보육기관 초임교사들의 경험. p.50.

이 단계에서 보육교사가 보육현장에서 직면하게 되는 문제 상황을 잘 해결하면 보육교사로서의 자신감을 갖게 되지만, 잘 해결하지 못하면 보육교사로서의 자질을 의심하고 보육교사를 계속 유지해 나갈지에 대해 갈등하게 된다. 따라서 원장이나 선배교사들 혹은 경력 교사들은 초임 보육교사의 보육활동을 잘 파악하여 이들을 위로해주고 격려해줄뿐만 아니라, 이해하고 격려하며, 적극적으로 지원해주며 보육현장에서 필요한 기술적 지원이나 당면한 문제를 해결하기 위한 구체적 도움을 제공해주어야 한다.

(2) 2단계: 강화기(consolidation stage)

강화기는 보육경력 1년에서 3년 미만의 시기다. 이 단계는 어느 정도 보육교사로서 안정감과 자신감을 갖게 되는 시기다. 이 단계의 보육교사는 자신의 업무나 기술 능력이 숙달되면서 생존에 대한 고민에서 벗어나 개별 영유아의 특정한 문제 상황에 관심을 갖는다. 즉, 어린이집에 적응하지 못하는 영유아를 어떻게 도와줄 수 있는지, 또래와 상호작용하는 것을 힘들어 하는 영유아에게 어떻게 개입하여 도와줄 수 있는지 등에 관심을 두게 된다.

참고 자료 2

강화기 보육교사

어린이집에서의 서류 관리는 알려주신 것 보고 충분히 할 수 있어요. 하지만 유아의 행동과 그 대처방법을 더 알고 싶어요. 현장에 나와 보니 이론과 실제는 많이 달랐어요. 피아제 이론은 알지만 이를 적용할 역량은 부족한 거죠. 생활지도를 더 배우고 왔어야 했어요. 식사지도, 편식지도 등등…. 생활지도 책을 다시 꺼내 보고 있어요. (1년 1개월 경

력교사 면담)

출처: 김양은(2018). 보육교사의 경력에 따라 전문성 유지를 위한 보수교육에 관한 연구. p. 11.

결국 좀 더 들여다보고, 고민하고, 그 고민한 걸 다른 방법으로 지원하는 것, 되돌아보는 것을 통해 다시 지원하는 것…. 만약 제가 1년차였다면 지금 이 상황에 '슬라임 하나만 생각을 하고, 슬라임만 만들면 되지' 하고 종이컵은 신경을 쓰지 못했을 것 같은데 지금은 그 놀이를 좀 더 들여다봤던 것 때문에 바꿀 수 있었던 것 같아요. (2년 경력교사 면담)

출처: 고영숙(2019). '교사 협의'를 통한 보육교사와 원장의 반성적 사고와 실천 변화 연구. pp. 91-92.

동료교사들과의 '협의'를 통해 나의 교수-학습 방식이나 태도에 대해 한 번씩 되돌아보게 되며 '아~ 이런 식으로 지원해주면 되겠구나. 이런 것도 제안해 보면 어떨까?' 하고 나름대로 지원 방식이나 방향을 생각하게 되고, 동료교사들의 다양한 시각으로 다양한 아이디어를 얻을 수 있는 유익한 시간임을 깨닫게 되었다. 보육교사의 충분한 고민을 통해 유아들의 놀이가 더욱 확장될 수 있다는 것을 발견하게 되면서 유아들의 놀이 지원을 적절하게 해야 하는 보육교사의 역할이 가장 중요하다는 것도 느끼게 되었다. (1년 경력교사 반성적 저널)

출처: 고영숙(2019). '교사 협의'를 통한 보육교사와 원장의 반성적 사고와 실천 변화 연구. p. 130.

이 시기의 보육교사들은 영유아와 효과적인 상호작용을 위한 교수학습방법의 개선과 새로운 교수-학습방법의 적용에 대한 지원을 얻고자 한다. 그러므로 이 단계의 보육교사에게는 경력교사와 전문가들의 도움과 조언, 경험이 많은 동료교사들과의 협의과정과 정서적 교류가 필요하다.

(3) 3단계: 갱신기(renewal stage)

갱신기는 경력 3년에서 5년 미만의 시기로서 이때의 보육교사들은 해오던 일에 대해 지루함과 싫증을 느끼기 시작하여 매너리즘에 빠지게 될 가능성이 있다(임부연 외, 2014, p. 112). 그리하여 이전 단계와 같은 일을 반복적으로 되풀이하기 보다는 무언가 새로운 교수기술, 교수자료 등 교수행위와 관련한 다양한 활동을 모색하고 시도해 보고자 한다. 그리하여 이 시기의 보육교사는 자신이 주로 적용해오던 보육활동에 대해 돌아보며 개선되어야 할 점이나 새로운 보육방법을 찾으려고 노력한다.

참고 자료 3

갱신기 보육교사

영아들의 놀이를 '같이 잘 논다.'라고 단편적으로 봤었다면, 이제는 하나의 관점이 아니라 여러 관점에서 보게 된다. 같은 놀이를 하더라도 다른 관점에서 놀이하는 것을 단번에 알아차릴 수 있고, 친구가 매력적인 놀이를 하고 있으면 그 놀이에 자연스럽게 녹아드는 모습도 관찰할 수 있게 되었다. (5년 경력교사 반성적 저널)

출처: 고영숙(2019). '교사 협의'를 통한 보육교사와 원장의 반성적 사고와 실천 변화 연구. p. 153.

아동행동 심리를 좀 더 알고 싶어요. 현장에 있으면 얘가 왜 이럴까 궁금할 때가 많아요. 알아야 고쳐주는데 개인차도 심하고 지식의 부족함을 느껴요. (3년 경력교사 면담)

출처: 김양은(2018). 보육교사의 경력에 따라 전문성 유지를 위한 보수교육에 관한 연구. p. 13.

이제 어떤 유아를 만나도 당황하지 않을 것 같아요. 하지만 일의 능률을 높이기 위해 더 배우고 싶어요. 서류를 많이 요구하는 직업인데다가 빠른 시간 내에 완벽하게 해야 하니 이를 해결할 수 있는 능력이 있으면 좋겠다는 생각이 많이 들어요. (4년 경력교사 면담)

출처: 김양은(2018). 보육교사의 경력에 따라 전문성 유지를 위한 보수교육에 관한 연구. p. 13.

이 시기의 보육교사들은 다양한 관점에서 영유아를 바라보게 됨에 따라 프로그램에 관한 정보와 도움을 얻고자 한다. 그리하여 이 단계의 보육교사들은 형식적, 비형식적 방법으로 다른 프로그램을 운영하는 동료교사와의 만남, 전문학술단체와 연구모임 참석, 학술지 또는 서적 읽기, 다른 어린이집 교사들의 수업참관, 비디오를 이용하여 자신의 수업을 분석해보는 기회를 갖는 등 보육교사로서의 성장을 도모하기 위한 노력을 기울인다.

(4) 4단계: 성숙기(maturity stage)

성숙기는 보육교사가 경력 5년 이상이 되는 시기로서 보육교사는 자신의 장단점을 인지하고 교사로서 인정하게 되면서 자신감을 갖게 되는 성숙한 수준에 이른다. 이 시기의 보육교사는 교사로서의 효능감을 형성하게 되면서 보육 전반에 걸친 문제와 현상에 대한 관심과 통찰력을 통해 자신만의 보육철학을 갖게 된다.

참고 자료 4

성숙기 보육교사

선임이 되니 자기발전 노력이 부족해지는 것 같아요. 경력이 많아지면서 현장에 대한 지식도 중요하지만 영유아에 대한 전문적 이론지식이 더 필요해짐을 느껴요. 초임 때에는 이론지식과 현장지식이 모두 부족했지만 경력이 쌓여가면서 현장지식이 늘어가요. 하지만 현장지식보다 이론지식을 더 공부해야겠다는 생각이 들어요. 현장지식이 더 중요하긴 하지만, 부모면담과 같은 전문적 역량을 발휘해야 할 때 선임으로서 이론적 지식이 많았으면 좋겠다는 생각이 들어요. 특히 요즘은 문제행동을 보이는 유아들이 많아졌어요. 이런 유아들은 일반 유아들과 다르게 접근해야 하기 때문에 이론적 지식이 부족함을 느껴요. 이와 맞물려서 문제행동을 보이는 유아의 부모와 상담하기 위한 관련 지식도 있었으면 좋겠어요. (5년 7개월 경력교사 면담)

출처: 김양은(2018). 보육교사의 경력에 따라 전문성 유지를 위한 보수교육에 관한 연구. p. 15.

가장 배우고 싶은 것은 심리치료예요. 심리치료를 배우면 힘들어하는 유아들을 도와줄 수 있을 것 같아서 꼭 배우고 싶어요. 정상범위에서 벗어난 유아들은 외부 도움을 받지만, 내가 조금만 더 알고 도와주면 괜찮아질 것 같은 유아들 때문에 고민이 많아요. 전문 지식이 없으니 섣불리 판단할 수도 없고요. 특히 ADHD인 것 같은 유아에게 어떻게 대해야 할지 고민이 많아요. 유아들의 심리, 언어, 치료놀이 등에 관해 알고 싶어요. (10년 경력교사 면담)

출처: 김양은(2018). 보육교사의 경력에 따라 전문성 유지를 위한 보수교육에 관한 연구. p. 15.

이 시기의 보육교사는 세미나와 학술대회 참여, 폭 넓은 독서, 여러 분야의 전문가와의 만남, 상급 학위를 취득할 수 있는 기회를 갖게 된다. 따라서 이 시기의 보육교사에게 원장 등의 행정가는 교사교육 세미나나 부모교육 강사로 참여할 수 있는 기회를 줌으로써 보육교사로서의 발달적 욕구를 만족시켜 주는 것이 필요하다.

참고 자료 5

보육교사의 관심사 척도

보육교사의 관심사를 알아보기 위한 대표적인 검사도구로는 Tsai(1990)가 개발한 유아교사 관심사 척도(Kindergarten Teacher Concerns Rating Scale; KTCRS)가 활용되고 있다.

문항을 읽고 솔직한 자신의 생각과 일치하는 곳에 표해 주십시오.
(1. 관심 없다 2. 별로 관심 없다 3. 보통이다 4. 약간 관심 있다 5. 관심이 많다)

번호	문항	척도				
		1	2	3	4	5
1	세미나 참석하기	1	2	3	4	5
2	문제 영유아 돕기	1	2	3	4	5
3	다양한 보육프로그램에 관심 갖기	1	2	3	4	5
4	학급의 영유아 수에 관심 갖기	1	2	3	4	5
5	교양 지식의 기초 형성을 위해 다양한 독서하기	1	2	3	4	5
6	어린이집에 오기 싫어하는 영유아 다루기	1	2	3	4	5
7	어린이집에 관련된 전문 잡지나 학술지 보기	1	2	3	4	5
8	학급 통제나 훈육의 중요성 강조하기	1	2	3	4	5
9	다른 분야의 전문가와 만나기	1	2	3	4	5
10	학습 부진아 도와주기	1	2	3	4	5
11	연구 정보를 교수법에 적용하기	1	2	3	4	5
12	영유아에 대한 적절한 수준의 기대 갖기	1	2	3	4	5
13	원아 모집 및 선발을 위한 윤리적 · 철학적 기초 갖기	1	2	3	4	5
14	특별한 요구(이혼가정, 한부모, 장애아)의 영유아에게 관심 갖기	1	2	3	4	5
15	교수법에 관련된 자료(비디오 자료, 영화 등) 시청하기	1	2	3	4	5
16	영유아 발달에 관한 정보 접하기	1	2	3	4	5
17	성장과 학습의 특징에 관해 이해하기	1	2	3	4	5
18	지나치게 의존적인 영유아 다루기	1	2	3	4	5
19	영유아보육 관련 협회에 가입하기	1	2	3	4	5
20	교수 매체 제작 및 활용에 관한 정보에 관심 갖기	1	2	3	4	5
21	보육정책 이행 과정에 관심 갖기	1	2	3	4	5
22	부모와 떨어지기 싫어하는 영유아 도와주기	1	2	3	4	5
23	부모회 조직을 위한 새로운 방법 모색하기	1	2	3	4	5
24	영유아가 학습해야 할 보육 내용을 철저하게 이해하기	1	2	3	4	5
25	자신이 근무하는 어린이집의 철학적 근거에 관심 갖기	1	2	3	4	5
26	계속해서 우는 영유아 다루기	1	2	3	4	5
27	프로그램의 목표 달성을 위한 새로운 방법 모색하기	1	2	3	4	5
28	영유아의 기초기술 평가하기	1	2	3	4	5
29	보육의 역사와 철학에 관해 알기	1	2	3	4	5
30	영유아의 공격적 행동 다루기	1	2	3	4	5
31	발달 이론을 보육과정에 적용하기 위한 방법 모색하기	1	2	3	4	5
32	일과 계획 조직하기	1	2	3	4	5

번호	문항	척도				
		1	2	3	4	5
33	급변하는 사회에서 어린이집의 역할 및 기능에 대해 생각하기	1	2	3	4	5
34	영유아들이 보이는 갈등에 관해 관심 갖기	1	2	3	4	5
35	시범어린이집 참관하기	1	2	3	4	5
36	일과 운영을 위한 구체적인 보육활동 계획하기	1	2	3	4	5
37	학위취득을 위한 학위과정에 등록하기(원격대학 및 대학원 진학)	1	2	3	4	5
38	병약한 영유아 도와주기	1	2	3	4	5
39	영유아를 위한 새로운 과학 실험이나 활동에 관심 갖기	1	2	3	4	5
40	보육 상황에 따라 보육 내용 및 방법을 적절히 조절하기	1	2	3	4	5
41	보육지도안 작성하기	1	2	3	4	5
42	현장연구 계획하기	1	2	3	4	5
43	영유아의 언어장애에 관심 갖기	1	2	3	4	5
44	교사로서 자신의 학력에 대한 적절성 생각하기	1	2	3	4	5
45	영유아로부터 인정받기	1	2	3	4	5
46	보육 관련 협회나 워크숍에 참여하기	1	2	3	4	5
47	영유아의 긍정적 자아개념 증진하기	1	2	3	4	5
48	동료교사로부터 인정받기	1	2	3	4	5
49	원장으로부터 인정받기	1	2	3	4	5
50	연수에서 배운 새로운 지식 및 기술 적용하기	1	2	3	4	5
51	문제 영유아의 부모와 상담하기	1	2	3	4	5
52	행정적 지도에 관심 갖기	1	2	3	4	5
53	학부모로부터 인정받기	1	2	3	4	5
54	수업준비를 위해 충분한 시간 할애하기	1	2	3	4	5

관심사	문항 번호
생존기	4, 8, 12, 16, 20, 24, 28, 32, 36, 40, 41, 44, 45, 48, 49, 52, 53, 54
강화기	2, 6, 10, 14, 18, 22, 26, 30, 34, 37, 38, 43, 51
갱신기	3, 7, 11, 15, 19, 23, 27, 31, 35, 39, 42, 46, 50
성숙기	1, 5, 9, 13, 17, 21, 25, 29, 33, 47

출처: 장선화(1994). 유아교육 예비교사와 현직교사의 관심사에 관한 연구. 한국교육대학교 대학원 석사학위논문.

2) 교사 발달단계

보육교사의 발달은 처음 어린이집 교사가 되어 교직생활을 시작하면서부터 교직생활을 마무리하기까지 끊임없이 이루어지는 과정이다. 이는 보육교사의 전문성과 접목되어 계속 변화해 나간다. 이러한 보육교사 발달단계를 강양자(2016, p. 150)는 동기단계, 생존단계, 성장단계, 안정단계, 도약단계, 기여단계의 6단계로 제시하였다.

표 8-2 보육교사 발달단계

단계	시기	사전적 의미	내용
동기 단계	교사 직전 시기	• 행동을 일으키게 하는 내적 · 직접적인 요인의 총칭 • 어떤 일이나 행동을 일으키게 하는 계기	교사경험이 없는 예비보육교사가 교직에 대한 긍정적 인식을 가지고 교사로서의 꿈을 현실화하는 것에 가치를 두는 단계
생존 단계	1~3년	살아있음 또는 살아남음	보육기관에 처음 부임하여 현장에 적응하고, 현장에서 발생하는 여러 가지 문제를 원활하게 처리하는 능력을 기르며, 보육교사로서 살아남는 것에 가치를 두는 단계
성장 단계	4~6년	인간의 성품, 능력, 신념, 태도, 지력 등의 자연적 · 문화적 환경에 적응하는 힘이 향상되고 내적으로 통합을 성취하면서 재구성되는 과정	자신의 보육경력을 토대로 보육교사로서 가져야 할 전문적 지식, 기술 및 역할에 관심을 갖고 발전해나가는 것에 가치를 두는 단계
안정 단계	7~9년	바뀌거나 흔들리지 않고 평안한 상태의 유지	보육교사로서의 역할 반성 및 자기 이해를 하고 교직에 대한 자신감 향상 및 자기 효능감을 증진시키는 것에 가치를 두는 단계
도약 단계	10~15년	더 높은 단계로의 발전	중간관리자로서 자신만의 철학, 보육의 본질, 역량 강화 등에 대한 성숙과 자아성찰을 토대로 보다 깊고 전문적인 보육교사로서의 역할에 가치를 두는 단계
기여 단계	15년 이상	국가와 인류에 도움이 되도록 이바지하기	교직에 대해 전문성을 가지고 새로운 보육활동을 창출해내며, 보육교사 양성과 사회 · 경제적 발전의 기여에 가치를 두는 단계

보육교사 발달단계에 따라 강양자(2016, pp. 171-174)는 유아교사의 전문성을 높이기 위한 교직 적응 모형을 개발하였다. 개발된 교직 적응 모형은 유아교육에 맞춰 개발되었기에 이를 보육교사에 맞춰 수정하여 표 8-3에 제시하였다.

표 8-3 보육교사를 위한 교직 적응 모형

단계	보육목적 및 목표	교육 내용	교육 방법	교육 시기	교육 시간	교육 전달자
동기	• 어린이집의 보육철학을 바탕으로 보육교사직의 특성과 역할을 안다.	• 보육교사로서 기본적인 소양교육 • 자기 언어 들여다 보기/자기 발견/자기 표현/실천/평가 • 부모와의 의사소통 기술	• 마인드맵 • 시뮬레이션 • 수업참관	12월에서 2월경	따로 지정하지 않음	원장 · 경력교사
생존	• 어린이집의 운영을 통해 기관의 보육철학을 이해하고, 그에 따른 보육교사로서의 실무능력을 갖춘다.	• 다양한 교수-학습 방법 습득 및 실천 • 영유아의 발달특성 이해 • 영유아, 부모, 보육교사 간의 관계 형성	• 사례 발표 • 장학(동료, 비디오) • 관찰, 비디오 시청	학기 중 평일 분기별 (최소 연 4회)	60분	원장 · 경력교사
성장	• 보육과정에 대한 질적 수준을 확보한다. • 기관의 보육철학을 이해하고 자신의 보육철학에 맞도록 조절한다. • 보육교사의 교수-학습방법의 전문성을 신장한다.	• 보육교사로서의 역할 반성 및 자기이해 • 전문적인 교수-학습방법 • 자신만의 체계적인 교수-학습방법 정립	• 강의식 교육 및 사례발표식교육 • 연수, 자기 점검 • 장학(외부 전문가), 연구수업	월 1회	60분	전문가

단계	보육목적 및 목표	교육 내용	교육 방법	교육 시기	교육 시간	교육 전달자
안정	• 보육과정에 대해 구체적으로 제시한다. • 중간관리자의 역할을 습득한다. • 보육의 이론과 실제를 체계적이고 안정적으로 운영한다.	• 중간관리자 교육 • 기관 경영 이해 및 부분 참여	• 워크숍 • 1:1 코칭	월초 / 월말	60분	원장·현장 경험이 풍부한 전문가
도약	• 새로운 변화와 함께 미래에 대한 꿈을 갖는다. • 앞으로의 계획과 발전방향에 대해 설계한다.	• 다양한 학문(인문학, 철학, 심리학 등)	자기계발을 위한 연수 학회 참여 자료연구 및 학업	수시	60분	다양한 분야의 전문가
기여	• 보육에 기여할 수 있는 능력을 기른다.	• 어린이집 운영관리에 관한 내용	자유로운 모임 형태	수시	60분	다양한 분야의 전문가

3) 교사의 신념발달

신념은 어떤 사상이나 생각을 굳게 믿으며 그것을 실현하려는 의지이다(국립국어원 표준국어대사전, 2023). 보육교사의 신념은 영유아를 바라보는 눈이며, 보육활동에 대한 개인의 생각이다. 이러한 신념은 여러 상황에서 개인의 생각과 행동을 이끌게 되므로 보육교사의 판단, 계획 및 실행 등 보육활동에 직접 영향을 미친다. 예를 들어, 놀이가 영유아 발달에 가치있다는 신념을 가진 보육교사는 영유아가 놀이를 할 때 민감하고 반응적으로 상호작용하고, 놀이를 확장시키기 위해 놀이자료나 놀잇감을 제공하는 등 놀이를 촉진하는 행동을 하게 된다. 따라서 보육교사의 신념에 따라 실제 보육형태나 교수행동이 달라질 수 있다. 보육교사가 끊임없이 성장하고 발달하는 것처럼 보육신념도 변화하고 발달하는데, 이는 보육교사가 가지고 있는 이론적인 관점에 따라 달라진다. 보육에 있어서 대표적인 이론적 관점은 성숙주의, 행동주의, 상호작용주의 관점이다.

• **성숙주의적 신념**

인간은 발달에 필요한 잠재력을 가지고 태어나 스스로 발전해 나갈 수 있는 내재된 능력을 가지고 있는 존재다. 따라서 이는 영유아의 자발적인 성숙을 강조하여 의도적, 계획적으로 가르치기보다는 영유아의 내적 능력이 자연스럽게 나타나도록 환경을 조성하고 영유아의 흥미를 존중해 주는 신념이다.

• **행동주의적 신념**

인간은 태어날 때 백지상태로 태어나지만 외부 환경에 의해 다르게 발달한다. 행동의 대부분은 학습되거나 학습에 의해 수정되고 발달은 점진적이며 연속적인 과정이다. 교사는 무의식적 동기나 인지적 사고 과정에 초점을 두기보다는 직접 관찰과 측정이 가능한 외현행동에 초점을 둔다. 따라서 이는 칭찬과 격려, 벌과 통제를 통해 바람직한 행동을 가르치는 신념이다.

• **상호작용주의적 신념**

인간은 환경과의 상호작용을 통해 발달하는 능동적 존재다. 영유아는 스스로 지식을 구성해 가는 존재다. 따라서 이는 영유아가 사회적 · 물리적 환경과의 상호작용을 통해 경험할 수 있도록 영유아의 호기심을 자극하고 스스로 학습방법을 선택하도록 풍부한 환경을 제공해주는 신념이다.

이러한 세 가지 유형의 신념은 고정되고 불변하는 것이 아니라 보육교사의 경험과 성장에 따라 역동적으로 재구성되고 변화하는 가변적 성격을 가진다. 또한, 보육교사의 신념은 성장배경, 자녀 유무, 종교, 성별, 성격 등 개인적 요인과, 대학의 수업이나 각종 연수를 통해 배우게 된 이론, 보육실습과 여러 종류의 직·간접 경험 등에 의해 영향을 받는다. 보육교사는 신념 발달을 위해 자신의 믿음과 행동을 뒤돌아보는 반성적 성찰과 전문성 개발을 위해 노력해야 한다.

2. 보육교사의 전문성 개발

양질의 보육을 위해 보육교사는 전문성(professionalism)을 지녀야 한다. 보육교사의 전문성은 영유아의 보육을 위해 필요한 전문적인 능력과 자질이다. 보육교사의 역할을 성공적으로 수행하기 위해 요구되는 역량은 지식, 기술, 태도로 구성된다. 지식은 영유아 발달에 적합한 교수-학습 이론과 실제, 보육과정 운영에 필요한 이론과 실제, 보육교사로서의 수행에 필요한 반성적 사고능력과 문제해결 능력 등이다. 기술은 보육교사의 역할수행을 통한 실천적 능력 범주로 보육과정 구성능력, 의사소통능력, 창의적 보육활동 능력, 영유아, 학부모, 보육교직원 간, 지역사회와의 효율적인 관계 형성 능력 등이다. 태도는 보육가치에 대한 인식, 보육교사로서의 소명감, 보육교사로서의 비전, 보육 관련 법제도의 이해, 윤리의식 등이다.

이러한 역량을 통한 보육교사의 전문성 개발의 궁극적 목적은 영유아의 인지적, 사회정서적, 행동적 영역의 발달을 증진시키는 것이다. 비록 보육교사와 직접 관련된 것은 아니지만 2010년 교육과학기술부는 「유치원 교원 양성 및 임용 체제 개선」이라는 과제를 통해 유치원 교원을 위한 핵심 역량을 개발한 바 있다. 이는 유아교사에게 필요한 지식의 기초가 이론적이고 인지적인 것에 머문다는 비판에 따른 것이다. 이에 교사에게 실질적으로 필요한 역량을 찾아내어 이러한 역량을 갖춘 교사를 양성하고자 계획하였다. 그에 따라 산출된 우리나라 유치원 교원 핵심 역량(안)은 표 8-4와 같다. 이러한 유치원 교원 핵심 역량은 2019 누리과정을 유치원과 어린이집이 공동으로 운영하는 바, 보육교사에게도 공통적으로 적용될 수 있다.

표 8-4 우리나라 유치원 교원 핵심 역량(안)

핵심 역량	요소	내용
교직인성 및 전문성 개발	교직에 대한 열정	• 좋은 보육을 위한 헌신 • 보육 개선을 위한 지속적 탐구
	창의성	• 다양한 상황과 조건 수용 • 새로운 가치와 아이디어 창출
	반성적 자기 개발	• 반성적 사고 개발 • 전문적 발달을 위한 노력
	교직윤리	• 보육교사 윤리강령 실천 • 보육교사로서 바른 근무자세 유지
학습자에 대한 이해	영유아의 보편적 발달 특성 이해	• 영유아발달의 개념 및 발달이론 이해 • 영유아의 신체, 언어, 인지, 사회, 정서 영역의 발달 특성 이해
	영유아의 개인적, 사회문화적 발달 특성 이해	• 영유아의 발달에 관련된 개인적, 사회문화적 요인 이해 • 영유아의 개별적 발달특성 이해
교육과정 운영	누리과정에 대한 이해 및 실행	• 누리과정에 대한 이론 이해 • 유아 핵심 역량에 대한 이해 • 누리과정에 대한 이해
	교과내용 지식 이해	• 언어, 수학, 과학, 사회, 예술, 동작 교과내용 지식 이해 • 건강 및 안전 교과내용 지식 이해 • 놀이 교과내용 지식 이해

핵심 역량	요소	내용
교육과정 운영	다학문적 지식 이해 및 활용	• 인문학, 과학기술, 사회학, 예술 등의 폭넓은 교양 지식 이해 및 탐구 • 다학문적 지식의 교육과정 적용
	교수 · 학습과정에 대한 이해 및 실행	• 교수 · 학습방법에 대한 지식 • 개별화 교수 · 학습방법의 적용 • 효율적 교수 · 학습을 위한 환경 구성 • 적합한 교수자료의 발굴과 개발 및 활용
	평가의 이해 및 실행	• 유아의 개인적 특성에 대한 평가방법 이해 및 실행 • 보육과정 평가 이해 및 실행 • 평가결과의 활용
대인관계 및 의사소통	공동체 의식 및 태도 형성	• 보육 공동체 필요성 이해 • 보육 공동체 존중
	공동체 형성 및 지원	• 부모와의 협력 • 동료교사와의 협력 • 지역사회와의 협력 • 영유아와 가족의 교육복지 지원을 위한 정책 이해 및 전달
	의사소통 기술 형성	• 대상에 따른 의사소통 기술에 대한 관심 • 언어적/비언어적 의사소통 기술 형성
정보화 소양	정보화 기술 이해	• 새로운 정보화 기술에 대한 관심 • 교육, 행정, 재정 업무 처리를 위한 정보화 기술 이해
	정보화 기술 활용	• 폭넓은 정보 교류 • 유용한 정보의 조직 및 활용 • 교수매체로서 정보화 기술의 비판적 활용
학급운영	교실문화 조성	• 영유아와 긍정적인 관계 형성 • 학급운영과 관리 • 영유아 행동지도
	문서작성 및 관리	• 학급운영 관련 문서작성 및 관리 • 대외 관련 공문서 작성 및 관리

출처: 박은혜(2020). 유아교사론(6판), pp. 110-111.

1) 보육교사의 전문성 구성요인

보육교사는 영유아와 상호작용하는 것뿐만 아니라, 보육교직원, 부모, 지역사회와의 협력, 각종 행정 처리 등으로 다양한 업무를 수행해야 하므로 이에 대한 전문성을 확보해야 한다. 기본적으로 보육교사의 전문성은 영유아를 돌보고 가르치는 일을 훌륭하게 수행하는 데 필요한 전문적 능력과 자질이다. 보육교사의 전문성 구성요인들은 독립된 것이 아니라 상호 영향을 미친다.

(1) 영유아 발달에 대한 지식과 이해

영유아에게 필요한 보육을 제공하기 위해 보육교사는 영유아의 발달 수준을 이해하는 것이 중요하다. 보육교사는 발달 시기별 영유아에게 요구되는 발달과제와 개별적인 요구 등을 파악하여 현재 영유아의 발달이 이전 발달 수준과 어떻게 연결되고 이후 발달에 어떤 영향을 미칠 수 있는지에 대해 이해함으로써 그에 적합한 보육계획을 수립해야 한다. 또한, 보육교사는 영유아마다 개인차가 있으므로 영유아의 타고난 기질, 유전적 특성, 발달속도 등을 이해하여 개별 영유아에게 적합한 보육활동을 제공해주어야 한다.

(2) 표준보육과정에 대한 이해

표준보육과정은 어린이집의 영유아를 위한 국가 수준의 보육과정이므로 보육교사는 이를 효과적으로 운영해야 한다. 이를 위해 보육교사는 표준보육과정의 성격, 추구하는 인간상, 목적과 목표, 구성 중점, 편성 · 운영, 교수 · 학습, 평가에 대한 이해가 필요하다.

(3) 보육과정의 계획과 실행

보육교사는 보육과정을 계획하고 실행할 수 있어야 한다. 이를 위해 보육교사는 0~5세 영유아의 연령에 따른 영역별 보육목표와 내용을 이해하여 보육활동 시 개별 영유아의 발달적 수준에 맞게 적용할 수 있어야 한다.

(4) 부모와의 협력과 가족의 이해

보육교사와 부모와의 협력은 영유아의 성장에 중요한 영향을 미친다. 부모와 협력을 잘 하는 보육교사는 영유아와의 상호작용도 잘한다(임우영, 안선희, 2011, p. 343). 전문성을 갖춘 보육교사는 부모가 훌륭한 교육적 동반자임을 인식하고 지속적인 신뢰관계를 형성하며, 부모의 자발적인 보육 참여를 격려한다. 또한, 부모의 사회경제적 지위, 문화적 배경, 가족 간의 갈등, 부모의 양육태도 등은 영유아에게 직접 영향을 미치므로 보육교사는 영유아의 가족에 대한 이해도 필요하다. 급속한 사회 변화로 다양한 가족 유형이 등장함에 따라 보육교사는 영유아의 가족형태에 대한 이해와 현황, 특성, 양육자의 특성 등을 파악하여 영유아가 '다름' 때문에 차별받지 않도록 배려해야 한다. 특히 보육교사는 영유아가 문화적 다양성을 존중하고 배려하는 마음과 태도를 가질 수 있도록 다문화보육을 실천할 수 있는 전문성을 갖추어야 한다.

(5) 동료교사 · 지역사회와의 협력

보육교사는 동료교사, 지역사회와 우호적인 관계를 맺으며 협력해야 한다. 어린이집 상황에 따라 보육교사는 동료교사와 팀을 이루어 보육활동을 할 수 있다. 이런 경우 동료교사들과의 긍정적이고 협력적인 관계는 보육의 질을 높이는데 기여한다. 보육교사들 간의 원활하지 못한 의사소통은 갈등의 원인이 되어 보육교사들 간 정서적 고갈, 비인간화, 개인적 성취감 결여 등의 소진을 경험하게 함으로써 보육교사로서의 개인적 성취감을 낮추는 원인이 될 수 있다. 또한, 어린이집은 지역사회의 일원으로서 지역사회와 긴밀한 협조체제를 구축하여야 한다. 이를 통해 보육교사는 지역사회의 인적·물적 자원을 충분히 활용하고, 영유아가 지역사회로부터 안전감과 소속감을 경험할 수 있도록 지역사회의 특성을 파악하여 이를 보육프로그램에 활용할 수 있어야 한다. 뿐만 아니라 보육교사는 지역사회에 어린이집 프로그램을 소개하는 등 지역사회와 정보를 교환한다.

(6) 부모와의 상담 자료 준비와 상담 기술 이해

보육교사는 부모와 정기적으로 혹은 수시로, 형식적 혹은 비형식적으로 영유아와 관련한 상담을 한다. 보육교사는 부모와의 상담을 통해 영유아에 대한 이해를 높이고, 부모와 친밀한 관계를 형성할 수 있다. 부모와의 효과적인 상담을 위해 보육교사는 영유아에 대한 전문적 지식을 가지고 영유아에 대한 기초 자료, 즉 영유아 관찰기록지, 영유아 작품이나 동영상, 사진 자료, 심리검사 자료 등을 준비하여 상담한다. 또한, 보육교사는 부모와 긍정적인 관계를 형성하여 효과적 상담을 할 수 있도록 상담의 기본자세를 이해함으로써 상담 기술, 상담 지식 등을 갖추어 부모와 상담한다. 이를 위해 보육교사는 적극적 경청(active listening)과 나 중심 대화법(I-message), 질문과 바꾸어 말하기, 불편하거나 고통스런 감정 관리하기, 격려하기, 피드백, 침묵, 해석하기, 지지와 제언하기 등 부모와 효과적으로 대화할 수 있는 기술이나 방법을 배울 필요가 있다.

(7) 돌봄

보육교사는 가르침의 대상 연령이 어리므로 '잘 가르치는 것'도 중요하지만 영유아의 전인 발달을 위한 돌봄자로서의 전문성도 중요하다. 보육교사의 돌봄은 등원, 급·간식, 낮잠과 휴식, 배변 등의 일상적인 돌봄뿐만 아니라 차례 지키기, 인사하기 등의 일상생활 지도에 이르기까지 포괄적이다. 생애 초기 보육교사의 민감하고 일관성 있는 따뜻한 돌봄은 영유아의 정서적 안정감을 통한 안정적 애착 형성에 필수적인데 이는 궁극적으로 영유아의 행복감에 영향을 미친다. 영유아의 안정적 애착은 긍정적 자아개념을 형성하는 기초가 되며, 이를 통해 영유아는 타인을 존중하고 신뢰할 수 있는 태도를 형성하게 된다.

(8) 보육교사의 인성과 윤리

보육교사의 전문성은 지식과 기술 외에도 가치, 신념, 태도 등 보육교사로서 지녀야 할 인성을 통해 완성될 수 있다. 또한, 보육교사는 영유아와 오랜 시간을 함께 보내기 때문에 교사의 말과 행동, 태도, 성격 등은 영유아에게 모델링되어 발달에 영향을 미칠 수 있으므로 보육교사는 도덕적이고 윤리적이어야 한다. 그러므로 보육교사에게 있어서 성실, 헌신, 사명감, 공감, 배려, 소통, 협력, 관심, 사랑, 책임, 열정 등의 정의적인 요소는 매우 중요하다.

(9) 자기 성찰

보육교사는 자기 성찰을 통해 자신을 더 잘 이해하게 됨으로써 자신의 능력을 파악하여 강점과 약점을 알고 좀 더 나은 자신을 위한 노력을 통해 보육교사로서 성장하고 발전해 나갈 수 있다. 자기 성찰을 통해 보육교사는 영유아를 보다 잘 이해할 수 있으며, 지속적인 돌봄과 교육을 제대로 수행할 수 있다. 보육교사는 보육 활동을 하는 동안 수시로 선택과 결정을 해야 하는데 이를 효과적으로 수행하기 위해 자기 성찰이 필요하다. 이러한 보육교사의 자기 성찰은 보육의 질에도 영향을 미쳐 교사–유아 간 긍정적 상호작용을 활발하게 하는 근간이 된다.

(10) 자기개발

보육교사는 전문성 향상을 위한 자기개발 노력을 해야 한다. 이를 위해 보육교사는 자발적으로 보육계획을 세워 보수교육이나 각종 워크숍 등에 참여하거나 상급 학교에 진학하여 학위를 취득할 수 있고, 최신의 보육 관련 문헌을 읽거나 보육 관련 단체와 학회에 참가하여 최신 보육정책과 보육 흐름 등을 파악할 수도 있다. 또한, 보육교사는 동료교사들과 연구모임이나 학습공동체 등을 만들어 보육현장에서의 어려움을 공유하고 해결방법을 모색함으로써 자기개발을 위한 노력을 경주할 수도 있다. 이러한 보육교사의 자기개발 욕구는 스스로 더 좋은 보육을 하려는 의지와 동기이므로 직무만족도와 교사효능감 등에도 긍정적인 영향을 미친다.

(11) 정보화 기술이해 및 활용

21세기 정보화 시대의 보육교사는 정보화 기술을 이해하고 보육에 활용할 수 있어야 한다. 코로나 19 이후 IT 기술을 기반으로 한 디지털로의 전환이 빠르게 이루어지고 있다. 이미 어린이집에서도 코로나로 인해 비대면 수업을 실시한 바 있다. 보육교사는 부모와의 회의 및 상담, 직무교육, 가정과의 소통, 보육활동을 위해 줌(zoom), SNS, 플랫폼 서비스 등을 이용할 수 있다. 정보화 기술은 어린이집의 교육, 재정, 행정업무를 위해서도 필요하다. 그러므로 보육교사는 다양한 정보기술을 이해하고 보육에 적용할 수 있어야 한다.

(12) 사무관리

보육교사는 '가르치는 일' 이외에 각종 사무관리 업무도 수행애야 한다. 보육교사는 보육과정 운영관리, 원아관리 및 교원관리, 재무관리, 상급기관 요청자료 문서 등 많은 문서들을 작성·관리할 뿐만 아니라 어린이집 평가에 필요한 사무처리 및 문서들도 작성해야 한다. 문서작성은 절차와 형식에 맞아야 하며, 우선순위를 파악하여 작성하고 문서보관 연한에 맞게 효율적으로 관리해야 한다.

2) 보육교사의 전문성 발달을 위한 지원체계

보육교사의 전문성 발달을 효과적으로 지원하기 위해서는 보육교사의 요구와 관심, 경험과 능력에 따라 다양한 방법을 적용하여 제공해주어야 한다. 보육교사는 경험이나 경력이 상이하므로 그에 적합한 전문성 발달을 위한 교육적 지원을 해주어야 한다. 즉, 초임 보육교사는 영유아 관찰이나 부모 면담 등의 방법을 습득할 필요가 있고, 경력교사는 교수-학습기술을 적용해볼 수 있는 소집단 맞춤식 컨설팅이나 멘토링, 혹은 자기장학이나 동료장학 등의 방법이 적합하다. 또한, 담당 학급 영유아의 연령에 따라서도 보육교사에게 그에 적합한 교육을 지원해주어야 한다. 즉, 0~2세 영아를 담당하는 보육교사에게는 기본적인 돌봄 외에 영아와의 상호작용을 집중적으로 훈련하는 것이 필요하며, 3~5세 유아를 담당하는 보육교사에게는 유아와의 원활한 상호작용방법 등의 보육과정 실행능력과 관련한 교육이 필요하다. 이러한 보육교사의 전문성 발달을 지원하기 위한 유형에는 법적 의무교육인 보수교육을 비롯하여 멘토링, 코칭, 컨설팅, 동료장학, 자기장학, 연구모임 등이 있다.

(1) 보수교육

보수교육은 「영유아보육법」 제23조에 의해 재직 중인 보육교사의 자질향상을 위해 실시하는 교육이다. 이는 보육에 필요한 지식과 능력을 유지하고 개발하기 위해 보육교사가 정기적으로 받는 직무교육과 보육교사가 상위 등급 즉, 3급에서 2급 또는 2급에서 1급의 자격을 취득하기 위해 받는 승급교육, 어린이집 원장의 자격을 갖추기 위해 받는 원장 사전직무교육 등이 있다.

(2) 멘토링

멘토링(mentoring)은 전문적 지식과 경험이 풍부한 사람인 멘토(mentor)가 도움을 필요로 하는 사람인 멘티(mentee)에게 지도와 조언을 하면서 실력과 잠재력을 개발시키는 활동이다. 멘토링은 멘토와 멘티 간에 기술을 습득하거나 지식을 공유하는 단계를 넘어 직접적인 상호작용이 이루어져 보육교사의 전문성 향상에 효과적이다. 특히 멘토링은 초임 보육교사에게 효과적인데, 멘토는 멘티에게 보육과정 실행에 효과적인 전략을 제공해주고, 지속적인 정보와 피드백을 제공해 줄 뿐만 아니라 정서적으로 지원하고 격려해준다. 이때 멘티는 멘토에게 자신의 문제를 솔직히 드러내고 자신의 전문성 개발을 위해 적극적일 때 보육교사로서의 전문적 성장을 촉진할 수 있다. 멘토링에서 가장 중요한 것은 멘토와 멘티 간의 신뢰 관계 형성 및 협력 유지다.

(3) 코칭

코칭(coaching)은 인재 개발 기법의 하나로서 코치와 코칭을 받는 사람이 짝을 지어 목표를 설정한 후, 목표를 효과적으로 달성하여 이를 통해 개인이 성장할 수 있도록 지원하는 과정이다(위키백과, 2022). 보육교사의 전문성 발달을 위한 코칭은 보육교사가 좀 더 전문성을 갖춘 보육교사와 한 팀을 이루어 새로운 지식이나 기술을 배우는 것뿐만 아니라, 보육교사의 행동과 태도를 변화시키기 위한 상호작용이다. 한 팀을 이룬 보육교사들은 보육활동 중 발생한 사례에 대해 토론하고 지원하며, 전문서적을 읽고 토의하거나 세미나를 할 수 있다. 이때 좀 더 전문성을 갖춘 보육교사는 코칭을 받는 보육교사에게 지시나 가르치기 등의 직접적인 방법보다 보육교사 스스로 문제를 해결하도록 돕는 코칭을 해준다.

(4) 컨설팅

컨설팅은 보육전문가가 보육교사의 전문성 개발을 위해 어린이집에서 일어나는 문제를 상담하고 도와주는 것이다. 컨설팅 영역은 수업, 보육과정, 생활지도, 학급운영, 안전관리 등이다. 육아종합지원센터에서는 보육교사의 전문성 향상 및 자긍심 제고를 위해 2011년부터 표준보육과정 적용 및 실행에 대해 컨설팅 지원사업을 실시하고 있다. 컨설팅이 성공적으로 이루어지기 위해서는 컨설팅을 의뢰한 보육교사의 자발성, 컨설턴트의 전문성, 컨설팅을 의뢰한 과제가 해결되면 종료되는 한시성, 컨설턴트와 보육교사 간 수평적 관계 및 신뢰성이 있어야 한다.

(5) 동료장학

동료장학은 동료 교사들 간의 상호 협력을 통해 서로의 전문성 함양을 도모함으로써 동료 교사에 대한 존중과 교사의 일에 대한 자신감과 자기계발에 대한 동기를 함양하기 위한 활동이다(교육인적자원부, 2005). 동료장학은 어린이집 내 경력이 비슷한 또래 보육교사 간, 경력이 다른 보육교사 간, 다른 어린이집의 보육교사와도 할 수 있다. 동료장학 방법으로는 상호 수업사례 분석하기, 전문서적 읽기 및 토론하기, 동료 코칭하기 등이 있다. 동료장학을 통해 보육교사 간의 장점을 공유하고 개선점을 드러내어 교수–학습 전략을 배울 수 있는 학습 공동체를 형성하고, 동료 교사 간 신뢰감 형성을 통한 협력 공동체를 형성할 수도 있다.

(6) 자기장학

자기장학은 보육교사 스스로 자신의 전문성 신장을 위해 연구하고 노력하는 과정이다. 자기장학의 방법은 정해진 형식이나 절차가 따로 있는 것이 아니라 교사 개인이 발전하기 위한 노력의 모든 과정이다. 자기장학의 방법으로는 자신의 수업을 녹화하여 분석하고 평가하기, 자신의 학급에서 개선이 필요한 문제를 연구주제로 현장 연구하기, 대학원 등의 상급학교 진학하기, 전문서적 탐독하기, 보육 전문가와 면담하기, 보육현장 방문 및 참관하기, 각종 연구 모임 및 학술단체에 가입하여 참여하기 등이 있다. 자기장학을 성공적으로 이끌기 위해서는 보육교사 자신의 흥미와 요구에서 시작해야 하며, 보육교사가 단기간에 성취감을 느낄 수 있는 내용부터 시작하는 것이 좋다. 동료교사와 원장의 지원과 지지가 있을 때 성공적인 자기장학이 될 수 있다.

(7) 연구모임

연구모임은 소모임, 학습공동체 등으로 이루어진다. 이는 보육현장에서 발생하는 다양한 공통의 관심사와 지식 등을 공유하여 보육현장에서의 실행력을 증진시키려는 목적으로 실시하는 보육교사들의 자발적 모임이다. 연구모임이 잘 이루어지기 위해서는 숙련된 조력자가 필요하다. 숙련된 조력자는 보육경험이 많고 실제적 능력을 갖춘 사람으로 연구모임에서 질문을 하고, 아이디어를 구축하고 연결하며, 핵심 사항을 확장하고, 유용한 자원이나 경험을 제공하며, 보육교사들이 연구모임에 집중할 수 있도록 돕는 역할을 한다. 연구모임은 온라인이나 오프라인 방식으로 할 수 있으며 보육현장에서 도출된 쟁점, 문제, 성공사례 등을 다룰 수 있다.

생각해볼 문제

1. 보육교사의 발달에 부정적 또는 긍정적 영향을 주는 요인에 대해 생각해봅시다.
2. 디지털로의 빠른 변화와 관련한 보육교사의 전문성에 대해 생각해봅시다.
3. 보육교사의 전문성 발달을 효과적으로 지원하기 위한 방안에 대해 생각해봅시다.

CHAPTER

9

보육교사의 정신건강 관리

CHAPTER 9

보육교사의 정신건강은 교사 자신뿐만 아니라 영유아에게도 영향을 미친다. 보육교사는 어린이집에서 만나는 다양한 사람들과의 관계에서 감정 통제와 조절이 필요하며 자신이 느끼는 감정보다는 교사로서 요구되는 감정과 감정 표현을 요구받으므로 높은 감정노동을 경험한다. 따라서 보육교사가 보육전문가로서의 책무를 다하기 위해서는 보육교사의 정신건강을 효과적으로 관리하는 것이 중요하다. 이 장에서는 보육교사 정신건강의 중요성, 보육교사의 직무스트레스와 소진의 개념과 관리 방안, 초임 보육교사의 어려움에 대해 살펴보면서 보육교사의 직무만족도와 행복감을 이해하고 증진하는 방안을 알아보고자 한다.

학습 목표

1. 보육교사의 정신건강에 대한 위험요인을 살펴보고 정신건강과 관리의 중요성을 이해한다.
2. 보육교사의 직무스트레스와 소진의 개념과 관리 방안을 이해하고 초임 보육교사의 어려움에 대해 알아본다.
3. 보육교사의 직무만족도와 행복감을 증진시킬 수 있는 방안에 대해 알아본다.

1. 보육교사의 정신건강의 중요성

정신건강의 사전적 의미는 큰 고민거리나 걱정거리가 없어 마음이 바르고 편안한 상태로서(네이버 국어사전, 2023), 개인의 심리사회적 안녕감(well-being)을 포함하는 개념이라고 할 수 있다. 하루 중 많은 시간을 영유아를 돌보고 교육하는 보육교사의 정신건강은 자신뿐만 아니라 영유아에게도 많은 영향을 미칠 수 있다. 즉, 보육교사가 과도한 스트레스를 받게 되면 정신건강에 어려움을 유발하여 영유아와의 상호작용에 부정적 영향을 미칠 수 있다.

보육교사는 영유아가 가정에서 벗어나 처음으로 접하는 사회적 장소에서 적응하고 기능하면서 보다 행복하고 유능하게 살아가는 데 필요한 지식과 태도를 배울 수 있도록 안내하고 지원해주는(고희선, 2021) 영유아의 생애 첫 선생님이다. 이를 위해 보육교사는 보육전문가로서의 역량을 안정적으로 수행할 수 있도록 정신건강에 주의를 기울여야 한다.

보육교사직은 한국표준직업분류(통계청, 2017)에 의하면 '2 전문가 및 관련 종사자' 중 '24 보건 · 사회복지 및 종교 관련직, 247 사회복지 관련 종사자, 2472 보육교사'로 분류되어 있다. 보육교사직은 영유아에게 돌봄과 교육을 담당하는 직무로서 전문직이면서 동시에 고객 지향적 서비스를 제공하기 때문에 스트레스가 많아 강도 높은 감정노동을 경험할 수 있다. 감정노동은 업무수행과정에서 자신의 감정을 절제하고 자신이 실제 느끼는 감정과는 다른 특정 감정을 표현하도록 업무상, 조직상 요구되는 노동 형태를 말한다(서울특별시, 2019). 조사에 의하면 보육교사 10명 중 9명은 감정노동을 경험한 적이 있지만 적절한 보호조치를 받지 못하였다(연합뉴스, 2021. 12. 20). 보육교사는 다른 직업군에 비해 영유아, 부모, 동료 교사, 원장 등과의 대인관계에서 감정 통제와 조절이 필요하다. 심지어 보육교사의 미소와 상냥함은 교사 개인의 정서적 특성을 넘어 교사로서의 전문성과 유능함을 보여주는 특성(Isenbarger & Zembylas, 2006)으로 인식되기도 한다. 또한, 보육교사는 자신이 느끼는 감정보다는 교사로서 기대되는 감정이나 직업에 적합하다고 여겨지는 감정을 표현하도록 요구받기도 한다(윤혜선, 2011). 이처럼 보육교사는 강도 높은 감정노동을 경험하므로 보육전문가로서의 책무를 다하기 위해 다양한 대상과의 관계에서 발생하는 직무스트레스와 보육활동 시 드러나는 여러 가지 감정을 효과적으로 조절하고 관리할 수 있어야 한다.

맞벌이 가정의 증가와 함께 보육의 사회적 책임이 강화되고 공보육으로서 어린이집의 역할에 대한 기대가 높아짐에 따라 양질의 보육과 이를 수행할 보육교사에 대한 기대와 요구 또한 날로 증가하고 있다. 그러나 보육교사에 관한 사회적 인식은 여전히 낮은 편이며, 출산율 저하로 인한 원아 수 부족 등을 이유로 보육교사 수가 감축되는 등 보육교사를 둘러싼 사회적 환경은 호의적이지 않아 보육교사의 정신적 어려움을 가중시키고 있다. 2021년 전국보육실태조사에 따르면 보육교사의 25.1%가 정신건강에 문제를 경험한 적이 있다고 응답하였으며, 그 유형으로는 스트레스가 96.6%로 가장 높고 다음으로 무기력증 23.9%, 불면증 21.4%, 소진, 20.3%, 우울증 및 불안증세 18.6%, 강박증 18.5% 순이었으며, 이들 중 11.1%만이 진료·상담 경험이 있었다(양미선 외, 2021).

보육교사의 심리사회적 안녕감은 영유아에게 긍정적 영향을 주는 보육전문가로서의 역할을 수행하는 데 필수적이며, 동시에 보육교사 개인의 정신건강과 양질의 보육 수행을 위해서도 필요하다. 또한, 보육교사의 정신건강은 보육활동으로 인한 직무만족도를 높이고, 부정적 정서를 조절하여 보육교사로서의 안녕감을 향상시킬 수 있으므로 그에 대한 관리는 매우 중요하다.

참고 자료 1

보육교사가 보육현장에서 긍정적 · 부정적 정서를 경험하는 경우

1. 긍정적 정서를 경험하는 경우

- 각 발달영역에서 영유아들이 성장해가는 것을 볼 때
- 영유아로부터 긍정적 피드백을 받을 때
- 영유아가 활동에 긍정적으로 반응하여 적극적으로 참여할 때
- 영유아가 놀이에 몰두할 때
- 영유아와 자연스럽게 대화하고 유머를 주고받을 때
- 영유아가 성장하여 보육교사를 찾아올 때
- 부모가 정서적으로 따뜻하게 배려해줄 때
- 보육교직원과 협력하여 일할 때
- 보육교사의 전문성 신장을 위해 노력할 때
- 보육교사로서의 노력이 인정받을 때

2. 부정적 정서를 경험하는 경우

- 영유아들이 보육교사가 기대하는 것과 다른 반응을 보일 때
- 부모가 보육교사를 배려하지 않거나 과도하게 요구할 때
- 부모가 어린이집 일에 지나치게 관여할 때
- 문제행동과 같은 돌발적 행동을 보이는 영유아가 많을 때
- 보육교사가 신체적으로 피로할 때
- 보육교직원이 협력하지 않고 일할 때
- 교사들 간 의사소통이 잘 이루어지지 않을 때
- 보육교사의 전문성 신장을 위해 충분한 시간이 주어지지 않을 때
- 보육교사로서의 노력이 인정받지 못할 때
- 원장이나 주임교사가 담임 학급에 대해 간섭이 심할 때

출처: 임승렬 외(2014, p. 244–245), 2021전국보육실태조사(양미선 외, 2021) 내용 재구성

2. 보육교사의 직무스트레스와 소진

1) 보육교사의 직무스트레스

직무스트레스는 보육교사가 자신의 직무수행 과정에서 경험하고 느끼게 되는 긴장, 좌절, 불안, 분노, 의기소침 등과 같은 불쾌한 정서이다(Kyriacou, 2001). 직무스트레스는 단순한 걱정거리와 달리 생리적인 측면에도 영향을 미치는데, 맥박과 혈압 등의 심혈관질환, 우울, 좌절, 불만족 등의 부정적인 심리적 문제 등을 유발하는 원인이 될 뿐만 아니라, 업무 회피와 지연, 공격성, 부정적인 대인관계와 같은 행동 변화를 초래한다(박은혜, 2020, p. 290; 윤현숙, 2013).

보육교사는 보육활동이나 행정업무 등을 수행하면서 상당한 수준의 직무스트레스를 경험한다. 이러한 보육교사의 직무스트레스는 과도한 업무, 짧은 휴식시간, 부족한 보육활동 준비시간, 부모와의 관계 및 소통의 어려움, 영유아의 다양한 요구, 낮은 사회적 인식 등과 같은 여러 요인에 의해 비롯된다(고희선, 2021; 조성연, 2004). 특히 보육교사에게 가장 부정적으로 영향을 미치는 직무스트레스는 부모, 원장, 영유아, 동료 교사 등 다양한 대인관계에서 비롯된다(박희숙, 석성경, 2017). 이처럼 보육교사가 대인관계에서 많은 어려움이 발생하는 이유에 대해 고희선(2021)은 다음과 같은 점을 지적하였다.

- 어린이집이라는 소규모 여성 중심의 조직
- 영유아에 대한 돌봄과 교육을 수행하는 매일의 일과 속에서 다양한 사람과의 협력적 업무 수행과 관계에 대한 부담
- 부모와의 관계 및 소통의 어려움

보육교사의 직무스트레스는 다양한 요인에 의해 영향을 받는데, 연구자들이 제시

한 직무스트레스 유발 요인을 정리하면 표 9-1과 같다.

표 9-1 직무스트레스 유발 요인

연구자	주요 스트레스 요인	세부 스트레스 요인	
Beehr 외 (1978)	환경 요인	• 직무 요건 및 과제 특성 • 역할 요건 및 기대	• 조직의 특성 및 조건 • 조직 외적 요인 및 조건
	개인 요인	• 심리적 조건(성격 · 행동 특성) • 신체적 조건	• 생활 단계 조건 • 인구통계학적 특성
	과정 요인	• 심리적 과정	• 신체적 과정
Brief & Schuler (1980)	조직 특성 및 과정	• 조직의 정책 • 조직의 과정	• 조직의 구조
	직무 요건 및 역할 특성	• 작업 조건 • 직무 요건	• 대인 관계 • 역할 특성
	개인 특성 및 기대	• 경력 관계	• 개인적 특성
Quick 외 (1984)	과업 요인	• 직업 범주 • 경력 발달 • 직업 과정	• 관리 직무 • 일상 직무 • 직무 불안정성
	물리적 요인	• 온도 • 음파와 진동	• 조명 • 사무실 설계
	역할 요인	• 역할 갈등	• 역할 모호성
	대인관계 요인	• 지위 부조화 • 조급한 성격 • 집단 압력	• 사회적 밀도 • 지도 유형
Baron (1986)	조직 요인	• 직업 요건 • 역할 모호성 • 책임 과다 • 의사결정에의 참여 부족	• 역할 갈등 • 작업 과중 • 사회적 지원 부족 • 불공평한 업적 평가
	개인적 요인	• 생활 사건 • A유형* 행동 특성	• 태도

연구자	주요 스트레스 요인	세부 스트레스 요인	
배무환 (1989)	개인 역할 관련 요인	• 역할 모호성 • 역할 과다/과소 • 타인에 대한 책임	• 역할 갈등 • 참여의 결여
	집단/대인 관계 요인	• 리더십 • 집단의 응집력 결여	• 직무상 대인 관계
	경력개발/생활 변화 요인	• 경력개발 • 생활 스트레스	• 직업불안정성과 이직
	기타 요인	• 조직 분위기 • 과업특성 및 작업환경	• 조직 구조
최혜진 (2000)	물리적 요인	• 조명 • 온도 • 보육실 등 공간 설계	• 소음 • 음파와 진동 • 사회적 밀도
	개인적 요인	• 행동유형 • 인간 상호 간의 관련성 결여 • 규정/규칙에 대한 이견	• 희망 좌절 • 직장과 가정 사이 갈등 • 특수직업 종사자
	조직적 요인	• 역할 갈등 • 역할 과중/과소 • 직무설계와 기술적 결함 • 집단응집력 • 집단 내, 집단 간 갈등 • 성과평가	• 역할 모호성 • 직무 불안정 • 일체성 지향 압력 • 조직의 분위기 • 평가
	조직 외 요인	• 가족 • 경제적 지위	• 이사 • 생활 주변의 사건
이희현 외 (2017)	개인 요인	• 인구학적 배경 • 교사효능감	• 정서 • 자기 탄력성
	조직/환경 요인	• 기관 배경 • 사회적 지지	• 원장 리더십 • 조직문화

* 프리드먼과 로즈먼 박사는 개인의 행동 패턴을 A유형과 B유형으로 제시하였는데, A유형은 일 중독으로 묘사되는 사람으로 경쟁심과 추진력이 강하며 비현실적 데드라인을 정하고 자신을 몰아붙이는 경우가 종종 있는 유형으로 스트레스를 잘 받는 행동 유형이다(선종옥 외, 2010, P. 53).

출처: 양안숙(2008, pp. 14–15), 이희현 외(2017, p. 26) 내용 재구성

미국의 국립산업안전보건연구원(National Institute for Occupational Safety and Health; NIOSH)의 머피와 쉰보른(Murphy & Schoenborn, 1987)은 선행연구를 참조로 직무스트레스가 개인의 건강에 영향을 미치는 과정에 대한 통합 모델을 개발하였는데 그림 9-1과 같다(박정선, 김정희, 2004, 재인용). 개인에게 직무스트레스를 유발하는 조건은 다양한 직무스트레스원과 교사의 개인적 요인 간 상호작용에 의해 발생한다. 직무스트레스 유발 조건의 결과에 따라 개인의 심리적 반응, 생리적 반응, 행동적 반영이 급성으로 나타나게 되고, 이런 급성 반응들이 지속되어 다양한 질병을 유발한다. 직업 관련 스트레스 유발 요인과 급성 반응 사이에는 개인적 요인, 조직 외 요인, 완충 요인 등이 중재 요인으로 작용한다(선종욱 외, 2010, p. 38).

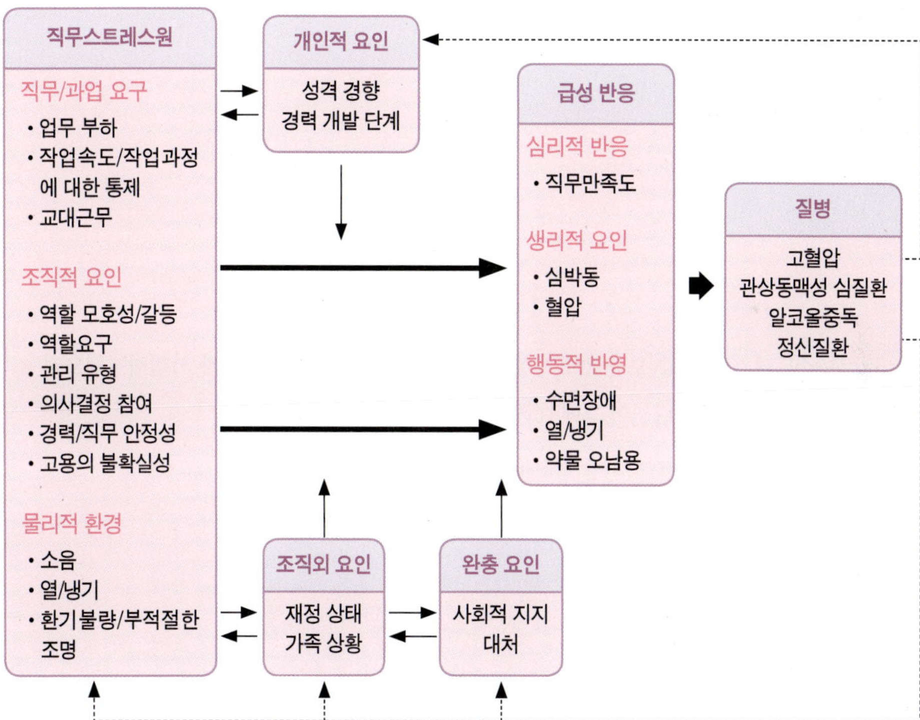

그림 9-1 미국국립산업안전보건연구원(NIOSH)의 직무스트레스와 건강 모델

출처: 박정선, 김정희(2004). 직무스트레스 평가방법, p. 20.

활동 1

보육교사의 직무스트레스 알아보기

1. 보육교사의 직무스트레스의 원인에 대해 친구들과 브레인스토밍해 봅시다.

2. 브레인스토밍을 통해 나온 원인을 비슷한 것끼리 묶고, 이것을 대표하는 표제어를 붙여 봅시다.

3. 직무스트레스 원인 중 보육교사 자신의 노력으로 완화할 수 있는 것과 사회적·제도적 마련이 필요한 것을 나누어 그에 대해 각각 이야기해 봅시다.

활동 2

보육교사의 직무스트레스 평가하기

※ 문항을 읽고 각 문항이 자신과 일치하는 정도에 대해 ✔표 해주십시오.

① 전혀 그렇지 않다 ② 별로 그렇지 않다 ③ 그저 그렇다 ④ 대체로 그렇다 ⑤ 매우 그렇다

문항	①	②	③	④	⑤
1. 부모들은 어린이집 일에 지나치게 관여한다.					
2. 보육활동을 함께 진행하거나 도와 줄 보조교사가 부족하다.					
3. 각자에게 부여된 임무를 수행하지 않는 교사가 있다.					
4. 나의 보수는 내 업무와 책임에 비해 낮다.					
5. 환경정리, 연락업무, 차량지도 등 잡무가 너무 많다.					
6. 교사들 간의 의사소통이 잘 이루어지지 않는다.					
7. 보육활동을 위해 준비할 시간이 충분하지 않다.					
8. 어린이집의 교사복지제도(예 휴가, 처우 개선 등)가 미흡하다.					
9. 교사의 근무 평가가 투명하고 공정하지 못하다.					
10. 보육활동에 필요한 자료(예 비품, 교구 등)가 부족하다.					
11. 교사의 업무 수행을 위한 시설과 설비(예 교사실, 복사기, 노트북 등)가 부족하다.					
12. 교사들 간에 편이 나누어져 있다.					
13. 어린이집 운영이 바람직한 보육의 실제와 맞지 않다.					
14. 원장은 교사를 자주 칭찬하거나 격려하지 않는다.					
15. 필요 이상으로 어린이집 행사가 많다.					
16. 원장은 교사의 업무에 대해 적절한 피드백을 제공하지 않는다.					
17. 영유아 간 다툼이나 안전사고 등으로 항의하는 부모가 많다.					
18. 어린이집 운영과 관련된 나의 제안이나 의견이 받아들여지지 않을 때가 있다.					

문항	①	②	③	④	⑤
19. 어린이집과 관련된 결정사항에 대해 내 의견을 솔직하게 말하기 어렵다.					
20. 내가 맡은 반에 대해 원장이나 주임교사의 간섭이 심하다.					
21. 보육교직원들 간의 관계가 좋지 못하다.					
22. 어린이집의 운영방식에 일관성이 없다.					
23. 근무시간이 너무 길어(당직 포함) 개인적인 시간을 갖기 어렵다.					
24. 교사들 간에 서로 협조하기보다는 경쟁이 심하다.					
25. 부모들은 교사에게 무례하거나 과도한 요구를 한다.					
26. 교사들의 업무 수행을 도와줄 보조인력이 부족하다(예 사무원, 관리인, 청소원 등).					
27. 원장은 교사들에게 지시적이고 명령적이다.					

※ 직무스트레스 하위 요인과 문항

하위 요인	문항 번호	문항 수
원장의 지도력 및 행정적 지원 부족	9, 10, 11, 13, 14, 16, 18, 19, 20, 22, 27	11
업무 과부하	2, 4, 5, 7, 8, 15, 23, 26	8
동료와의 관계	3, 6, 12, 21, 24	5
부모와의 관계	1, 17, 25	3
계		27

출처: 신혜영(2004). 어린이집 교사의 직무스트레스와 효능감이 교사 행동의 질에 미치는 영향, pp. 109-111.

2) 보육교사의 소진

보육교사의 직무스트레스가 지속되고 심각해지면 신체적 · 생리적 · 심리적 증상에 따른 소진을 경험할 수 있다. 소진의 사전적 의미는 '점점 줄어들어 다 없어짐' 또는 '다 써서 없앰'(국립국어원 표준국어대사전, 2023)이다. '소진'이라는 단어를 직무로 인해 야기되는 신체적 · 심리적 증상을 보여주는 용어로 처음 사용한 사람은 심리학자 프로이덴베르그(Freudenberger, 1974)로 보건센터에 근무하는 직원들이 뚜렷한 이유 없이 의욕을 잃고 환자들에게 냉담해지는 것을 보고 이를 직무로 인한 심리적 소진이라고 명명하였다(배현진, 최지영, 2021, 재인용).

보육교사의 소진은 직무를 수행하면서 경험하는 스트레스가 지속되면서 그로 인해 과도한 긴장감과 피로감을 경험하고 몸과 마음이 점차 쇠퇴해지는 것을 말한다. 보육교사가 업무로 인해 소진을 경험하게 되면 부정적인 신체적 · 심리적 어려움을 경험하여 무기력하고 부정적인 태도를 지니게 된다. 이로써 원장, 부모, 영유아의 요구에 적절하게 대응하지 못하고, 상호작용하는 영유아에게 무감각해지며 보육활동의 질도 낮아져 궁극적으로 보육의 질을 떨어뜨리게 된다(민하영, 2010). 즉, 보육교사의 소진은 영유아에게 질 높은 보육을 제공하기 위해 필요한 직무 수행을 어렵게 하고, 교사효능감과 자아존중감 등을 낮춰 보육활동과 같은 직무에서의 부적응을 경험하게 하여 결국 보육교사의 이직을 부추기는 원인이 될 수 있다.

일반적으로 소진은 다양한 신체적, 심리적 현상을 나타내게 하는데 말라크와 잭슨(Maslach & Jackson, 1981)은 이를 측정하는 척도를 제작하였다. 이들이 제작한 척도는 정서적 고갈, 비인간화, 개인적 성취감 감소의 3개 요인으로 구성되어 있다. 최근 10년간 교사를 대상으로 실시한 국내 소진 연구의 90%가 말라크와 잭슨(Maslach & Jackson, 1981)이 개발한 소진 척도를 사용한 것으로 나타났기에(배현진, 최지영, 2021) 보육교사의 소진과 관련된 특성을 이해하기 위하여 척도에서 제시한 구성요소를 중심으로 살펴보면 다음과 같다.

첫째, 정서적 고갈은 소진의 가장 핵심적 개념으로, 개인이 자기감정을 억제하고 통제하는 과정이 지속적으로 반복되면서 육체적으로 지쳐가는 것이다. 이를 통해 보육교사는 에너지와 만성 피로로 일에 애착을 갖지 못하고 감정적 · 정서적으로 탈진되는 현상을 나타낸다.

둘째, 비인간화는 부정적인 자기 내면의 감정을 드러내지 못하는 상황이 지속되면서 정서가 고갈되어 나타나는 것이다. 이로써 보육교사는 대인 간 관계에서 점차 무관심해지고 냉정해지며 상대방에게 냉소적인 느낌을 갖는다.

셋째, 개인적 성취감 감소는 직무가 생계를 위한 수단으로 전락하여 직무를 수행하면서 보람과 성취감을 느끼지 못하고 무의미한 상태를 경험하는 것이다. 개인적 성취감 감소는 정서적 고갈과 비인간화 상태 이후에 나타나고 스스로 무능력하다고 느낀다.

참고 자료 2

보육교사의 어려움 이야기

발달을 보는 관점에서 교사와 부모가 느끼는 체감도가 많이 다른 것 같아요. 대부분의 부모님들께서 수긍하지 못하시는 것 같아요. 교사로서 관찰을 해서 근거를 가지고 유아를 위해 말씀드린 건데 정작 부모님이 "그냥 때 되면 되겠죠."라고 대수롭지 않게 말씀하시는 거예요. 교사의 전문성이 무시당하는 느낌이 들어서 기분이 나빠요. 소신을 말하고 싶어도 그렇게 반응하시면 말씀드릴 수가 없어요. 어머니와 불편해지니까요.

출처: 권혜진(2021, p. 101)에서 발췌하여 수정한 교사 이야기

○○이가 괘씸하기도 하고 '담에 또 그러면 이렇게 해야지.'라고 다짐하고 있는 자신이 꼭 아이들과 싸우는 것 같아요. 이런 게 한심하기도 하구요. 다음날 아무렇지도 않게 상냥하고 친절하게 대해야 하는 게 너무 힘들어요. 퇴근하고 집에 와서도 원에서 있었던 일이나 감정이 사라지지 않아요. 아이가 원망스럽기도 하고 다른 날보다 더 피로감이 들

고 머리도 아파요.

출처: 권혜진(2021, p. 105)에서 발췌하여 수정한 교사 이야기

아이들과 수업하고 있는데 어린이집을 다니다가 교실로 들어와서는 진행 중인 수업에 대해 이렇게 해라 저렇게 해라 간섭하면서 수업의 흐름을 끊어 놓았어요. 아이들이 다시 집중하기도 힘들기도 했고, 한번 수업의 흐름이 끊기니 어수선한 분위기... 아! 그런데 아이들이 산만하다고 나한테 뭐라고 하시면서 원장님은 나가버리고... (중략) 암튼 나만 졸지에 무능한 교사가 된 것 같은 느낌이랄까요?

출처: 김은경(2022, p. 45-46)에서 발췌하여 수정한 교사 이야기

3) 보육교사의 직무스트레스와 소진의 관리

(1) 직무스트레스와 소진 관리의 중요성

보육교사는 영유아를 돌보고 교육하면서 여러 가지 어려움을 경험함으로써 그로 인한 직무스트레스를 경험한다. 특히 보육교사는 장시간의 근무로 인해 자신의 역량을 개발하거나 휴식할 수 있는 시간이 부족하여 상당한 스트레스를 경험할 뿐만 아니라 과도한 업무부담, 인간관계의 갈등, 낮은 사회적 인식, 돌발적 문제 행동을 보이는 영유아 지도 등과 같은 다양한 어려움으로 스트레스를 경험하기도 한다(이경화 외, 2020, pp. 106-111). 보육교사의 직무스트레스가 높을수록 영유아 권리존중 보육을 실행하지 못하고, 영유아와의 관계 형성 및 상호작용에 부정적인 영향을 미친다(구성희, 우현경, 2022; 김성희, 2022). 보육교사가 높은 직무스트레스를 경험하면 스스로 다루기 어려운 부정적 감정 상태로 인하여 영유아 상호작용이나 교수법 개발과 같은 전문성 신장을 위한 노력을 실천하기 어렵

다. 이는 궁극적으로 영유아의 성장과 발달에 부정적 영향을 미칠 수 있으며, 이러한 자신의 모습에서 보육교사로서의 효능감과 자긍심을 발달시키기도 어렵다(김은설 외, 2018; 이유신, 권연희, 2018). 그러므로 보육교사는 직무를 수행하면서 발생하는 스트레스를 관리하고 자신의 역량을 개발하여야 한다.

보육교사의 직무스트레스를 예방하기 위해서는 보육교사 스스로 자신이 경험하는 업무 관련 스트레스를 잘 관리하여 소진에 이르지 않고, 보육전문가로서 성장할 수 있도록 자기 관리에 최선을 다해야 한다. 이를 위해서는 보육교사 개인의 노력뿐만 아니라 어린이집에서의 일과 중 충분한 휴식 시간을 확보하는 등 보육교사의 보육활동으로 인한 스트레스를 최소화하기 위한 어린이집 차원의 노력이 필요하다.

(2) 직무스트레스와 소진 관리 방안

보육교사가 직무를 수행하면서 스트레스를 전혀 받지 않기는 어렵다. 적당한 스트레스는 생활의 활력이 되고 도전과 성취의 긍정적 경험으로 발전할 수도 있다. 하지만 직무스트레스가 지나치면 보육활동을 수행하는 데 어려움이 많아 결국 소진을 경험하게 된다. 이에 보육교사의 직무스트레스와 소진을 예방하기 위해서는 개인적이고 조직적으로 관리하고 대처해야 한다(박은혜, 2020, p. 295).

■ **개인적 차원**

- 교육적 전략: 영유아에 대해 전인적 성장 기대, 실현 가능한 교육목표 설정
- 신체적 전략: 다양한 종류의 운동이나 악기 다루기, 취미생활하기 등
- 사회적 전략: 동료 교사로 구성된 사회적인 지원집단 만들기, 동료들과의 대화, 정확한 정보 수집 등

- 정서적 전략: 영화 감상, 음악 감상 등
- 환경적 전략: 시간 관리, 갈등 해결 등
- 정신적 전략: 명상이나 기도하기, 낙천적인 인생관 가지기 등

■ 조직적 차원

- 모든 구성원을 인격적으로 존중하고 우호적으로 대하는 관계 조성
- 개방적이고 양방향적인 의사소통
- 지지적이고 긍정적인 조직풍토
- 보육과정 운영 시 교사의 자율성 인정
- 학습공동체 형성

한편, 보육교사는 스트레스에 직면했을 때 이를 최소화하기 위해 다양한 행동을 하게 되는데, 스트레스 대처방식이라고 한다(Lazarus & Folkman, 1984, 강명선, 2012, 재인용). 이에는 여러 가지가 있으나 여기서는 세 가지 스트레스 대처방식을 제시하고자 한다(강명선, 2012; 김정희, 신시연, 2015; 최성실, 여종일, 2020).

첫째, 문제해결 중심 대처방식은 스트레스 상황을 피하지 않고 자신이 처한 문제를 직접 해결하는 것이다. 이는 직면한 좌절이나 문제 상황을 있는 그대로 받아들이고 해결해야 할 과제로 생각함으로써 스트레스의 원인을 제거하거나 수정하면서 스트레스에 적극적으로 대처하는 방식이다.

둘째, 사회적 지지 추구 대처방식은 스트레스 상황에 대해 다른 사람과 상의하거나 타인에게 관련한 정보를 받는 등 타인의 도움과 이해를 통해 문제를 해결하는 것이다. 이는 본인이 경험하는 스트레스를 의미 있는 사람과의 관계나 도움으로 대처하는 것이다.

셋째, 회피중심 대처방식은 스트레스에 직면했을 때 문제를 직접 해결하려고 하기보다는 문제를 외면하고 회피하여 해결하려는 것이다. 이는 스트레스와 관련한 문제를 가능한 한 생각하지 않으려 하고 업무를 피하거나 수면시간을 늘이는 등 다른 일에 관심을 쏟으면서 스트레스에 대처하는 것이다.

활동 3

내 마음의 근력을 키워요

다양한 요인에서 비롯되는 보육교사의 스트레스는 발생 원인을 파악하여 관리하는 것이 매우 중요하다. 이에 스트레스를 관리할 수 있는 몇 가지 방법과 전략을 소개하면 다음과 같다.

1. 비합리적인 자동적 사고를 전환하기(ABC 전략)

어떤 사건이나 상황을 비합리적이고 부정적으로 생각하고 해석할 경우 때로 부정적 결과를 가져오므로 일상에서 자동적으로 나타나는 자신의 비합리적 사고 유형을 이해하여 합리적이고 적응적인 방식으로 사고를 전환하면 스트레스를 극복하는 데 도움이 된다. 이를 위해서는 스트레스의 원인에 대해 합리적 신념으로 생각함으로써 자신의 감정을 조절하는 방법을 훈련하는 것이 필요하다.

A 자극, 사건 (스트레스 원인) ➡	B 생각 (자동적 사고) ➡	C 감정 (행동)
지하철에서 지나가던 사람이 어깨를 툭 치고 갔다.	〈비합리적 신념〉 B1) 저 사람이 일부러 내 어깨를 치고 간 거야.	C1) 화가 남
	〈합리적 신념〉 B2)사람들이 많아서 나를 잘 보지 못했겠지.	C2) 화가 나지 않음

A 자극, 사건 (스트레스 원인) ➡	B 생각 (자동적 사고) ➡	C 감정 (행동)
원장님께 인사를 했는데 언짢은 표정으로 나를 보며 지나갔다.	〈비합리적 신념〉 B1) 내가 뭘 잘못했나? 나한테 화가 나 있나? 나를 무시하나?	C1) 당황, 불안, 화
	〈합리적 신념〉 B2) 어린이집에 무슨 일이 있나?	C2) 화가 나지 않음

2. 신체적 안녕을 위한 전략

- 자신에게 효과적인 감정 이완법을 개발하고 연습해보기
- 평소 적당히 잠을 자고, 휴식을 취하고, 놀고, 운동하는 등 편안하게 생활하도록 노력하기

3. 화 · 불안 · 우울 관리하기

- 화 다스리기
  - 마음에 있는 화라는 감정을 인정하고 수용하기
  - 화가 나는 순간에 복식호흡이나 타임아웃을 통해 화를 누그러뜨리기
  - 적절한 시간과 장소에서 적절한 강도로 화를 표현하기
- 불안 가라앉히기
  - 인지적으로 수용하기: 일어난 일은 어쩔 수 없는 일임을 받아들이기
  - 감정 수용하기: 불안한 감정을 그대로 느끼고 받아들이기
- 우울 벗어나기
  - 긍정적인 상황으로 주의를 돌리기 위해 운동, 영화, 게임, 산책 등의 활동을 늘려 나가기
  - 위축되고 무기력하고 낮은 각성 상태를 활기찬 상태로 바꾸기
  - 공감이나 조언을 구하거나 도움을 청할 수 있는 사람과 정적 관계를 형성하고 유지하기

출처: 조혜진(2017). 유아교사의 정서역량: 교사 인성교육의 첫걸음, pp. 93~100 내용 재구성

참고 자료 3

보육교사의 스트레스 조절 상담프로그램 (Shining Teacher Program)

샤이닝 티처 프로그램은 이경숙 외(2015)가 보육교사의 스트레스 조절력 증진을 위해 개발한 3단계의 총 8회기로 구성된 상담프로그램으로서 어린이집 상황에 따라 집단상담이나 개별상담으로 진행할 수 있다.

단계	회기	제목	목표
1. 보육 스트레스 및 대처행동 인식	1	나의 스트레스 살펴보기	• 프로그램 목표 인식 및 동기 유발 • 스트레스에 대한 파악 • 스트레스 인식 및 이해 증진
	2	나의 보육 스트레스 살펴보기	• 자신이 경험하고 있는 보육 스트레스 파악 및 인식
	3	나의 보육 스트레스 대처행동 살펴보기	• 자신의 보육 스트레스 대처행동 및 효과성에 대한 파악과 인식
2. 보육 스트레스 대처행동 상담 및 훈련	4	정서 조절하기	• 보육 스트레스에 대한 정서적 대처행동 증진
	5	생각 조절하기	• 보육 스트레스에 대한 인지적 대처행동 증진
	6	신체 및 감각 조절하기	• 보육 스트레스에 대한 신체적 대처행동 증진
	7	영유아 지도 교육 및 상담	• 보육현장의 문제행동 영유아 이해 및 지도 능력 증진
3. 보육 스트레스 조절	8	보육 스트레스 조절 계획하기	• 보육교사로서 자존감 증진 및 스트레스 조절 계획하기

출처: 이경숙 외(2015). 보육교사의 보육 스트레스 조절 상담 프로그램 개발, p. 65.

4) 초임 보육교사의 어려움

보육교사로서 근무를 시작할 때 대부분의 초임 보육교사는 기대와 설렘으로 보육활동을 시작한다. 그러나 영유아와의 상호작용을 통한 보육활동을 하면서 보육교사는 영유아의 돌봄과 교육이 쉬운 일이 아니라는 것을 깨닫고 혼란과 좌절을 경험한다. 교직은 다른 직업과 달리 근무를 시작하는 첫 해부터 교사로서의 책임과 의무가 한꺼번에 주어져 보육교사는 다양한 측면에서의 어려움을 경험하게 된다. 특히 초임 보육교사는 영유아의 생활지도뿐만 아니라 과다한 잡무로 인한 수업 준비시간 부족, 수업과 일과 운영의 어려움, 활동자료의 부족, 동료 교사와 부모와의 관계에 대한 어려움, 보육교직원 간의 관계의 어려움 등을 경험할 수 있다(전윤숙, 2011).

초임 보육교사가 어려움을 겪는 이유는 다양하다(염지숙 외, 2015, pp. 314-315). 첫째, 숙련된 교사는 풍부한 경험을 바탕으로 문제 상황에 대해 정교하고 유연한 의사결정을 할 수 있지만, 초임 보육교사는 다양한 상황 해결에 필요한 정교하고 연계성 있는 사고가 부족하여 어려움을 겪는다. 둘째, 초임 보육교사는 초기 대처에 미흡하여 영유아의 행동을 다루는 데 어려움을 겪는다. 영유아와 상호작용을 할 때 경력 교사는 영유아의 행동 단서를 인식하여 동기를 유발할 뿐만 아니라, 문제 상황 시 적절하고 다양한 조절 전략을 사용하여 문제를 해결하는 반면, 초임 보육교사는 영유아의 문제가 되는 행동에 대한 예방과 조치가 다소 미흡하여 어려움을 경험한다. 셋째, 초임 보육교사는 첫날부터 경력 교사와 똑같은 역할 수행을 요구받지만 경험이 부족하여 다양한 어려움에 직면하고 능력의 한계를 경험하면서 좌절감을 경험할 수 있다.

보육교사로서 경험하는 첫해는 교사로서의 정체성을 형성하고, 변화와 성장을 가져올 수 있는 중요한 시기지만 상대적으로 많은 갈등과 혼란을 경험하는 시기이기도 하다. 그러므로 초임 보육교사는 자신이 경험하는 다양한 어려움을 극복하여 교사로서의 열정을 유지하고 효능감을 발달시킬 수 있도록 노력함으로써 이후의 교직 생활을 위한 기초를 마련하는 것이 중요하다. 대개 초임 보육교사는 다음과 같은 일련의 단계를 통해 어려움을 극복해 나간다(박은혜, 2020, pp. 240-243).

■ 1단계: 가르치는 일에 대한 기대의 단계

이 단계는 보육교사로서 자아개념이 가장 높을 때로서 취직을 해서 학급을 맡기 직전까지의 기간이다. 이 단계에서 초임 보육교사는 직전교육에서 배운 모든 내용을 종합하여 이상적으로 좋은 보육교사가 될 수 있을 것으로 기대한다.

■ 2단계: 하루살이와 같은 생존 단계

이 단계는 처음 보육교사가 되어 학급을 맡아 운영함으로써 어린이집에서 수행해야 할 기본적인 일들을 하면서 생존하기 위해 최선을 다한다.

초임 보육교사가 경험하는 기본적인 업무로는 영유아를 지도하기 위해 하루 일과를 계획하고 시간과 공간을 조직하기, 놀이와 활동을 준비하고, 수업하고, 평가하기, 보육실 환경 구성하기, 등·하원, 급·간식, 낮잠, 휴식, 안전지도 등의 수업 지원 업무 이행하기, 보육교직원 및 부모와의 관계 형성하기, 행정가들과 의사소통하기, 문서를 기록·보관·관리하기 등이 있다.

■ 3단계: 좌절 및 갈등의 단계

이 단계는 보육교사로서 영유아와 상호작용을 통한 보육활동을 시작한 지 1~2개월이 지난 때로 좌절과 갈등을 경험하여 보육교사로서의 자아개념이 가장 낮은 시기이다. 보육교사가 되기 이전에 가졌던 이상이 사라지고, 직전교육에서 배웠던 내용들을 실제로 적용하기 어려운 현실을 경험하며 이론과 실제의 괴리를 느낀다. 이 단계에서 초임 보육교사는 영유아의 개인차에 대처하기, 영유아에게 동기 부여하기, 부모와 좋은 관계 형성하기, 학급 업무 조직하기, 생활지도하기, 과중한 수업 부담 및 불충분한 준비시간으로 인한 부담감, 동료들과의 좋은 관계 유지, 기관의 정책과 규칙을 이해하는 등의 다양한 일들로 인해 좌절하고 갈등을 경험할 수 있다. 특히 유아반을 맡은 초임 보육교사에 비해 영아반을 담당하는 초임 보육교사는 영아 보육에 대한 지식과 이의 적용 능력이 부족하여 돌봄 중심의 보육교사 역할로 인해 그 어려움이 가중될 수 있다. 보육교사 대 영아 비율이 높은 열악한 보육 현실에서 반복되는 일상 생활지도로 인한 정신적 스트레스와 육체적 피로, 영아의 안전사고에 대한 불안 등은 초임 보육교사의 어려움 중 하나이다(박은혜, 2020, p. 242; 이완희, 박찬옥, 2005; 조혜진, 2007).

■ 4단계: 반성 및 회복의 단계

이 단계는 초임 보육교사가 몇 개월의 보육활동을 수행한 후 짧은 휴가 기간을 갖게 되면서 잠깐 자신을 되돌아보는 반성과 회복의 기회를 가질 수 있다. 휴가 기간 동안 초임 보육교사는 보수교육에 참여하거나 멘토링 등을 통해 에너지를 재충전하는 것이 필요하다. 그러나 이 단계에서 보육활동과 인간관계, 그리고 교수방법에 대한 어려움과 낮은 사회적 인식 등으로 생존과 좌절의 시간이 길어지면 보육현장을 떠날 가능성이 높아진다. 그럼에도 불구하고 대부분의 초임 보육교사는 이런 어려움을 극복하면서 보육교사로서 성장해 나간다.

참고 자료 4

초임 보육교사를 위한 조언

(1) 나 자신

- 우리는 '보육교사'임을 잊지 말자.
- 공과 사를 구분하자.
- 영유아들은 교사의 걷는 모습까지 닮는다는 것을 명심하자.
- 나의 발전을 위해 시간을 할애하자.
- 메모를 습관화하자.

(2) 영유아와의 관계

- 영유아와 스킨십을 많이 하자.
- 영유아를 훈육할 때는 공개적으로 하지 말자. 눈빛으로 조용히 따로 불러 이야기 나누자.
- 영유아는 재미있는 선생님을 좋아한다. 유머를 사용하자.
- 영유아와 부모를 진심으로 대하자.
- 영유아들의 이야기에 귀를 기울이자.
- 영유아에 대한 선입견을 버리자.
- 영유아의 감정 상태에 관심을 갖고 인정해 주자.
- 영유아를 늘 관찰하자.
- 조용하고 눈에 띄지 않는 영유아일수록 관심을 더 많이 갖자.
- 영유아를 편애하지 말자.
- 영유아에게 칭찬을 아끼지 말자.
- 늘 영유아들과 가까운 곳에 있자.
- 전체 영유아가 시야에 들어오는 곳에 있자.

(3) 수업

- 기관에 있는 자료를 충분히 살펴보고, 시간이 날 때마다 새로운 자료를 검토하자.
- 직전교육에서 배운 내용을 검토해 보자.
- 동료 보육교사들의 수업 기술을 배우려고 노력하자.
- 자신의 수업을 모니터링 해보자.
- 영유아들에게 많은 것을 알려주려 하기보다는 함께 알아가는 자세를 갖자.
- 누구에게 보이기 위한 환경구성보다는 영유아들을 먼저 고려하자.
- 항상 목표를 가지고 하루를 시작하자.
- 많은 정보를 얻고, 비판적으로 받아들여 내 것으로 만들자.

(4) 부모와의 관계

- 부모들을 진정하게 대하고 예의를 지키자.
- 부모의 입장이 되어 생각해 보자.

- 부모들과 영유아의 교육과 양육에 대해 함께 고민하자.
- 영유아들에 대해 부모들과 자주 소통하자.
- 부모와 사적인 관계를 맺지 말자.
- 영유아가 결석했을 때는 반드시 안부 전화를 하자.
- 영유아가 조금이라도 다쳤을 때는 상세히 상황을 전하자.

(5) 원내 인간관계

- 동료 보육교사들과 웃는 얼굴로 인사하며 하루를 시작하자.
- 경력 교사들의 행동, 태도 등을 비판적으로 수용하자.
- 동료 보육교사에게 사소한 것에도 감사의 마음을 전하자.
- 문제 상황이 발생하면 원장, 주임교사와 해결 방안을 함께 모색하자.
- 경력 보육교사나 원장의 지도와 안내를 긍정적으로 받아들이자.
- 건설적인 방향으로 의견을 교환하자.
- 편을 만들기보다 모든 사람과 원만하게 지내자.
- 동료 보육교사의 수업내용이나 기술에 대해 칭찬을 하자.
- 스스로 열심히 하는 모습을 보이자.
- 원장이나 주임교사와 원만한 관계를 유지하도록 노력하자.

출처: 염지숙 외(2015). 유아교사론(3판), pp. 320~322 내용 재구성

3. 보육교사의 직무만족도와 행복감의 이해와 증진

1) 보육교사의 직무만족도

보육교사의 직무만족도는 직무를 수행해나가는 과정이나 수행 결과에 따라 느끼는 욕구 충족의 정도를 의미하는 것이다. 이는 보육교사가 직무를 수행하는 과정에서 내·외적 욕구의 충족을 통해 그 직무에 대해 가지는 만족감이라고 할 수

있다. 이는 보육교사가 직무를 수행하는 과정에서 느끼는 개인적인 자기만족, 다양한 인간관계 등을 포함하는 환경적 만족, 보육교사가 속한 조직에서 주어지는 만족의 정도를 의미한다(서숙기, 2019).

또한, 보육교사의 직무만족도는 개인적인 측면에서 자신의 역할이나 임무에 대한 감정적인 평가로서 보육교사가 수행하는 보육활동뿐만 아니라, 이들과 관련되는 인간관계, 근무환경이나 복지 등에서 총체적으로 느끼는 성취감과 보람이라고 할 수 있다(조성연, 2005). 그리하여 보육교사의 직무만족도는 원장의 어린이집 운영방식과 교사에 대한 태도에 대한 만족, 보육교사직에 대한 사회적 인식 및 보수 등의 처우에 대한 만족, 보육교사로서의 역할을 수행하기에 적합한 환경과 복지 여건에 대한 만족, 보육활동과 관련된 업무의 강도와 개인 생활에 미치는 영향에 대한 만족, 동료 교사와의 관계에 대한 만족, 부모와의 관계에 대한 만족 등과 같은 전반적인 보육 영역을 포괄한다(조성연 외, 2011). 이러한 보육교사의 직무만족도는 이들이 보육교사 역할에서 보람을 느끼고 자신의 직무가 사회에 공헌한다는 의미를 부여하게 함으로써 영유아에 대한 양질의 보육을 수행하게 한다(이기향, 2005). 또한, 보육교사의 직무만족도는 직무에 대안 자긍심을 바탕으로 이직 의도를 낮추는 데 기여한다(최혜영 외, 2014).

보육교사의 직무만족도에는 원장의 역할도 중요하다(최혜영 외, 2014). 원장은 보육교사가 자기 자신에 대해 유능하다고 생각하고 조직에 필요한 사람이라고 느끼게 함으로써 보육교사가 자신감을 가지고 보다 안정적으로 일하도록 도와준다. 그러므로 원장의 리더십과 같은 특성은 보육교사의 직무만족도에 미치는 영향이 크다. 즉, 원장이 변혁적 · 감성적 · 서번트 리더십을 발휘할 때, 보육교사가 의사결정에 참여할 수 있는 협력적이고 긍정적인 조직문화일 때, 보육교사직에 대한 전문성 인식이 높을 때 보육교사로서의 직무만족도가 높다(서숙기, 2019).

보육교사의 직무만족도는 자신이 일하는 어린이집의 특성과 그에 따른 조직문화와도 관련된다(염지숙 외, 2015, pp. 248-250; 이경화 외, 2020, pp. 192-198).

첫째, 어린이집은 민간 중심의 소규모 조직 특성을 지닌다. 2021년 전국보육실태조사(양미선 외, 2021, pp. 51-53)에 따르면 개인이 설치 · 운영하는 민간과 가정 어린이집이 전체의 76.5%를 차지하고 있다. 이처럼 민간 의존도가 높아 설립자 개인의 의견에 따라 운영방식이 좌우되는 경우가 많고 소규모의 인원으로 운영되어 가족적 분위기가 강조되며, 원장 중심으로 의사결정 과정이 진행되는 위계적인 문화 특성을 보인다.

둘째, 여성 중심의 교사 구성과 연령 편중화 특성을 보인다. 2021년 보육통계(보건복지부, 2021, p.195)에 따르면 보육교사의 99. 5%가 여성이며, 연령대는 20대와 30대에 편중되는 현상을 보인다. 이에 구성원 간 친화를 중시하고 집단을 중시하는 집단 문화의 특성을 보이며, 보육교사 간 사적인 사항을 공유하고 서로 간 인간관계 형성에 주력하는 특성을 나타내고 공적인 일도 사적인 관계 속에서 처리하는 경향이 있어 과제수행과 업무처리에 부정적인 영향을 미칠 수도 있다.

셋째, 보육교사의 잦은 이직과 짧은 근무 기간의 특성을 보인다. 2021년 전국보육실태조사(양미선 외, 2021, p. 230)에 따르면 2020년 한 해 동안 어린이집을 그만둔 보육교사가 있는 어린이집은 72.6%였다.

이와 같은 어린이집의 조직문화 특성을 볼 때 보육교사의 직무만족도를 향상시키기 위해서는 교사 개인의 역량 증진과 더불어 원장의 합리적이고 협력적인 조직 분위기 형성과 보육교사의 성장을 지원할 수 있는 여건 마련 등이 이루어져야 한다.

활동 4

보육교사의 직무만족도 평가하기

※ 문항을 읽고 각 문항이 자신과 일치하는 정도에 대해 ✔표 해주십시오.

① 전혀 그렇지 않다 ② 대체로 그렇지 않다 ③ 거의 그렇지 않다 ④ 약간 그렇다 ⑤ 대체로 그렇다 ⑥ 매우 그렇다

문항	①	②	③	④	⑤	⑥
1. 보육교사는 사회적으로 인정받는 직업이다.						
2. 다른 사람에게 보육교사라고 당당하게 말한다.						
3. 사람들은 보육교사를 훌륭한 직업이라고 말한다.						
4. 보육교사는 다른 사람들에게 권할 만한 직업이다.						
5. 보육교사는 장래성이 있다.						
6. 다른 기회가 주어지더라도 보육교사를 계속 하겠다.						
7. 내가 받고 있는 보수는 적당하다.						
8. 내가 받고 있는 수당(예 시간외 근무수당 등)은 적정하다.						
9. 우리 어린이집에서 제공하는 휴가 기간은 적당하다.						
10. 우리 어린이집은 보육교사를 위한 복지후생시설(예 교사실 등)이 적절하게 갖추어져 있다.						
11. 원장은 나를 편안하게 해준다.						
12. 원장은 내가 직무상 무엇을 바라는지 안다.						
13. 어린이집을 떠나더라도 지금의 원장과 계속 관계를 유지할 것이다.						
14. 원장은 솔직한 태도로 나를 대한다.						
15. 원장은 교사들을 공평하게 대한다.						
16. 어린이집의 제반 문제에 대해 원장과 자유롭게 이야기한다.						
17. 원장은 직무상의 어려움에 관심을 가지고 공감해 준다.						
18. 나는 원장을 존경한다.						
19. 원장의 운영관과 업무처리방식이 적절하다.						

문항	①	②	③	④	⑤	⑥
20. 동료교사들과 일하는 것이 즐겁다.						
21. 동료교사들과 원만한 관계를 유지한다.						
22. 동료교사들은 어린이집 제반 업무에 협조적이다.						
23. 선임교사는 신입교사를 동료 교사로서 따뜻하게 대한다.						
24. 교사회의는 민주적이다.						
25. 부모들은 나에게 협조적이다.						
26. 부모들과의 관계가 편안하다.						
27. 부모들은 보육교사로서 나를 신뢰한다.						
28. 부모들은 어린이집에 협조적이다.						
29*. 보육활동 이외에 업무가 많다.						
30*. 장시간 근무로 인해 수업 준비 시간이 부족하다.						
31*. 각종 행사로 인해 준비할 것이 많다.						
32*. 장시간 근무로 개인생활에 제한을 받는다.						
33. 나의 업무량은 적당하다.						
34*. 외부행사 동원 등 보육활동과 관계없는 업무 때문에 힘들다.						
35. 우리 어린이집의 제반 시설은 영유아를 보육하기에 적합하다.						
36. 우리 어린이집에서는 교육자료와 비품, 소모품 등을 제때 공급해준다.						
37. 우리 어린이집의 교재교구활용과 관리는 효율적이다.						
38. 내가 담당한 학급의 보육실은 보육활동을 수행하기에 적합하다.						
39. 우리 어린이집은 보육교사의 새로운 교육적 시도를 격려한다.						
40. 우리 어린이집에서는 소신껏 보육활동을 수행할 수 있다.						

* 역채점

※ 직무만족도 하위 요인과 문항

하위 요인	문항 번호	문항 수
원장의 운영방식과 태도	11, 12, 13, 14, 15, 16, 17, 18. 19, 24	10
사회적 인식과 처우	1, 2, 3, 4, 5, 6, 7, 8	8
보육환경과 복지	9, 10, 35, 36, 37, 38, 39, 40	8
보육업무	29*, 30*, 31*,32*, 33, 34*	6
동료교사와의 관계	20, 21, 22, 23	4
부모와의 관계	25, 26, 27, 28	4
계		40

출처: 조성연 외(2011). 한국형 보육교사 직무만족척도(K-CTJSS)의 표준화를 위한 타당화 연구, pp. 6-7.

2) 보육교사의 행복감

보육교사의 행복감은 보육교사 자신뿐만 아니라 양질의 보육과 영유아의 행복감에 영향을 미친다. 행복한 보육교사는 자신의 교수효능감을 높게 지각하고, 자신을 사랑하고 자아존중감이 높으며, 자신의 일과 전문성 신장에 적극적일 뿐만 아니라, 영유아에게 적절한 상호작용을 해줌으로써 영유아의 행복과 발달에 긍정적 영향을 미친다(김병만, 김미진, 2017; 손혜숙, 2018; 황해익, 2013). 즉, 행복한 보육교사는 직무에 대한 만족도가 높고, 역으로 직무만족도가 높은 교사는 행복하다.

행복감과 관련하여 칙센트미하이(Chikszentmihalyi, 1997)와 디너(Diener, 1984)는 행복을 개인의 긍정적 정서와 삶의 만족도에 대한 중심 요인으로 보았다(김영미, 2021, 재인용). 또한 긍정심리학자인 셀리그먼(Seligman, 2014)은 행복에서 웰빙(well-being)을 강조하고 플로리시(flourish), 즉 개인이 가지고 있는 능력과 잠재력인 대표 강점을 발휘하는 과정에서 행복을 지속적으로 증진시키는 것을 목표로 하였다. 이를 위해 그는 행복에 대해 '긍정 정서(positive emotion)', '몰입(engagement)', '관계(relationship)', '의미(meaning)', '성취(accomplishment)'의 5가지 핵심 요소를 제안하였는데, 각 요소의 첫 글자를 따서 'PERMA'라고 하였다. '긍정 정서'는 우리가 주관적으로 느끼는 것, 즉 기쁨, 희열, 따뜻함, 자신감, 낙관성 등을 의미한다. '몰입'은 음악과 하나 되기, 시간 가는 줄 모르는 것, 특정 활동에 깊이 빠져든 동안 자각하지 못하는 것, 자발적으로 업무에 헌신하는 것을 의미한다. '관계'는 친구, 가족 등 타인과 함께하는 것을 의미하는데 혼자가 아닌 타인과 함께 하는 삶을 좋은 삶이라고 하였다. '의미'는 자아보다 더 중요하다고 믿는 어떤 것에 속하여 그것에 기여하는 것에 기초한다. '성취'는 자아 성장 등을 위해 목표를 이루고 그 자체가 좋아서 하는 것을 의미하며, 이것의 일시적인 상태는 업적이다(Selligman, 2014, pp. 27-28). 그리하여 셀리그먼은 감사일기 쓰기, 대표 강점 찾기 등 PERMA를 연습하고 훈련하는 의도적인 활동을 통해 자신의 행복감을 증진시킬 수 있다고 보았다.

보육교사의 행복감은 자아존중감, 회복탄력성, 정서지능, 인성 등과 같은 개인의 심리 특성적 요인의 영향이 매우 크다. 그 외에도 보육교사의 직무에 대한 만족, 교수몰입, 교수효능감, 교수 창의성, 전문성 인식과 같은 직무 특성과 조직문화, 조직 몰입, 근무환경과 같은 조직 특성 요인도 영향을 미친다(김영미, 2021). 그러므로 보육교사의 행복감 증진을 위해서는 교사 개인의 노력과 함께 근무환경의 개선과 개인의 역량 개발을 위한 행정적, 재정적 지원이 우선되어야 한다.

활동 5

나의 행복 그릇 채워가기

곰돌이 푸는 매일매일 행복하지는 않지만 행복한 일은 매일매일 있다고 했습니다. 행복은 정답이 없어요. 당신만의 기준으로 작은 행복을 그려보세요. 우리의 소소하지만, 확실한, 행복을 찾아봅시다.

1. 나의 '소.확.행.'을 3가지 이상 찾아 적어봅시다.

2. '소.확.행.' 실천 경험을 친구들과 이야기해봅시다.

3) 보육교사의 회복탄력성

보육교사의 회복탄력성은 다양한 상황에 긍정적으로 적응하며 역경에도 역량을 발휘하여 개인적 · 전문적 만족을 유지하는 긍정적인 힘으로서 효율적인 보육활동과 성공적인 학급운영, 직무만족도에 영향을 미친다(Bobek, 2002). 보육교사의 회복탄력성은 영유아 보육을 수행하면서 경험하는 크고 작은 스트레스와 심리적 소진을 완화하고 예방하는 역할을 한다. 또한, 보육교사의 자아존중감, 교수자신감, 심리적 안녕감 등을 향상시킨다. 뿐만 아니라 보육교사의 회복탄력성은 영유아, 부모, 동료 교사 등 다양한 사회적 대상과의 긍정적 관계 형성에 기여하며, 교사-유아 관계를 긍정적으로 유지하고 보육의 목표를 성취할 수 있도록 하는 데도 기여한다(김주환, 2011; 박은혜, 전샛별, 2010; 임해은, 권연희, 2015; 홍희주, 2022; 황해익 외, 2014; Gu & Day, 2007).

보육교사의 회복탄력성은 보육에 대한 사명감과 주인의식, 자기 발전을 위한 지속적 노력을 통한 보육교사로서의 자질과 역량 개발, 성취, 긍정적 정신과 태도를 지닐 때 향상될 수 있다. 보육교사의 회복탄력성은 교사가 가진 개인적, 사회적, 환경적 요인을 모두 고려한 복합적이고 역동적 개념으로서 보육교사의 노력으로 향상될 수 있다(권수현, 2015; Gu & Day, 2007). 따라서 보육교사의 회복탄력성을 높이는 데에는 가르치는 일을 함께하고 서로 격려해주고 상호 협력해주는 동료 교사, 원장, 부모, 지역사회와의 관계가 중요하다.

활동 6

나의 회복탄력성 평가하기

※ 문항을 읽고 각 문항이 자신과 일치하는 정도에 대해 ✔표 해주십시오.

① 전혀 그렇지 않다 ② 별로 그렇지 않다 ③ 그저 그렇다 ④ 대체로 그렇다 ⑤ 매우 그렇다

문항	①	②	③	④	⑤
1. 나는 어려운 일이 닥쳤을 때 감정을 통제할 수 있다.					
2. 내가 무슨 생각을 하면 그 생각이 내 기분에 어떤 영향을 미칠지 알 수 있다.					
3. 논쟁거리가 되는 문제를 가족이나 친구들과 토론할 때 내 감정을 통제할 수 있다.					
4. 나는 집중해야 할 중요한 일이 생기면 스트레스를 받는 편이다.					
5. 나는 내 감정에 잘 휘말린다.					
6. 때때로 내 감정적인 문제 때문에 나는 학교나 직장에서 공부하거나 일할 때 집중하기가 힘들다.					
7. 당장 해야 할 일이 있으면 나는 어떤 유혹이나 방해도 이겨내고 할 일을 한다.					
8. 아무리 당황스럽고 어려운 상황이 닥쳐도, 나는 내가 어떤 생각을 하고 있는지 스스로 잘 안다.					
9. 누군가가 나에게 화를 낼 경우 나는 그 사람의 의견을 먼저 듣는다.					
10. 일이 생각대로 안 풀리면 나는 쉽게 포기하는 편이다.					
11. 나는 평소 경제적인 소비나 지출 규모에 대해 별다른 계획 없이 지낸다.					
12. 나는 미리 계획을 세우기보다는 즉흥적으로 일을 처리하는 편이다.					
13. 나는 문제가 생기면 여러 가지 가능한 해결 방안에 대해 먼저 생각한 후에 해결하려 한다.					
14. 나는 어려운 일이 생기면 그 원인이 무엇인지 신중하게 생각한 후에 그 문제를 해결하려고 노력한다.					

문항	①	②	③	④	⑤
15. 나는 대부분의 상황에서 문제의 원인을 잘 알고 있다고 믿는다.					
16. 나는 사건이나 상황을 잘 파악하지 못한다는 이야기를 듣는다.					
17. 문제가 생기면 나는 성급하게 결론을 내린다는 이야기를 듣는다.					
18. 어려운 일이 생기면, 그 원인을 완전히 이해하지 못했다 하더라도 일단 빨리 해결하는 것이 좋다고 생각한다.					
19. 나는 분위기나 대화 상대에 따라 대화를 이끌어 갈 수 있다.					
20. 나는 재치 있는 농담을 잘한다.					
21. 나는 내가 표현하고자 하는 바에 대한 적절한 문구나 단어를 잘 찾아낸다.					
22. 나는 윗사람과 대화하는 것이 부담스럽다.					
23. 나는 대화 중에 다른 생각을 하느라 대화 내용을 놓칠 때가 있다.					
24. 나는 대화를 할 때 하고 싶은 말을 다 하지 못하고 주저할 때가 있다.					
25. 나는 사람들의 얼굴표정을 보면 어떤 감정인지 알 수 있다.					
26. 나는 슬퍼하거나 화를 내거나 당황하는 사람을 보면 그들이 어떤 생각을 하는지 알 수 있다.					
27. 동료가 화를 낼 경우 나는 그 이유를 안다.					
28. 때때로 나는 사람들의 행동방식을 이해하기 힘들다.					
29. 친한 친구나 애인 혹은 배우자로부터 "당신은 나를 이해 못해."라는 말을 듣는다.					
30. 동료와 친구들은 내가 자신들의 말을 잘 듣지 않는다고 말한다.					
31. 나는 내 주변 사람들로부터 사랑과 관심을 받는다.					
32. 나는 내 친구들을 좋아한다.					
33. 내 주변 사람들은 내 기분을 이해한다.					
34. 나는 서로 도움을 주고받는 친구가 없다.					

문항	①	②	③	④	⑤
35. 나와 정기적으로 만나는 사람들은 나를 싫어한다.					
36. 나는 마음을 터놓고 이야기할 수 있는 친구가 없다.					
37. 나는 열심히 일하면 언제나 보답이 있을 것이라고 생각한다.					
38. 나는 아무리 어려운 문제라도 해결할 수 있다고 믿는 것이 좋다고 생각한다.					
39. 어려운 상황이 닥쳐도 나는 모든 일이 다 잘 해결될 거라고 확신한다.					
40. 내가 어떤 일을 마치고 나면, 주변 사람들이 나를 부정적으로 평가할까 봐 걱정된다.					
41. 나에게 일어나는 대부분의 문제들은 나로서는 어쩔 수 없는 상황에 의해 발생한다고 믿는다.					
42. 누가 나의 미래에 대해 물어보면, 나는 성공한 나의 모습을 상상하기 힘들다.					
43. 내 삶은 내가 생각하는 이상적인 삶에 가깝다.					
44. 내 인생의 여러 가지 조건들은 만족스럽다.					
45. 나는 내 삶에 만족한다.					
46. 나는 내 삶에서 중요하다고 생각한 것들은 다 갖고 있다.					
47. 나는 다시 태어나도 나의 현재 삶을 다시 살고 싶다.					
48. 나는 많은 사람들에게 고마움을 느낀다.					
49. 내가 고맙게 여기는 것들을 모두 적는다면, 아주 긴 목록이 될 것이다.					
50. 나이가 들어갈수록 내 삶의 일부가 된 사람, 사건, 생활에 대해 감사하는 마음이 커져간다.					
51. 나는 감사해야 할 것이 별로 없다.					
52. 세상을 둘러볼 때, 내가 고마워할 것은 별로 없다.					
53. 나는 사람이나 일에 대한 고마움을 시간이 한참 지난 후에야 느낀다.					

단계	한국형 회복탄력성 지수(KRQ-53) 채점 방법
1단계	4, 5, 6, 10, 11, 12, 16, 17, 18, 22, 23, 24, 28, 29, 30, 34, 35, 36, 40, 41, 42, 51, 52, 53번 문항 역채점
2단계	(1) 1~6번 문항의 합: 감정조절력 (2) 7~12번 문항의 합: 충동 통제력 (3) 13~18번 문항의 합: 원인 분석력 → (1) + (2) + (3) = 자기조절력 (4) 19~24번 문항의 합: 소통능력 (5) 25~30번 문항의 합: 공감능력 (6) 31~36번 문항의 합: 자아확장력 → (4) + (5) + (6) = 대인관계능력 (7) 37~42번 문항의 합: 긍정성 (8) 43~47번 문항의 합: 삶에 대한 만족도 (9) 48~53번 문항의 합: 감사하기 → (7) + (8) + (9) = 긍정성
3단계	회복탄력성 총점 = 자기조절력 + 대인 관계 + 긍정성

출처: 김주환(2011). 회복탄력성, pp. 66-72 내용 재구성

생각해볼 문제

1. 보육교사의 정신건강을 어렵게 하는 요인에 대해 생각해봅시다.
2. 보육교사의 직무스트레스와 소진 관리를 위해 개인과 기관 차원의 노력 방안에 대해 생각해봅시다.
3. 초임 보육교사가 가져야 할 바람직한 자세에 대해 생각해봅시다.
4. 보육교사의 직무만족도와 행복감 증진을 위해 개인과 기관 차원의 노력 방안에 대해 생각해봅시다.

CHAPTER

A

부록

- 영유아보육법
- 인성교육진흥법

영유아보육법

[시행 2022. 12. 11.] [법률 제18899호, 2022. 6. 10., 일부개정]

보건복지부(보육정책과) 044-202-3551

제1장 총칙 〈개정 2007. 10. 17.〉

제1조(목적) 이 법은 영유아(嬰幼兒)의 심신을 보호하고 건전하게 교육하여 건강한 사회 구성원으로 육성함과 아울러 보호자의 경제적 · 사회적 활동이 원활하게 이루어지도록 함으로써 영유아 및 가정의 복지 증진에 이바지함을 목적으로 한다. 〈개정 2011. 8. 4.〉

[전문개정 2007. 10. 17.]

제2조(정의) 이 법에서 사용하는 용어의 뜻은 다음과 같다. 〈개정 2008. 12. 19., 2011. 6. 7.〉

1. "영유아"란 6세 미만의 취학 전 아동을 말한다.
2. "보육"이란 영유아를 건강하고 안전하게 보호 · 양육하고 영유아의 발달 특성에 맞는 교육을 제공하는 어린이집 및 가정양육 지원에 관한 사회복지서비스를 말한다.
3. "어린이집"이란 보호자의 위탁을 받아 영유아를 보육하는 기관을 말한다.
4. "보호자"란 친권자 · 후견인, 그 밖의 자로서 영유아를 사실상 보호하고 있는 자를 말한다.
5. "보육교직원"이란 어린이집 영유아의 보육, 건강관리 및 보호자와의 상담, 그 밖에 어린이집의 관리 · 운영 등의 업무를 담당하는 자로서 어린이집의 원장 및 보육교사와 그 밖의 직원을 말한다.

[전문개정 2007. 10. 17.]

제3조(보육 이념) ① 보육은 영유아의 이익을 최우선적으로 고려하여 제공되어야 한다.

② 보육은 영유아가 안전하고 쾌적한 환경에서 건강하게 성장할 수 있도록 하여야 한다.

③ 영유아는 자신이나 보호자의 성, 연령, 종교, 사회적 신분, 재산, 장애, 인종 및 출생지역 등에 따른 어떠한 종류의 차별도 받지 아니하고 보육되어야 한다. 〈개정 2011. 8. 4.〉

[전문개정 2007. 10. 17.]

제4조(책임) ① 모든 국민은 영유아를 건전하게 보육할 책임을 진다.

② 국가와 지방자치단체는 보호자와 더불어 영유아를 건전하게 보육할 책임을 지며, 이에

필요한 재원을 안정적으로 확보하도록 노력하여야 한다. 〈개정 2013. 1. 23.〉

③ 특별자치시장 · 특별자치도지사 · 시장 · 군수 · 구청장(자치구의 구청장을 말한다. 이하 같다)은 영유아의 보육을 위한 적절한 어린이집을 확보하여야 한다. 〈개정 2011. 6. 7., 2011. 8. 4., 2020. 12. 29.〉

④ 국가와 지방자치단체는 보육교직원의 양성, 근로여건 개선 및 권익 보호를 위하여 노력하여야 한다. 〈신설 2015. 5. 18., 2020. 12. 29.〉

[전문개정 2007. 10. 17.]

제5조 삭제 〈2020. 12. 29.〉

제6조(보육정책위원회) ① 보육에 관한 각종 정책 · 사업 · 보육지도 및 어린이집 평가에 관한 사항 등을 심의하기 위하여 보건복지부에 중앙보육정책위원회를, 특별시 · 광역시 · 특별자치시 · 도 · 특별자치도(이하 "시 · 도"라 한다) 및 시 · 군 · 구(자치구를 말한다. 이하 같다)에 지방보육정책위원회를 둔다. 다만, 지방보육정책위원회는 그 기능을 담당하기에 적합한 다른 위원회가 있고 그 위원회의 위원이 제2항에 따른 자격을 갖춘 경우에는 시 · 도 또는 시 · 군 · 구의 조례로 정하는 바에 따라 그 위원회가 지방보육정책위원회의 기능을 대신할 수 있다. 〈개정 2008. 2. 29., 2010. 1. 18., 2011. 6. 7., 2018. 12. 11., 2020. 12. 29.〉

② 제1항에 따른 중앙보육정책위원회와 지방보육정책위원회(이하 "보육정책위원회"라 한다)의 위원은 보육전문가, 어린이집의 원장 및 보육교사 대표, 보호자 대표 또는 공익을 대표하는 자, 관계 공무원 등으로 구성한다. 〈개정 2011. 6. 7.〉

③ 보육정책위원회의 구성 · 기능 및 운영 등에 필요한 사항은 대통령령으로 정한다.

[전문개정 2007. 10. 17.]

제7조(육아종합지원센터) ① 영유아에게 제26조의2에 따른 시간제보육 서비스를 제공하거나 보육에 관한 정보의 수집 · 제공 및 상담을 위하여 보건복지부장관은 중앙육아종합지원센터를, 특별시장 · 광역시장 · 특별자치시장 · 도지사 · 특별자치도지사(이하 "시 · 도지사"라 한다) 및 시장 · 군수 · 구청장은 지방육아종합지원센터를 설치 · 운영하여야 한다. 이 경우 필요하다고 인정하는 경우에는 영아 · 장애아 보육 등에 관한 육아종합지원센터를 별도로 설치 · 운영할 수 있다. 〈개정 2008. 2. 29., 2010. 1. 18., 2013. 6. 4., 2018. 12. 24.〉

② 제1항에 따른 중앙육아종합지원센터와 지방육아종합지원센터(이하 "육아종합지원센터"라 한다)에는 육아종합지원센터의 장과 보육에 관한 정보를 제공하는 보육전문요원

및 보육교직원의 정서적 · 심리적 상담 등의 업무를 하는 상담전문요원 등을 둔다. 〈개정 2013. 6. 4., 2015. 5. 18.〉

③ 삭제 〈2011. 8. 4.〉

④ 보건복지부장관은 업무의 효율적인 수행을 위하여 대통령령으로 정하는 공공기관 또는 민간기관 · 단체 등을 제1항에 따른 중앙육아종합지원센터로 지정한다. 〈신설 2021. 12. 21.〉

⑤ 육아종합지원센터의 설치 · 운영 및 기능, 육아종합지원센터의 장과 보육전문요원 및 상담전문요원의 자격 및 직무 등에 필요한 사항은 대통령령으로 정한다. 〈개정 2011. 8. 4., 2013. 6. 4., 2015. 5. 18., 2021. 12. 21.〉

⑥ 육아종합지원센터의 안전사고 예방 및 사고에 따른 영유아 생명 · 신체 등의 피해보상에 관하여는 제31조의2를 준용한다. 이 경우 "어린이집"은 "육아종합지원센터"로, "어린이집의 원장"은 "육아종합지원센터의 장"으로 본다. 〈신설 2020. 12. 29., 2021. 12. 21.〉

[전문개정 2007. 10. 17.]

[제목개정 2013. 6. 4.]

제8조(한국보육진흥원의 설립 및 운영) ① 보육서비스의 질 향상을 도모하고 보육정책을 체계적으로 지원하기 위하여 한국보육진흥원(이하 "진흥원"이라 한다)을 설립한다.

② 진흥원은 다음 각 호의 업무를 수행한다.

1. 어린이집 평가척도 개발
2. 보육사업에 관한 교육 · 훈련 및 홍보
3. 영유아 보육프로그램 및 교재 · 교구 개발
4. 보육교직원 연수프로그램 개발 및 교재 개발
5. 이 법에 따라 보건복지부장관으로부터 위탁받은 업무
6. 그 밖에 보육정책과 관련하여 보건복지부장관이 필요하다고 인정하는 업무

③ 진흥원은 법인으로 하고, 주된 사무소의 소재지에 설립등기를 함으로써 성립한다.

④ 진흥원은 보조금, 기부금, 그 밖의 수입금으로 운영한다.

⑤ 보건복지부장관은 진흥원의 운영에 필요한 경비를 예산의 범위에서 지원할 수 있다.

⑥ 진흥원은 제2항제3호 및 제4호의 업무를 관련 전문기관 등에 위탁할 수 있다.

⑦ 진흥원에 관하여 이 법과 「공공기관의 운영에 관한 법률」에서 정한 사항 외에는 「민법」

중 재단법인에 관한 규정을 준용한다.

[전문개정 2018. 12. 11.]

제9조(보육 실태 조사) ① 보건복지부장관은 이 법의 적절한 시행을 위하여 보육 실태 조사를 3년마다 실시하고 그 결과를 공표하여야 한다. 〈개정 2008. 2. 29., 2010. 1. 18., 2011. 6. 7., 2020. 12. 29.〉

② 보건복지부장관은 제1항에 따른 보육 실태 조사를 위하여 어린이집 설치·운영자와 관계 기관·법인·단체의 장에게 필요한 자료의 제출 또는 의견의 진술을 요청할 수 있다. 이 경우 요청을 받은 자는 정당한 사유가 없으면 이에 협조하여야 한다. 〈신설 2020. 12. 29.〉

③ 제1항에 따른 보육 실태 조사의 방법·내용 및 결과 공표 등에 필요한 사항은 보건복지부령으로 정한다. 〈개정 2008. 2. 29., 2010. 1. 18., 2020. 12. 29.〉

[전문개정 2007. 10. 17.]

제9조의2(보호자 교육) ① 국가와 지방자치단체는 영유아의 보호자에게 영유아의 성장·양육 방법, 보호자의 역할, 영유아의 인권 및 아동학대 예방 등에 대한 교육을 실시하여야 한다. 〈개정 2021. 8. 17.〉

② 보건복지부장관 또는 지방자치단체의 장은 예산의 범위에서 제1항에 따른 교육에 필요한 비용을 보조할 수 있다.

③ 제1항에 따른 교육의 내용, 실시 방법 등에 필요한 사항은 보건복지부령으로 정한다.

[본조신설 2017. 3. 14.]

제9조의3(보육통합정보시스템 구축·운영) ① 보건복지부장관은 이 법에 따른 보육업무에 필요한 각종 자료 또는 정보의 효율적 처리와 기록·관리 업무의 전자화를 위하여 보육통합정보시스템을 구축·운영할 수 있다.

② 보건복지부장관은 제1항에 따른 보육통합정보시스템(이하 "보육정보시스템"이라고 한다)을 구축·운영하는 데 필요한 자료로서 다음 각 호의 어느 하나에 해당하는 자료를 수집·관리·보유할 수 있으며, 관계 기관 및 단체의 장에게 필요한 자료의 제공을 요청할 수 있다. 이 경우 요청을 받은 관계 기관 및 단체의 장은 정당한 사유가 없으면 요청에 따라야 한다.

1. 제19조 및 제20조에 따른 보육교직원의 임면 및 결격사유 등에 관한 자료
2. 제21조 및 제22조에 따른 어린이집의 원장 또는 보육교사의 자격검정 및 자격증 교부

등에 관한 자료

3. 제26조에 따른 취약보육에 관한 자료
4. 제27조에 따른 어린이집 이용대상에 관한 자료
5. 제28조에 따른 보육의 우선 제공에 관한 자료
6. 제30조에 따른 어린이집 평가에 관한 자료
7. 제31조 및 제31조의3에 따른 건강관리 및 예방접종 등에 관한 자료
8. 제31조의2에 따른 어린이집 안전공제사업 등에 관한 자료
9. 제34조의3에 따른 보육서비스 이용권의 지급 및 이용에 관한 자료
10. 제36조에 따른 보육사업에 드는 비용의 보조에 관한 자료
11. 제46조부터 제48조까지의 규정에 따른 어린이집 원장 및 보육교사의 자격정지 및 자격취소에 관한 자료
12. 그 밖에 보육 사업 실시에 필요한 자료로서 대통령령으로 정하는 자료

③ 보건복지부장관은 보육정보시스템의 구축 · 운영에 관한 사무를 수행하기 위하여 불가피한 경우 「개인정보 보호법」 제23조에 따른 건강에 관한 정보(건강관리, 건강검진 관련 정보로 한정한다)나 같은 법 제24조에 따른 고유식별정보가 포함된 자료를 처리할 수 있다. 이 경우 보건복지부장관은 「개인정보 보호법」에 따라 해당 정보를 보호하여야 한다.

④ 보육정보시스템은 「사회보장기본법」 제37조제2항에 따른 사회보장정보시스템과 연계하여 활용할 수 있다.

⑤ 보육정보시스템의 구축 · 운영에 필요한 사항은 대통령령으로 정한다.

[본조신설 2020. 12. 29.]

제2장 어린이집의 설치 〈개정 2011. 6. 7.〉

제10조(어린이집의 종류) 어린이집의 종류는 다음 각 호와 같다. 〈개정 2011. 6. 7., 2011. 8. 4., 2016. 2. 3., 2017. 3. 14.〉

1. 국공립어린이집 : 국가나 지방자치단체가 설치 · 운영하는 어린이집
2. 사회복지법인어린이집 : 「사회복지사업법」 에 따른 사회복지법인(이하 "사회복지법인" 이라 한다)이 설치 · 운영하는 어린이집

3. 법인 · 단체등어린이집: 각종 법인(사회복지법인을 제외한 비영리법인)이나 단체 등이 설치 · 운영하는 어린이집으로서 대통령령으로 정하는 어린이집

4. 직장어린이집 : 사업주가 사업장의 근로자를 위하여 설치 · 운영하는 어린이집(국가나 지방자치단체의 장이 소속 공무원 및 국가나 지방자치단체의 장과 근로계약을 체결한 자로서 공무원이 아닌 자를 위하여 설치 · 운영하는 어린이집을 포함한다)

5. 가정어린이집 : 개인이 가정이나 그에 준하는 곳에 설치 · 운영하는 어린이집

6. 협동어린이집 : 보호자 또는 보호자와 보육교직원이 조합(영리를 목적으로 하지 아니하는 조합에 한정한다)을 결성하여 설치 · 운영하는 어린이집

7. 민간어린이집 : 제1호부터 제6호까지의 규정에 해당하지 아니하는 어린이집

[전문개정 2007. 10. 17.]

[제목개정 2011. 6. 7.]

제11조(보육계획의 수립 및 시행) ① 보건복지부장관, 시 · 도지사 및 시장 · 군수 · 구청장은 보육사업을 원활하게 추진하기 위하여 보건복지부장관의 경우에는 중앙보육정책위원회, 그 밖의 경우에는 각 지방보육정책위원회의 심의를 거쳐 어린이집 수급계획 등을 포함한 보육계획을 수립 · 시행하여야 한다. 이 경우 보육계획에는 국공립어린이집의 공급에 관한 계획 및 목표가 포함되어야 한다. 〈개정 2008. 2. 29., 2010. 1. 18., 2011. 6. 7., 2013. 8. 13.〉

② 보건복지부장관, 시 · 도지사 및 시장 · 군수 · 구청장은 제1항에 따른 보육계획의 수립 · 시행을 위하여 필요하면 어린이집, 보육 관련 법인 · 단체 등에 대하여 자료 제공 등의 협조를 요청할 수 있으며, 그 요청을 받은 어린이집과 보육 관련 법인 · 단체 등은 정당한 사유가 없으면 요청에 따라야 한다. 〈개정 2008. 2. 29., 2010. 1. 18., 2011. 6. 7.〉

③ 제1항에 따른 보육계획의 내용, 수립 시기 및 절차 등에 필요한 사항은 대통령령으로 정한다.

[전문개정 2007. 10. 17.]

제11조의2(어린이집 또는 어린이집용지 확보) 시 · 도지사, 시장 · 군수 · 구청장은 「도시개발법」, 「도시 및 주거환경정비법」, 「택지개발촉진법」, 「산업입지 및 개발에 관한 법률」 및 「공공주택 특별법」 등에 따라 시행하는 개발 · 정비 · 조성사업에 어린이집 또는 어린이집용지가 확보될 수 있도록 노력하여야 한다. 〈개정 2009. 3. 20., 2011. 6. 7., 2011. 8. 4., 2014. 1. 14., 2015. 8. 28.〉

[본조신설 2008. 1. 17.]

[제목개정 2011. 6. 7.]

제12조(국공립어린이집의 설치 등) ① 국가나 지방자치단체는 국공립어린이집을 설치 · 운영하여야 한다. 이 경우 국공립어린이집은 제11조의 보육계획에 따라 다음 각 호의 지역에 우선적으로 설치하여야 한다. 〈개정 2011. 6. 7., 2013. 8. 13., 2017. 3. 14., 2018. 12. 24.〉

1. 도시 저소득주민 밀집 주거지역 및 농어촌지역 등 취약지역
2. 삭제 〈2018. 12. 24.〉
3. 「산업입지 및 개발에 관한 법률」 제2조제8호에 따른 산업단지 지역

② 국가나 지방자치단체가 제1항에 따라 국공립어린이집을 설치할 경우 제6조제1항에 따른 지방보육정책위원회의 심의를 거쳐야 한다. 〈신설 2018. 12. 24.〉

③ 국가나 지방자치단체는 「주택법」 제2조제3호에 따른 공동주택에 같은 법 제35조에 따라 설치되어야 하는 어린이집을 국공립어린이집으로 운영하여야 한다. 다만, 「공동주택관리법」 제2조제1항제7호에 따른 입주자등의 과반수가 국공립어린이집으로의 운영에 찬성하지 아니하는 경우 등 대통령령으로 정하는 경우에는 그러하지 아니하다. 〈신설 2018. 12. 24., 2020. 12. 29.〉

④ 제3항에 따라 국공립어린이집을 설치 · 운영하여야 하는 공동주택의 규모와 국공립어린이집의 설치 · 운영에 필요한 사항은 대통령령으로 정한다. 〈신설 2018. 12. 24.〉

[전문개정 2007. 10. 17.]

[제목개정 2011. 6. 7.]

제13조(국공립어린이집 외의 어린이집의 설치) ① 국공립어린이집 외의 어린이집을 설치 · 운영하려는 자는 특별자치시장 · 특별자치도지사 · 시장 · 군수 · 구청장의 인가를 받아야 한다. 인가받은 사항 중 중요 사항을 변경하려는 경우에도 또한 같다. 〈개정 2011. 6. 7., 2011. 8. 4., 2020. 12. 29.〉

② 특별자치시장 · 특별자치도지사 · 시장 · 군수 · 구청장은 제1항에 따른 인가를 할 경우 해당 지역의 보육 수요를 고려하여야 한다. 〈신설 2019. 1. 15., 2020. 12. 29.〉

③ 제1항에 따라 어린이집의 설치인가를 받은 자는 어린이집 방문자 등이 볼 수 있는 곳에 어린이집 인가증을 게시하여야 한다. 〈신설 2011. 8. 4., 2019. 1. 15.〉

④ 제1항에 따른 인가에 필요한 사항은 보건복지부령으로 정한다. 〈개정 2008. 2. 29.,

2010. 1. 18., 2011. 8. 4., 2019. 1. 15.〉

[전문개정 2007. 10. 17.]

[제목개정 2011. 6. 7.]

제14조(직장어린이집의 설치 등) ① 대통령령으로 정하는 일정 규모 이상의 사업장의 사업주는 직장어린이집을 설치하여야 한다. 다만, 사업장의 사업주가 직장어린이집을 단독으로 설치할 수 없을 때에는 사업주 공동으로 직장어린이집을 설치·운영하거나, 지역의 어린이집과 위탁계약을 맺어 근로자 자녀의 보육을 지원(이하 이 조에서 "위탁보육"이라 한다)하여야 한다. 〈개정 2011. 6. 7., 2014. 5. 20.〉

② 제1항 단서에 따라 사업장의 사업주가 위탁보육을 하는 경우에는 사업장 내 보육대상이 되는 근로자 자녀 중에서 위탁보육을 받는 근로자 자녀가 보건복지부령으로 정하는 일정 비율 이상이 되도록 하여야 한다. 〈개정 2008. 2. 29., 2010. 1. 18., 2011. 6. 7., 2014. 5. 20.〉

③ 제1항에 따른 어린이집의 설치 및 위탁보육에 필요한 사항은 보건복지부령으로 정한다. 〈신설 2014. 5. 20.〉

[전문개정 2007. 10. 17.]

[제목개정 2011. 6. 7.]

제14조의2(직장어린이집 설치의무 미이행 사업장 명단 공표 등) ① 보건복지부장관 및 대통령령으로 정하는 기관("조사기관"이라 한다. 이하 이 조에서 같다)의 장은 제14조에 따른 직장어린이집 설치 등 의무 이행에 관한 실태 조사를 매년 실시하여야 하고, 실태 조사 대상 사업장의 사업주는 특별한 사정이 없으면 이에 따라야 한다. 이 경우, 조사기관의 장은 실태 조사를 완료한 후 그 결과를 보건복지부장관에게 통보하여야 한다. 〈개정 2022. 6. 10.〉

② 보건복지부장관은 제1항에 따른 실태조사 결과 직장어린이집 설치 등의 의무를 이행하지 아니한 사업장 및 실태조사에 불응한 사업장("미이행 사업장"이라 한다. 이하 이 조에서 같다)의 명단을 공표할 수 있다. 다만, 대통령령으로 정하는 사유가 있는 경우에는 그러하지 아니하다. 〈개정 2014. 5. 20.〉

③ 제2항에 따른 명단 공표 여부를 심의하기 위하여 보건복지부에 직장어린이집명단공표심의위원회(이하 이 조에서 "위원회"라 한다)를 둔다. 이 경우 위원회의 위원은 위원장을 포함하여 5인 이상으로 구성하고 다음 각 호의 어느 하나에 해당하는 사람 중에서 보건복지부장관이 임명 또는 위촉한다. 〈개정 2014. 5. 20.〉

1. 보건복지부에서 보육정책을 담당하는 3급 공무원 또는 고위공무원단에 속하는 일반직 공무원
2. 변호사 등 법률 전문가
3. 근로자를 대표하는 사람
4. 사업주를 대표하는 사람
5. 공익을 대표하는 사람
6. 그 밖에 보육전문가 등 대통령령으로 정하는 사람

④ 보건복지부장관은 위원회의 심의를 거친 명단공표 대상 사업장의 사업주에게 대통령령으로 정하는 바에 따라 명단 공표 대상자임을 통지하여 소명기회를 주어야 한다.

⑤ 제2항에 따른 공표는 보건복지부 · 고용노동부의 홈페이지에 1년간 게시하고, 2개 이상 일간지에 게재하는 방법으로 한다. 〈개정 2014. 5. 20.〉

⑥ 제1항부터 제3항까지의 규정에 따른 직장어린이집 설치 등 의무 이행에 관한 실태 조사의 내용과 방법, 미이행 사업장 명단 공표와 관련하여 필요한 사항 및 위원회의 설치 · 운영 등에 필요한 사항 은 대통령령으로 정한다.

[본조신설 2011. 12. 31.]

제15조(어린이집 설치기준) 어린이집을 설치 · 운영하려는 자는 보건복지부령으로 정하는 설치기준을 갖추어야 한다. 다만, 놀이터, 비상재해대비시설 및 폐쇄회로 텔레비전의 설치와 관련된 사항은 각각 제15조의2부터 제15조의4까지에 따른다. 〈개정 2008. 2. 29., 2010. 1. 18., 2011. 6. 7., 2011. 12. 31., 2015. 5. 18.〉

[전문개정 2007. 10. 17.]

[제목개정 2011. 6. 7.]

제15조의2(놀이터 설치) ① 어린이집을 설치 · 운영하는 자는 놀이터를 설치하여야 하며 설치에 관한 기준은 보건복지부령으로 정한다. 다만, 다음 각 호의 어느 하나에 해당하는 어린이집은 그러하지 아니한다.

1. 보육 정원 50명 미만인 어린이집
2. 100미터 이내에 보건복지부령으로 정하는 기준을 충족하는 놀이터가 설치되어 있는 어린이집

② 제1항에도 불구하고 특별자치시장 · 특별자치도지사 · 시장 · 군수 · 구청장은 제6조제

1항에 따른 지방보육정책위원회의 심의를 거쳐 2005년 1월 29일 이전에 인가받은 어린이집이 도심지 및 도서 · 벽지 등 지역의 여건상 놀이터를 설치하기 곤란한 경우로서 보육상 지장이 없다고 인정하는 경우에는 놀이터를 설치하지 아니하거나 놀이터 설치 기준을 완화하여 변경인가할 수 있다. 〈개정 2020. 12. 29.〉

[본조신설 2011. 6. 7.]

제15조의3(비상재해대비시설) ① 어린이집을 설치 · 운영하는 자는 반드시 1층과 2층 이상 등 종류별 비상재해대비시설을 설치하여야 하며 설치에 관한 기준은 보건복지부령으로 정한다.

② 제1항에도 불구하고 특별자치시장 · 특별자치도지사 · 시장 · 군수 · 구청장은 2009년 7월 3일 이전에 이미 인가받은 어린이집("기인가 어린이집"이라 한다. 이하 이 조에서 같다)이 비상재해 대비에 지장이 없다고 판단할 경우 종전 인가당시 기준을 적용할 수 있다. 이 경우, 특별자치시장 · 특별자치도지사 · 시장 · 군수 · 구청장은 기인가 어린이집이 비상재해 대비에 지장이 없는지 여부를 판단하기 위해 비상재해대비시설기준 심의위원회를 구성 · 운영하여야 하며 해당 위원회의 심의를 반드시 거쳐야 한다. 〈개정 2020. 12. 29.〉

③ 제2항에 따른 비상재해대비시설기준 심의위원회의 위원은 5명 이상으로 하며 다음 각 호의 어느 하나에 해당하는 사람 중에서 특별자치시장 · 특별자치도지사 · 시장 · 군수 · 구청장이 임명하거나 위촉한다. 이 경우 전체 위원의 2분의 1 이상은 제1호부터 제4호까지에 해당하는 사람으로 구성하여야 하며 위원장은 위원 중에서 호선한다. 〈개정 2020. 12. 29., 2021. 11. 30.〉

1. 소방공무원
2. 소방기술사
3. 소방시설관리사
4. 「화재의 예방 및 안전관리에 관한 법률」 제11조에 따른 소방 · 방재 분야에 관한 전문지식을 갖춘 사람
5. 보육 관련 업무를 담당하는 공무원
6. 「고등교육법」 제2조에 따른 학교에 재직하고 있는 보육 관련 분야 교수

④ 위원의 임기, 운영 및 회의 등에 필요한 사항은 제6조에 따른 지방보육정책위원회 관련 규정을 준용한다.

[본조신설 2011. 12. 31.]

제15조의4(폐쇄회로 텔레비전의 설치 등) ① 어린이집을 설치·운영하는 자는 아동학대 방지 등 영유아의 안전과 어린이집의 보안을 위하여 「개인정보 보호법」 및 관련 법령에 따른 폐쇄회로 텔레비전(이하 "폐쇄회로 텔레비전"이라 한다)을 설치·관리하여야 한다. 다만, 다음 각 호의 어느 하나에 해당하는 경우에는 그러하지 아니하다. 〈개정 2020. 12. 29.〉

1. 어린이집을 설치·운영하는 자가 보호자 전원의 동의를 받아 특별자치시장·특별자치도지사·시장·군수·구청장에게 신고한 경우
2. 어린이집을 설치·운영하는 자가 보호자 및 보육교직원 전원의 동의를 받아 「개인정보 보호법」 및 관련 법령에 따른 네트워크 카메라를 설치한 경우

② 제1항에 따라 폐쇄회로 텔레비전을 설치·관리하는 자는 영유아 및 보육교직원 등 정보주체의 권리가 침해되지 아니하도록 다음 각 호의 사항을 준수하여야 한다.

1. 아동학대 방지 등 영유아의 안전과 어린이집의 보안을 위하여 최소한의 영상정보만을 적법하고 정당하게 수집하고, 목적 외의 용도로 활용하지 아니하도록 할 것
2. 영유아 및 보육교직원 등 정보주체의 권리가 침해받을 가능성과 그 위험 정도를 고려하여 영상정보를 안전하게 관리할 것
3. 영유아 및 보육교직원 등 정보주체의 사생활 침해를 최소화하는 방법으로 영상정보를 처리할 것

③ 어린이집을 설치·운영하는 자는 폐쇄회로 텔레비전에 기록된 영상정보를 60일 이상 보관하여야 한다.

④ 제1항에 따른 폐쇄회로 텔레비전의 설치·관리기준 및 동의 또는 신고의 방법·절차·요건, 제3항에 따른 영상정보의 보관기준 및 보관기간 등에 필요한 사항은 보건복지부령으로 정한다.

[본조신설 2015. 5. 18.]

제15조의5(영상정보의 열람금지 등) ① 폐쇄회로 텔레비전을 설치·관리하는 자는 다음 각 호의 어느 하나에 해당하는 경우를 제외하고는 제15조의4제1항의 영상정보를 열람하게 하여서는 아니 된다. 〈개정 2021. 6. 8.〉

1. 보호자가 자녀 또는 보호아동의 안전을 확인할 목적으로 열람시기·절차 및 방법 등 보건복지부령으로 정하는 바에 따라 영상정보의 원본 또는 사본 등을 요청하는 경우

2. 「개인정보 보호법」 제2조제6호가목에 따른 공공기관이 제42조 또는 「아동복지법」 제66조 등 법령에서 정하는 영유아의 안전업무 수행을 위하여 요청하는 경우

3. 범죄의 수사와 공소의 제기 및 유지, 법원의 재판업무 수행을 위하여 필요한 경우

4. 그 밖에 보육관련 안전업무를 수행하는 기관으로서 보건복지부령으로 정하는 자가 업무의 수행을 위하여 열람시기 · 절차 및 방법 등 보건복지부령으로 정하는 바에 따라 요청하는 경우

② 어린이집을 설치 · 운영하는 자는 다음 각 호의 어느 하나에 해당하는 행위를 하여서는 아니 된다.

1. 제15조의4제1항의 설치 목적과 다른 목적으로 폐쇄회로 텔레비전을 임의로 조작하거나 다른 곳을 비추는 행위

2. 녹음기능을 사용하거나 보건복지부령으로 정하는 저장장치 이외의 장치 또는 기기에 영상정보를 저장하는 행위

③ 어린이집을 설치 · 운영하는 자는 제15조의4제1항의 영상정보가 분실 · 도난 · 유출 · 변조 또는 훼손되지 아니하도록 내부 관리계획의 수립, 접속기록 보관 등 대통령령으로 정하는 바에 따라 안전성 확보에 필요한 기술적 · 관리적 및 물리적 조치를 하여야 한다.

④ 국가 및 지방자치단체는 어린이집에 설치한 폐쇄회로 텔레비전의 설치 · 관리와 그 영상정보의 열람으로 영유아 및 보육교직원 등 정보주체의 권리가 침해되지 아니하도록 설치 · 관리 및 열람 실태를 보건복지부령으로 정하는 바에 따라 매년 1회 이상 조사 · 점검하여야 한다.

⑤ 폐쇄회로 텔레비전의 설치 · 관리와 그 영상정보의 열람에 관하여 이 법에서 규정된 것을 제외하고는 「개인정보 보호법」(제25조는 제외한다)을 적용한다.

[본조신설 2015. 5. 18.]

제16조(결격사유) 다음 각 호의 어느 하나에 해당하는 자는 어린이집을 설치 · 운영할 수 없다. 〈개정 2011. 6. 7., 2013. 8. 13., 2014. 5. 28., 2015. 5. 18., 2018. 12. 11., 2020. 12. 29.〉

1. 미성년자 · 피성년후견인 또는 피한정후견인

2. 「정신건강증진 및 정신질환자 복지서비스 지원에 관한 법률」 제3조제1호의 정신질환자

3. 「마약류 관리에 관한 법률」 제2조제1호의 마약류에 중독된 자

4. 파산선고를 받고 복권되지 아니한 자

5. 금고 이상의 실형을 선고받고 그 집행이 종료(집행이 종료된 것으로 보는 경우를 포함한다)되거나 집행이 면제된 날부터 5년(「아동복지법」 제3조제7호의2에 따른 아동학대관련범죄를 저지른 경우에는 20년)이 경과되지 아니한 자
6. 금고 이상의 형의 집행유예를 선고받고 그 유예기간 중에 있는 사람. 다만, 「아동복지법」 제3조제7호의2에 따른 아동학대관련범죄로 금고 이상의 형의 집행유예를 선고받은 경우에는 그 집행유예가 확정된 날부터 20년이 지나지 아니한 사람
7. 제45조에 따라 어린이집의 폐쇄명령을 받고 5년이 경과되지 아니한 자 또는 「유아교육법」 제32조에 따라 폐쇄명령을 받고 5년이 경과되지 아니한 자
8. 제54조제2항부터 제4항까지의 규정에 따라 300만원 이상의 벌금형이 확정된 날부터 2년이 지나지 아니한 사람 또는 「아동복지법」 제3조제7호의2에 따른 아동학대관련범죄로 벌금형이 확정된 날부터 10년이 지나지 아니한 사람
9. 제23조의3에 따른 교육명령을 이행하지 아니한 자

[전문개정 2007. 10. 17.]

[단순위헌, 2019헌마813, 2022.9.29, 영유아보육법(2015. 5. 18. 법률 제13321호로 개정된 것) 제16조 제8호 후단 중 아동복지법 제17조 제5호를 위반하여 아동복지법 제71조 제1항 제2호로 처벌받은 경우에 관한 부분, 같은 법 제20조 제1호 중 제16조 제8호 후단 가운데 아동복지법 제17조 제5호를 위반하여 아동복지법 제71조 제1항 제2호로 처벌받은 경우에 관한 부분, 같은 법 제48조 제2항 제2호 본문 중 아동복지법 제17조 제5호를 위반하여 아동복지법 제71조 제1항 제2호에 따라 처벌받은 경우에 관한 부분은 헌법에 위반된다.]

제16조의2(벌금형의 분리 선고) 「형법」 제38조에도 불구하고 제54조제2항부터 제4항까지의 규정에서 정한 죄와 다른 죄의 경합범(競合犯)에 대하여 벌금형을 선고하는 경우에는 분리하여 선고하여야 한다.

[본조신설 2020. 12. 29.]

제3장 보육교직원 〈개정 2011. 6. 7.〉

제17조(보육교직원의 배치) ① 어린이집에는 보육교직원을 두어야 한다. 〈개정 2011. 6. 7.〉

② 제24조의2제1항에 따라 보육시간을 구분하여 운영하는 어린이집은 같은 항 각 호에 따

른 보육시간별로 보육교사를 배치할 수 있다. 〈신설 2019. 4. 30.〉

③ 어린이집에는 보육교사의 업무 부담을 경감할 수 있도록 보조교사 등을 둔다. 〈신설 2015. 5. 18., 2019. 4. 30.〉

④ 휴가 또는 보수교육 등으로 보육교사의 업무에 공백이 생기는 경우에는 이를 대체할 수 있는 대체교사를 배치한다. 〈신설 2015. 5. 18., 2019. 4. 30.〉

⑤ 보육교직원 및 그 밖의 인력의 배치기준 등에 필요한 사항은 보건복지부령으로 정한다. 〈개정 2008. 2. 29., 2010. 1. 18., 2011. 6. 7., 2015. 5. 18., 2019. 4. 30.〉

[전문개정 2007. 10. 17.]

[제목개정 2011. 6. 7.]

제18조(보육교직원의 직무) ① 어린이집의 원장은 어린이집을 총괄하고 보육교사와 그 밖의 직원을 지도 · 감독하며 영유아를 보육한다. 〈개정 2011. 6. 7.〉

② 보육교사는 영유아를 보육하고 어린이집의 원장이 불가피한 사유로 직무를 수행할 수 없을 때에는 그 직무를 대행한다. 〈개정 2011. 6. 7.〉

[전문개정 2007. 10. 17.]

[제목개정 2011. 6. 7.]

제18조의2(보육교직원의 책무) ① 보육교직원은 영유아를 보육함에 있어 영유아에게 신체적 고통이나 고성 · 폭언 등의 정신적 고통을 가하여서는 아니 된다. 〈개정 2017. 3. 14.〉

② 보육교직원은 업무를 수행함에 있어 영유아의 생명 · 안전보호 및 위험방지를 위하여 주의의무를 다하여야 한다. 〈신설 2017. 3. 14.〉

[본조신설 2015. 5. 18.]

제19조(보육교직원의 임면 등) ① 특별자치시장 · 특별자치도지사 · 시장 · 군수 · 구청장은 보육교직원의 권익 보장과 근로여건 개선을 위하여 보육교직원의 임면(任免)과 경력 등에 관한 사항을 관리하여야 한다. 〈개정 2011. 6. 7., 2011. 8. 4., 2020. 12. 29.〉

② 어린이집의 원장은 보건복지부령으로 정하는 바에 따라 보육교직원의 임면에 관한 사항을 특별자치시장 · 특별자치도지사 · 시장 · 군수 · 구청장에게 보고하여야 한다. 〈개정 2008. 2. 29., 2010. 1. 18., 2011. 6. 7., 2011. 8. 4., 2020. 12. 29.〉

[전문개정 2007. 10. 17.]

[제목개정 2011. 6. 7.]

제20조(결격사유) 다음 각 호의 어느 하나에 해당하는 자는 어린이집에 근무할 수 없다. 〈개정 2011. 6. 7., 2013. 8. 13.〉

1. 제16조 각 호의 어느 하나에 해당하는 자
2. 제46조나 제47조에 따라 자격정지 중인 자
3. 제48조제1항에 따라 자격이 취소된 후 같은 조 제2항에 따른 자격 재교부 기한이 경과되지 아니한 자

[전문개정 2007. 10. 17.]

[단순위헌, 2019헌마813, 2022.9.29, 영유아보육법(2015. 5. 18. 법률 제13321호로 개정된 것) 제16조 제8호 후단 중 아동복지법 제17조 제5호를 위반하여 아동복지법 제71조 제1항 제2호로 처벌받은 경우에 관한 부분, 같은 법 제20조 제1호 중 제16조 제8호 후단 가운데 아동복지법 제17조 제5호를 위반하여 아동복지법 제71조 제1항 제2호로 처벌받은 경우에 관한 부분, 같은 법 제48조 제2항 제2호 본문 중 아동복지법 제17조 제5호를 위반하여 아동복지법 제71조 제1항 제2호에 따라 처벌받은 경우에 관한 부분은 헌법에 위반된다.]

제21조(어린이집의 원장 또는 보육교사의 자격) ① 어린이집의 원장은 대통령령으로 정하는 자격을 가진 자로서 보건복지부장관이 검정·수여하는 자격증을 받은 자이어야 한다. 〈개정 2008. 2. 29., 2010. 1. 18., 2011. 6. 7.〉

② 보육교사는 다음 각 호의 어느 하나에 해당하는 자로서 보건복지부장관이 검정·수여하는 자격증을 받은 자이어야 한다. 〈개정 2008. 1. 17., 2008. 2. 29., 2010. 1. 18., 2011. 8. 4.〉

1. 「고등교육법」 제2조에 따른 학교에서 보건복지부령으로 정하는 보육 관련 교과목과 학점을 이수하고 전문학사학위 이상을 취득한 사람

1의2. 법령에 따라 「고등교육법」 제2조에 따른 학교를 졸업한 사람과 같은 수준 이상의 학력이 있다고 인정된 사람으로서 보건복지부령으로 정하는 보육 관련 교과목과 학점을 이수하고 전문학사학위 이상을 취득한 사람

2. 고등학교 또는 이와 같은 수준 이상의 학교를 졸업한 자로서 시·도지사가 지정한 교육훈련시설에서 소정의 교육과정을 이수한 사람

③ 제2항에 따른 보육교사의 등급은 1·2·3급으로 하고, 등급별 자격기준은 대통령령으로 정한다.

④ 제2항제2호에 따른 교육훈련시설의 지정 및 지정 취소, 교육과정 등에 필요한 사항은

보건복지부령으로 정한다. 〈신설 2011. 8. 4.〉

[전문개정 2007. 10. 17.]

[제목개정 2011. 6. 7.]

제22조(어린이집의 원장 또는 보육교사 자격증의 교부 등) ① 보건복지부장관은 제21조제1항 및 제2항에 따라 어린이집의 원장 또는 보육교사의 자격을 검정하고 자격증을 교부하여야 한다. 〈개정 2008. 2. 29., 2010. 1. 18., 2011. 6. 7.〉

② 보건복지부장관은 제1항에 따른 어린이집의 원장 또는 보육교사의 자격증을 교부받거나 재교부(이하 "보육자격증 교부등"이라 한다)를 받으려는 사람에게 보건복지부령으로 정하는 바에 따라 수수료를 받을 수 있다. 〈신설 2011. 6. 7.〉

③ 삭제 〈2011. 8. 4.〉

④ 삭제 〈2011. 8. 4.〉

⑤ 제51조의2제1항제2호에 따라 보육자격증 교부등에 관한 업무를 위탁받은 공공 또는 민간 기관 · 단체는 제2항에 따라 납부받은 수수료를 보건복지부장관의 승인을 받아 보육자격증 교부등에 필요한 경비에 직접 충당할 수 있다. 〈신설 2011. 6. 7., 2011. 8. 4.〉

⑥ 보육자격증 교부등에 필요한 사항은 보건복지부령으로 정한다. 〈개정 2008. 2. 29., 2010. 1. 18., 2011. 6. 7.〉

[전문개정 2007. 10. 17.]

[제목개정 2011. 6. 7.]

제22조의2(명의대여 등의 금지) ① 어린이집의 원장 또는 보육교사는 다른 사람에게 자기의 성명이나 어린이집의 명칭을 사용하여 어린이집의 원장 또는 보육교사의 업무를 수행하게 하여서는 아니 된다. 〈개정 2011. 6. 7., 2020. 4. 7.〉

② 제22조제1항에 따라 자격증을 교부받은 사람은 다른 사람에게 그 자격증을 빌려주어서는 아니 되고, 누구든지 그 자격증을 빌려서는 아니 된다. 〈신설 2020. 4. 7.〉

③ 누구든지 제2항에 따라 금지된 행위를 알선하여서는 아니 된다. 〈신설 2020. 4. 7.〉

[전문개정 2007. 10. 17.]

제23조(어린이집 원장의 보수교육) ① 보건복지부장관은 어린이집 원장의 자질 향상을 위한 보수교육(補修敎育)을 실시하여야 한다. 이 경우 보수교육은 집합교육을 원칙으로 한다. 〈개정 2008. 2. 29., 2010. 1. 18., 2011. 6. 7., 2011. 12. 31., 2015. 5. 18.〉

② 제1항에 따른 보수교육은 사전직무교육과 직무교육으로 구분한다. 〈개정 2011. 12. 31.〉

③ 삭제 〈2011. 8. 4.〉

④ 제1항에 따른 보수교육에는 다음 각 호의 사항에 관한 내용을 포함하여야 한다. 〈신설 2015. 5. 18., 2015. 12. 29.〉

1. 성폭력 및 아동학대 예방
2. 실종 · 유괴의 예방과 방지
3. 감염병 및 약물의 오남용 예방 등 보건위생 관리
4. 재난대비 안전
5. 교통안전
6. 어린이집 원장의 인성함양(영유아의 인권보호 교육을 포함한다)
7. 그 밖에 보건복지부령으로 정하는 사항

⑤ 그 밖에 보수교육의 기간 · 방법 등에 필요한 사항은 보건복지부령으로 정한다. 〈개정 2008. 2. 29., 2010. 1. 18., 2011. 8. 4., 2015. 5. 18.〉

[전문개정 2007. 10. 17.]

[제목개정 2011. 12. 31.]

제23조의2(보육교사의 보수교육) ① 보건복지부장관은 보육교사의 자질 향상을 위한 보수교육(補修敎育)을 실시하여야 한다. 이 경우 보수교육은 집합교육을 원칙으로 한다. 〈개정 2015. 5. 18.〉

② 제1항에 따른 보수교육은 직무교육과 승급교육으로 구분한다.

③ 제1항에 따른 보수교육에는 다음 각 호의 사항에 관한 내용을 포함하여야 한다. 〈신설 2015. 5. 18., 2015. 12. 29.〉

1. 성폭력 및 아동학대 예방
2. 실종 · 유괴의 예방과 방지
3. 감염병 및 약물의 오남용 예방 등 보건위생 관리
4. 재난대비 안전
5. 교통안전
6. 보육교사의 인성함양(영유아의 인권보호 교육을 포함한다)
7. 그 밖에 보건복지부령으로 정하는 사항

④ 그 밖에 보수교육의 기간 · 방법 등에 필요한 사항은 보건복지부령으로 정한다. 〈개정 2015. 5. 18.〉

[본조신설 2011. 12. 31.]

제23조의3(교육명령) ① 보건복지부장관은 「아동복지법」 제3조제7호의2에 따른 아동학대관련범죄를 저지른 사람이 제16조제5호부터 제8호까지의 결격사유 및 제20조제1호의 결격사유(제16조제5호부터 제8호까지의 결격사유에 해당하는 경우에 한정한다)에 해당하지 아니하게 되어 어린이집을 설치 · 운영하거나 어린이집에 근무하려는 경우에는 그 사람에 대하여 사전에 아동학대 방지를 위한 교육을 받도록 명하여야 한다. 이 경우 교육 실시에 드는 비용은 교육을 받는 사람이 부담한다. 〈개정 2015. 5. 18.〉

② 제1항에 따른 교육명령의 조치와 관련한 절차, 교육기관, 교육 방법 · 내용 등에 필요한 사항은 보건복지부령으로 정한다.

[본조신설 2013. 8. 13.]

제4장 어린이집의 운영 〈개정 2011. 6. 7.〉

제24조(어린이집의 운영기준 등) ① 어린이집을 설치 · 운영하는 자는 보건복지부령으로 정하는 운영기준에 따라 어린이집을 운영하여야 한다. 〈개정 2008. 2. 29., 2010. 1. 18., 2011. 6. 7.〉

② 국가나 지방자치단체는 제12조에 따라 설치된 국공립어린이집을 법인 · 단체 또는 개인에게 위탁하여 운영할 수 있다. 이 경우 보건복지부령으로 정하는 국공립어린이집 위탁체 선정관리 기준에 따라 심의하며, 최초 위탁은 다음 각 호의 어느 하나에 해당하는 자에게 위탁하는 경우를 제외하고는 공개경쟁의 방법에 따른다. 〈개정 2008. 1. 17., 2011. 6. 7., 2011. 8. 4., 2018. 12. 11., 2020. 12. 29.〉

1. 민간어린이집을 국가 또는 지방자치단체에 기부채납하여 국공립어린이집으로 전환하는 경우 기부채납 전에 그 어린이집을 설치 · 운영한 자
2. 국공립어린이집 설치 시 해당 부지 또는 건물을 국가 또는 지방자치단체에 기부채납하거나 무상으로 사용하게 한 자
3. 「주택법」에 따라 설치된 민간어린이집을 국공립어린이집으로 전환하는 경우 전환하기

전에 그 어린이집을 설치·운영한 자

③ 제14조에 따라 직장어린이집을 설치한 사업주는 이를 법인·단체 또는 개인에게 위탁하여 운영할 수 있다. 〈개정 2011. 6. 7.〉

④ 제2항과 제3항에 따른 어린이집 위탁 및 위탁 취소 등에 필요한 사항은 보건복지부령으로 정한다. 〈개정 2008. 2. 29., 2010. 1. 18., 2011. 6. 7., 2011. 8. 4.〉

[전문개정 2007. 10. 17.]

[제목개정 2011. 6. 7.]

제24조의2(보육시간의 구분) ① 어린이집은 다음 각 호와 같이 보육시간을 구분하여 운영할 수 있다.

1. 기본보육: 어린이집을 이용하는 모든 영유아에게 필수적으로 제공되는 과정으로, 보건복지부령으로 정하는 시간 이하의 보육
2. 연장보육: 기본보육을 초과하여 보호자의 욕구 등에 따라 제공되는 보육

② 제1항에 따른 보육시간 운영기준과 내용에 관한 사항은 보건복지부령으로 정한다.

[본조신설 2019. 4. 30.]

제25조(어린이집운영위원회) ① 어린이집의 원장은 어린이집 운영의 자율성과 투명성을 높이고 지역사회와의 연계를 강화하여 지역 실정과 특성에 맞는 보육을 실시하기 위하여 어린이집에 어린이집운영위원회를 설치·운영할 수 있다. 다만, 제26조에 따른 취약보육(脆弱保育)을 우선적으로 실시하여야 하는 어린이집과 대통령령으로 정하는 어린이집은 어린이집운영위원회를 설치·운영하여야 한다. 〈개정 2011. 6. 7.〉

② 어린이집운영위원회는 그 어린이집의 원장, 보육교사 대표, 학부모 대표 및 지역사회 인사(직장어린이집의 경우에는 그 직장의 어린이집 업무 담당자로 한다)로 구성한다. 이 경우 학부모 대표가 2분의 1 이상이 되도록 구성하여야 한다. 〈개정 2011. 6. 7., 2015. 5. 18.〉

③ 어린이집의 원장은 어린이집운영위원회의 위원 정수를 5명 이상 15명 이내의 범위에서 어린이집의 규모 등을 고려하여 대통령령으로 정한다. 이 경우 학부모 대표는 영유아 연령 등을 최대한 대표할 수 있도록 구성하여야 한다. 〈개정 2011. 6. 7., 2020. 12. 29.〉

④ 어린이집운영위원회는 다음 각 호의 사항을 심의한다. 〈개정 2011. 6. 7., 2011. 8. 4., 2013. 8. 13., 2015. 5. 18., 2020. 12. 29.〉

1. 어린이집 운영 규정의 제정이나 개정에 관한 사항

2. 어린이집 예산 및 결산의 보고에 관한 사항

3. 영유아의 건강 · 영양 및 안전에 관한 사항

3의2. 아동학대 예방에 관한 사항

4. 보육 시간, 보육과정의 운영 방법 등 어린이집의 운영에 관한 사항

5. 보육교직원의 근무환경 개선에 관한 사항

5의2. 보육교직원의 권익 보호에 관한 사항

6. 영유아의 보육환경 개선에 관한 사항

7. 어린이집과 지역사회의 협력에 관한 사항

8. 보육료 외의 필요경비를 받는 경우 제38조제1항에 따른 범위에서 그 수납액 결정에 관한 사항

9. 그 밖에 어린이집 운영에 대한 제안 및 건의사항

⑤ 어린이집운영위원회는 연간 4회 이상 개최하여야 한다. 〈신설 2015. 5. 18.〉

⑥ 그 밖에 어린이집운영위원회의 설치 · 운영에 필요한 사항은 보건복지부령으로 정한다. 〈개정 2008. 2. 29., 2010. 1. 18., 2011. 6. 7., 2015. 5. 18.〉

[전문개정 2007. 10. 17.]

[제목개정 2011. 6. 7.]

제25조의2(부모모니터링단) ① 시 · 도지사 또는 시장 · 군수 · 구청장은 어린이집 보육환경을 모니터링하고 개선을 위한 컨설팅을 하기 위하여 부모, 보육 · 보건 전문가로 점검단(이하 이 조에서 "부모모니터링단"이라 한다)을 구성 · 운영할 수 있다.

② 부모모니터링단은 다음 각 호의 직무를 수행한다.

1. 어린이집 급식, 위생, 건강 및 안전관리 등 운영상황 모니터링

2. 어린이집 보육환경 개선을 위한 컨설팅

3. 그 밖에 보육 관련 사항으로서 보건복지부령으로 정하는 사항

③ 부모모니터링단은 10명 이내로 구성하며 시 · 도지사 또는 시장 · 군수 · 구청장이 위촉한다.

④ 시 · 도지사 및 시장 · 군수 · 구청장은 부모모니터링단으로 위촉된 사람에게 직무 수행에 필요한 교육을 실시할 수 있다.

⑤ 국가와 지방자치단체는 부모모니터링단의 구성 · 운영 및 교육 등에 필요한 비용의 전

부 또는 일부를 예산의 범위에서 지원할 수 있다.

⑥ 부모모니터링단은 제2항 각 호의 직무를 수행하기 위하여 어린이집에 출입할 수 있으며, 이 경우 미리 시・도지사 또는 시장・군수・구청장의 승인을 받아야 한다.

⑦ 부모모니터링단이 제6항에 따른 승인을 받아 어린이집에 출입하는 경우에는 승인서와 신분을 표시하는 증표를 어린이집의 원장 등 관계자에게 내보여야 한다.

⑧ 부모모니터링단은 공무원이 제42조에 따라 어린이집 운영 상황을 조사하기 위하여 어린이집에 출입하는 경우에는 공무원과 함께 어린이집에 출입할 수 있다. 이 경우 시・도지사 또는 시장・군수・구청장의 승인을 생략할 수 있다.

⑨ 제1항부터 제8항까지에 따른 부모모니터링단의 구성・운영, 교육, 비용 지원 및 직무 수행 등에 필요한 세부사항은 보건복지부령으로 정한다.

[본조신설 2013. 6. 4.]

제25조의3(보호자의 어린이집 참관) ① 보호자는 영유아의 보육환경・보육내용 등 어린이집의 운영실태를 확인하기 위하여 어린이집 원장에게 어린이집 참관을 요구할 수 있다. 이 경우 어린이집 원장은 특별한 사유가 없으면 이에 따라야 한다.

② 제1항에 따른 참관 기준 및 방법 등에 필요한 사항은 보건복지부령으로 정한다.

[본조신설 2015. 5. 18.]

제26조(취약보육의 우선 실시 등) ① 국가나 지방자치단체, 사회복지법인, 그 밖의 비영리법인이 설치한 어린이집과 대통령령으로 정하는 어린이집의 원장은 영아・장애아・「다문화가족지원법」 제2조제1호에 따른 다문화가족의 아동 등에 대한 보육(이하 "취약보육"이라 한다)을 우선적으로 실시하여야 한다. 〈개정 2008. 12. 19., 2011. 6. 7.〉

② 보건복지부장관, 시・도지사 및 시장・군수・구청장은 취약보육을 활성화하는 데에 필요한 각종 시책을 수립・시행하여야 한다. 〈개정 2008. 2. 29., 2010. 1. 18.〉

③ 취약보육의 종류와 실시 등에 필요한 사항은 보건복지부령으로 정한다. 〈개정 2008. 2. 29., 2010. 1. 18.〉

[전문개정 2007. 10. 17.]

제26조의2(시간제보육 서비스) ① 국가 또는 지방자치단체는 제34조에 따른 무상보육 및 「유아교육법」 제24조에 따른 무상교육 지원을 받지 아니하는 영유아에 대하여 필요한 경우 시간제보육 서비스를 지원할 수 있다. 이 경우 시간제보육 서비스의 종류, 지원대상, 지원방

법, 그 밖에 시간제보육 서비스의 제공에 필요한 사항은 보건복지부령으로 정한다. 〈개정 2018. 12. 24.〉

② 특별자치시장 · 특별자치도지사 · 시장 · 군수 · 구청장은 다음 각 호의 어느 하나에 해당하는 시설을 시간제보육 서비스를 제공하는 기관(이하 이 조에서 "시간제보육서비스지정기관"이라 한다)으로 지정할 수 있다. 〈개정 2018. 12. 24.〉

1. 육아종합지원센터
2. 어린이집
3. 그 밖에 시간제보육 서비스의 제공이 가능한 시설로서 보건복지부령으로 정하는 시설

③ 보건복지부장관, 시 · 도지사 또는 시장 · 군수 · 구청장은 시간제보육서비스지정기관에 예산의 범위에서 시간제보육 서비스의 제공에 필요한 비용을 보조할 수 있다. 〈개정 2018. 12. 24.〉

④ 특별자치시장 · 특별자치도지사 · 시장 · 군수 · 구청장은 시간제보육서비스지정기관이 다음 각 호의 어느 하나에 해당하는 경우에는 제2항에 따른 지정을 취소할 수 있다. 〈개정 2018. 12. 24., 2020. 12. 29.〉

1. 시간제보육서비스지정기관이 지급받은 보조금 및 비용을 목적 외의 용도에 사용하였을 경우
2. 시간제보육서비스지정기관이 거짓이나 그 밖의 부정한 방법으로 보조금 및 비용을 지급받았을 경우
3. 그 밖에 대통령령으로 정하는 사유가 있는 경우

⑤ 시간제보육서비스지정기관의 안전사고 예방 및 사고에 따른 영유아 생명 · 신체 등의 피해 보상에 관하여는 제31조의2를 준용한다. 이 경우 "어린이집"은 "시간제보육서비스지정기관"으로, "어린이집의 원장"은 "시간제보육서비스지정기관의 장"으로 본다. 〈개정 2018. 12. 24.〉

[본조신설 2013. 6. 4.]

[제목개정 2018. 12. 24.]

제27조(어린이집 이용대상) 어린이집의 이용대상은 보육이 필요한 영유아를 원칙으로 한다. 다만, 필요한 경우 어린이집의 원장은 만 12세까지 연장하여 보육할 수 있다. 〈개정 2011. 6. 7.〉

[전문개정 2007. 10. 17.]

[제목개정 2011. 6. 7.]

제28조(보육의 우선 제공) ① 국가나 지방자치단체, 사회복지법인, 그 밖의 비영리법인이 설치한 어린이집과 대통령령으로 정하는 어린이집의 원장은 다음 각 호의 어느 하나에 해당하는 자가 우선적으로 어린이집을 이용할 수 있도록 하여야 한다. 다만, 「고용정책 기본법」 제40조제2항에 따라 고용촉진시설의 설치 · 운영을 위탁받은 공공단체 또는 비영리법인이 설치 · 운영하는 어린이집의 원장은 근로자의 자녀가 우선적으로 어린이집을 이용하게 할 수 있다. 〈개정 2007. 10. 17., 2008. 2. 29., 2009. 10. 9., 2010. 1. 18., 2011. 6. 7., 2013. 8. 13., 2016. 2. 3., 2017. 3. 14., 2017. 12. 19., 2018. 12. 11.〉

1. 「국민기초생활 보장법」에 따른 수급자
2. 「한부모가족지원법」 제5조에 따른 보호대상자의 자녀
3. 「국민기초생활 보장법」 제24조에 따른 차상위계층의 자녀
4. 「장애인복지법」 제2조에 따른 장애인 중 보건복지부령으로 정하는 장애 정도에 해당하는 자의 자녀

4의2. 「장애인복지법」 제2조에 따른 장애인 중 보건복지부령으로 정하는 장애 정도에 해당하는 자가 형제자매인 영유아

5. 「다문화가족지원법」 제2조제1호에 따른 다문화가족의 자녀
6. 「국가유공자 등 예우 및 지원에 관한 법률」 제4조제1항에 따른 국가유공자 중 제3호의 전몰군경, 제4호 · 제6호 · 제12호 · 제15호 · 제17호의 상이자로서 보건복지부령으로 정하는 자, 제5호 · 제14호 · 제16호의 순직자의 자녀
7. 제1형 당뇨를 가진 경우로서 의학적 조치가 용이하고 일상생활이 가능하여 보육에 지장이 없는 영유아
8. 그 밖에 소득수준 및 보육수요 등을 고려하여 보건복지부령으로 정하는 자의 자녀

② 사업주는 사업장 근로자의 자녀가 우선적으로 직장어린이집을 이용할 수 있도록 하여야 한다. 〈개정 2011. 6. 7.〉

③ 제1항에 따른 보육의 우선제공 대상에 대한 적용 방법 · 기준 등에 필요한 사항은 보건복지부령으로 정한다. 〈신설 2017. 3. 14.〉

[전문개정 2007. 10. 17.]

제29조(보육과정) ① 보육과정은 영유아의 신체 · 정서 · 언어 · 사회성 및 인지적 발달을 도모할 수 있는 내용을 포함하여야 한다.

② 보건복지부장관은 표준보육과정을 개발 · 보급하여야 하며 필요하면 그 내용을 검토하여 수정 · 보완하여야 한다. 〈개정 2008. 2. 29., 2010. 1. 18.〉

③ 어린이집의 원장은 제2항의 표준보육과정에 따라 영유아를 보육하도록 노력하여야 한다. 〈개정 2011. 6. 7.〉

④ 어린이집의 원장은 보호자의 동의를 받아 일정 연령 이상의 영유아에게 보건복지부령으로 정하는 특정한 시간대에 한정하여 보육과정 외에 어린이집 내외에서 이루어지는 특별활동프로그램(이하 "특별활동"이라 한다)을 실시할 수 있다. 이 경우 어린이집의 원장은 특별활동에 참여하지 아니하는 영유아를 위하여 특별활동을 대체할 수 있는 프로그램을 함께 마련하여야 한다. 〈신설 2013. 8. 13.〉

⑤ 제1항에 따른 보육과정, 제4항에 따른 특별활동 대상 영유아의 연령 및 특별활동의 내용 등에 필요한 사항은 보건복지부령으로 정한다. 〈개정 2008. 2. 29., 2010. 1. 18., 2013. 8. 13.〉

[전문개정 2007. 10. 17.]

제29조의2(어린이집 생활기록) 어린이집의 원장은 영유아 생활지도 및 초등학교 교육과의 연계 지도에 활용할 수 있도록 영유아의 발달상황 등을 종합적으로 관찰 · 평가하여 보건복지부장관이 정하는 기준에 따라 생활기록부를 작성 · 관리하여야 한다. 〈개정 2008. 2. 29., 2010. 1. 18., 2011. 6. 7.〉

[전문개정 2007. 10. 17.]

[제목개정 2011. 6. 7.]

제30조(어린이집 평가) ① 보건복지부장관은 영유아의 안전과 보육서비스의 질 향상을 위하여 어린이집의 보육환경, 보육과정 운영, 보육인력의 전문성 및 이용자 만족도 등에 대하여 정기적으로 평가를 실시하여야 한다.

② 보건복지부장관은 제1항에 따른 평가 결과에 따라 어린이집 보육서비스의 관리, 보육사업에 대한 재정적 · 행정적 지원 등 필요한 조치를 할 수 있다.

③ 보건복지부장관은 제1항에 따른 어린이집 평가등급 등 평가 결과를 공표하여야 한다.

④ 보건복지부장관은 제1항에 따라 평가를 받은 어린이집에 다음 각 호의 어느 하나에 해

당하는 사유가 발생한 경우에는 그 평가등급을 최하위등급으로 조정하여야 한다.

1. 거짓이나 그 밖의 부정한 방법으로 평가를 받은 경우
2. 어린이집의 설치·운영자가 이 법을 위반하여 금고 이상의 형을 선고받고 그 형이 확정된 경우
3. 제40조제2호 또는 제3호에 따라 보조금의 반환명령을 받았거나 제45조, 제45조의2 또는 제46조부터 제48조까지의 규정에 따른 행정처분을 받은 경우로서 보건복지부령으로 정하는 경우
4. 어린이집의 대표자 또는 보육교직원이 「아동복지법」 제17조를 위반하거나 「아동·청소년의 성보호에 관한 법률」 제2조제2호의 아동·청소년대상 성범죄를 저지른 경우

⑤ 보건복지부장관은 제1항에 따라 평가를 받은 어린이집의 보육서비스의 질 관리를 위하여 필요한 경우 확인점검을 실시하여 제1항의 평가등급을 조정할 수 있다.

⑥ 제1항, 제3항 및 제5항에 따른 평가시기 및 방법, 확인점검의 대상 및 방법, 그에 따른 평가등급 결정·조정, 평가결과 공표의 내용 및 방법 등 필요한 사항은 보건복지부령으로 정한다.

[전문개정 2018. 12. 11.]

제30조의2(공공형어린이집의 지정) ① 보건복지부장관은 어린이집 운영의 공공성 및 관리체계를 강화하기 위하여 어린이집의 종류, 평가등급 등 보건복지부령으로 정하는 요건을 갖춘 어린이집을 공공형어린이집으로 지정할 수 있다.

② 제1항에 따라 지정된 공공형어린이집의 설치·운영자는 보건복지부령으로 정하는 공공형어린이집 운영기준을 준수하여야 한다.

③ 제1항에 따른 공공형어린이집 지정의 유효기간은 지정을 받은 달의 다음 달 1일부터 3년으로 하고, 3년 단위로 재지정할 수 있다.

④ 제1항에 따른 지정의 절차 및 제3항에 따른 재지정의 기준·절차 등에 관하여 필요한 사항은 보건복지부령으로 정한다.

[본조신설 2021. 6. 8.]

제30조의3(공공형어린이집의 지정 취소) ① 보건복지부장관은 제30조의2제1항에 따라 지정된 공공형어린이집이 다음 각 호의 어느 하나에 해당하는 경우에는 그 지정을 취소할 수 있다. 다만, 제1호에 해당하는 경우에는 그 지정을 취소하여야 한다.

1. 거짓이나 그 밖의 부정한 방법으로 지정을 받은 경우
2. 제30조의2제1항에 따른 지정 요건 또는 같은 조 제4항에 따른 재지정 기준을 충족하지 못하게 된 경우
3. 제30조의2제2항에 따른 공공형어린이집 운영기준을 위반한 경우

② 제1항에 따른 지정 취소에 필요한 사항은 보건복지부령으로 정한다.

[본조신설 2021. 6. 8.]

제5장 건강 · 영양 및 안전

제31조(건강관리 및 응급조치) ① 어린이집의 원장은 영유아와 보육교직원에 대하여 정기적으로 건강진단을 실시하되, 「국민건강보험법」 제52조 및 「의료급여법」 제14조에 따른 건강검진으로 갈음할 수 있다. 다만, 영유아의 경우 보호자로 하여금 그 검진결과 통보서를 제출하도록 하고 제29조의2에 따른 어린이집 생활기록부에 기록하여 관리하는 등 건강관리를 하여야 한다. 〈개정 2020. 12. 29.〉

② 어린이집의 원장은 영유아에게 질병 · 사고 또는 재해 등으로 인하여 위급 상태가 발생한 경우 즉시 응급의료기관에 이송하여야 한다. 〈개정 2011. 6. 7.〉

③ 제1항에 따른 건강진단의 구체적인 기준과 내용 등 필요한 사항은 보건복지부령으로 정한다. 〈개정 2008. 2. 29., 2010. 1. 18., 2017. 3. 14.〉

[전문개정 2007. 10. 17.]

제31조의2(어린이집 안전공제사업 등) ① 어린이집 상호 간의 협동조직을 통하여 어린이집의 안전사고를 예방하고 어린이집 안전사고로 인하여 생명 · 신체 또는 재산상의 피해를 입은 영유아 및 보육교직원 등에 대한 보상을 하기 위하여 보건복지부장관의 허가를 받아 어린이집 안전공제사업(이하 "공제사업"이라 한다)을 할 수 있다. 〈개정 2010. 1. 18., 2011. 6. 7., 2011. 8. 4.〉

② 공제사업을 위하여 설립되는 어린이집 안전공제회(이하 "공제회"라 한다)는 법인으로 하며, 주된 사무소의 소재지에 설립등기를 함으로써 성립한다. 〈개정 2011. 6. 7.〉

③ 어린이집의 원장은 공제회의 가입자가 된다. 〈개정 2011. 8. 4.〉

④ 공제회에 가입한 어린이집의 원장은 공제사업의 수행에 필요한 출자금과 다음 각 호의

공제료 등을 공제회에 납부하여야 한다. 다만, 제2호와 제3호의 공제료는 어린이집의 원장이 선택하여 납부할 수 있다. 〈신설 2011. 8. 4.〉

1. 영유아의 생명·신체에 대한 피해를 보상하기 위한 공제료
2. 보육교직원 등의 생명·신체에 대한 피해를 보상하기 위한 공제료
3. 어린이집의 재산상의 피해를 보상하기 위한 공제료

⑤ 공제회의 기본재산은 회원의 출자금 등으로 조성한다. 다만, 보건복지부장관은 공제회의 주된 사무소의 설치 및 운영에 필요한 비용의 일부를 지원할 수 있다. 〈개정 2010. 1. 18., 2011. 8. 4.〉

⑥ 공제회의 회원자격, 임원에 관한 사항 및 출자금의 부담기준에 관한 사항은 정관으로 정한다. 〈개정 2011. 8. 4.〉

⑦ 공제회의 설립허가 기준 및 절차, 정관기재사항, 운영 및 감독 등에 관하여 필요한 사항은 대통령령으로 정한다. 〈개정 2011. 8. 4.〉

⑧ 공제회는 공제사업의 범위, 공제료, 공제사업에 충당하기 위한 책임준비금 등 공제사업의 운영에 관하여 필요한 사항을 포함한 공제규정을 정하여 보건복지부장관의 허가를 받아야 한다. 공제규정을 변경하고자 하는 때에도 또한 같다. 〈개정 2010. 1. 18., 2011. 8. 4.〉

⑨ 공제회에 관하여 이 법에 규정된 것을 제외하고는 「민법」중 재단법인에 관한 규정을 준용한다. 〈개정 2011. 8. 4.〉

⑩ 이 법에 따른 공제회의 사업에 대하여는 「보험업법」을 적용하지 아니한다. 〈개정 2011. 8. 4.〉

⑪ 어린이집의 원장이 제4항제3호의 공제료를 납부하는 경우 「사회복지사업법」 제34조의3에 따른 보험가입의무를 이행한 것으로 본다. 〈신설 2011. 8. 4., 2018. 12. 24.〉

⑫ 제7조제6항에 따라 공제회에 가입한 육아종합지원센터의 장은 제4항 각 호의 공제료를 선택하여 납부할 수 있다. 다만, 시간제보육 서비스나 영유아의 체험 및 놀이공간을 제공하는 육아종합지원센터의 장은 제4항제1호의 공제료를 의무적으로 납부하여야 한다. 〈신설 2020. 12. 29., 2021. 12. 21.〉

[본조신설 2008. 12. 19.]

[제목개정 2011. 6. 7.]

제31조의3(예방접종 여부의 확인) ① 어린이집의 원장은 영유아에 대하여 매년 정기적으로

「감염병의 예방 및 관리에 관한 법률」 제33조의4에 따른 예방접종통합관리시스템을 활용하여 영유아의 예방접종에 관한 사실을 확인하여야 한다. 다만, 영유아에 대하여 최초로 보육을 실시하는 경우에는 보육을 실시한 날부터 30일 이내에 확인하여야 한다. 〈개정 2018. 12. 24., 2020. 12. 29.〉

② 어린이집의 원장은 제1항에 따른 확인 결과 예방접종을 받지 아니한 영유아에게는 필요한 예방접종을 받도록 보호자를 지도할 수 있으며, 필요한 경우 관할 보건소장에게 예방접종 지원 등의 협조를 요청할 수 있다.

③ 어린이집의 원장은 영유아의 예방접종 여부 확인 및 관리를 위하여 제29조의2에 따른 어린이집 생활기록에 예방접종 여부 및 내역에 관한 사항을 기록하여 관리하여야 한다.

[본조신설 2011. 8. 4.]

제32조(치료 및 예방조치) ① 어린이집의 원장은 제31조에 따른 건강진단 결과 질병에 감염되었거나 감염될 우려가 있는 영유아에 대하여 그 보호자와 협의하여 질병의 치료와 예방에 필요한 조치를 하여야 한다. 〈개정 2011. 6. 7.〉

② 어린이집의 원장은 다음 각 호의 어느 하나에 해당하는 영유아, 어린이집 거주자 및 보육교직원을 보건복지부령으로 정하는 바에 따라 어린이집으로부터 격리시키는 등 필요한 조치를 할 수 있다. 〈신설 2011. 8. 4., 2020. 12. 29.〉

1. 제31조에 따른 건강진단의 결과나 그 밖에 의사의 진단 결과 감염병에 감염 또는 감염된 것으로 의심되거나 감염될 우려가 있는 자
2. 「감염병의 예방 및 관리에 관한 법률」 제2조제15호의2에 따른 감염병의심자

③ 어린이집의 원장은 제1항의 조치를 위하여 필요하면 「지역보건법」 제10조와 제13조에 따른 보건소 및 보건지소, 「의료법」 제3조에 따른 의료기관에 협조를 구할 수 있다. 〈개정 2011. 6. 7., 2011. 8. 4., 2015. 5. 18.〉

④ 제2항에 따라 협조를 요청받은 보건소 · 보건지소 및 의료기관의 장은 적절한 조치를 취하여야 한다. 〈개정 2011. 8. 4.〉

⑤ 어린이집의 원장은 간호사(간호조무사를 포함한다)로 하여금 영유아가 의사의 처방, 지시에 따라 투약행위를 할 때 이를 보조하게 할 수 있다. 이 경우 어린이집의 원장은 보호자의 동의를 받아야 한다. 〈신설 2016. 2. 3.〉

[전문개정 2007. 10. 17.]

제33조(급식 관리) 어린이집의 원장은 영유아에게 보건복지부령으로 정하는 바에 따라 균형 있고 위생적이며 안전한 급식을 하여야 한다. 〈개정 2008. 2. 29., 2010. 1. 18., 2011. 6. 7.〉

[전문개정 2007. 10. 17.]

제33조의2(어린이집 차량안전관리) 어린이집의 원장은 영유아의 통학을 위하여 차량을 운영하는 경우 「도로교통법」 제52조에 따라 미리 어린이통학버스로 관할 경찰서장에게 신고하여야 한다.

[본조신설 2013. 8. 13.]

제33조의3(등·하원 시 영유아 안전관리) ① 어린이집의 원장은 보육교직원을 대상으로 등·하원 시 영유아 안전에 관한 교육을 실시하여야 한다.

② 어린이집의 원장은 등·하원 시 영유아가 담당 보육교사나 부모 등 보호자에게 안전하게 인계될 수 있도록 조치하여야 하고, 모든 영유아가 안전하게 인계되었는지 여부를 확인하여야 한다.

③ 제1항에 따른 교육 및 제2항에 따른 인계조치 등의 방법·절차 등에 관하여 필요한 사항은 보건복지부령으로 정한다.

[본조신설 2020. 12. 29.]

제33조의4(어린이집 위생관리) 어린이집의 원장은 감염병 예방 등을 위하여 보건복지부령으로 정하는 어린이집의 위생관리기준을 준수하여야 한다.

[본조신설 2021. 6. 8.]

제6장 비용

제34조(무상보육) ① 국가와 지방자치단체는 영유아에 대한 보육을 무상으로 하되, 그 내용 및 범위는 대통령령으로 정한다.

② 국가와 지방자치단체는 장애아 및 「다문화가족지원법」 제2조제1호에 따른 다문화가족의 자녀의 무상보육에 대하여는 대통령령으로 정하는 바에 따라 그 대상의 여건과 특성을 고려하여 지원할 수 있다.

③ 제1항에 따른 무상보육 실시에 드는 비용은 대통령령으로 정하는 바에 따라 국가나 지방자치단체가 부담하거나 보조하여야 한다.

④ 보건복지부장관은 어린이집 표준보육비용 등을 조사하고 그 결과를 바탕으로 예산의 범위에서 관계 행정기관의 장과 협의하여 제3항에 따른 국가 및 지방자치단체가 부담하는 비용을 정할 수 있다.

⑤ 국가와 지방자치단체는 자녀가 2명 이상인 경우에 대하여 추가적으로 지원할 수 있다.

⑥ 제12조제1항 후단에도 불구하고 국가와 지방자치단체는 제1항 및 제2항에 따른 무상보육을 받으려는 영유아와 장애아 및 다문화가족의 자녀를 보육하기 위하여 필요한 어린이집을 설치・운영하여야 한다. 〈개정 2018. 12. 24.〉

⑦ 보건복지부장관은 제4항에 따른 표준보육비용을 결정하기 위하여 필요한 조사를 3년마다 실시하며, 조사 결과를 바탕으로 제6조에 따른 중앙보육정책위원회의 심의를 거쳐 표준보육비용을 결정하여야 한다. 〈신설 2019. 1. 15.〉

⑧ 제7항에 따른 조사의 방법과 내용 등에 필요한 사항은 보건복지부령으로 정한다. 〈신설 2019. 1. 15.〉

[전문개정 2013. 1. 23.]

제34조의2(양육수당) ① 국가와 지방자치단체는 어린이집이나 「유아교육법」 제2조에 따른 유치원을 이용하지 아니하는 영유아에 대하여 영유아의 연령을 고려하여 양육에 필요한 비용을 지원할 수 있다. 〈개정 2011. 6. 7., 2018. 12. 24.〉

② 제1항에 따른 영유아가 제26조의2에 따른 시간제보육 서비스를 이용하는 경우에도 그 영유아에 대하여는 제1항에 따른 양육에 필요한 비용을 지원할 수 있다. 〈신설 2013. 6. 4., 2018. 12. 24.〉

③ 국가와 지방자치단체는 제1항에 따라 양육에 필요한 비용을 지원받는 영유아가 90일 이상 지속하여 해외에 체류하는 경우에는 그 기간 동안 양육에 필요한 비용의 지원을 정지한다. 〈신설 2015. 5. 18.〉

④ 보건복지부장관 및 지방자치단체의 장은 제3항에 따라 양육수당의 지급을 정지하는 경우 서면으로 그 이유를 분명하게 밝혀 영유아의 보호자에게 통지하여야 한다. 〈신설 2015. 5. 18.〉

⑤ 제1항에 따른 비용 지원의 대상・기준 등에 대하여 필요한 사항은 대통령령으로 정한다. 〈개정 2013. 6. 4., 2015. 5. 18.〉

[본조신설 2008. 12. 19.]

제34조의3(보육서비스 이용권) ① 국가와 지방자치단체는 제34조 및 제34조의2에 따른 비용

지원을 위하여 보육서비스 이용권(이하 "이용권"이라 한다)을 영유아의 보호자에게 지급할 수 있다. 〈개정 2011. 6. 7., 2011. 8. 4., 2013. 1. 23.〉

② 삭제 〈2011. 8. 4.〉

③ 이용권의 지급 및 이용 절차 등에 관하여 필요한 사항은 보건복지부령으로 정한다. 〈개정 2010. 1. 18., 2011. 8. 4.〉

[본조신설 2008. 12. 19.]

제34조의4(비용 지원의 신청) ① 영유아의 보호자는 제34조 및 제34조의2에 따른 비용의 지원을 신청할 수 있다. 〈개정 2011. 6. 7., 2013. 1. 23.〉

② 삭제 〈2018. 12. 24.〉

③ 제1항에 따른 비용 지원의 신청 방법 및 절차는 보건복지부령으로 정한다. 〈개정 2011. 8. 4.〉

[본조신설 2008. 12. 19.]

제34조의5(조사·질문) ① 보건복지부장관 또는 지방자치단체의 장은 제34조의4제1항에 따른 신청자 및 지원이 확정된 자에 대하여 비용 지원대상 자격확인을 위하여 필요한 서류나 그 밖의 소득활동, 가족관계 등에 관한 자료의 제출을 요구할 수 있으며, 소속 공무원으로 하여금 비용 지원 신청자 및 지원이 확정된 자의 주거, 그 밖의 필요한 장소에 방문하여 서류 등을 조사하게 하거나 관계인에게 필요한 질문을 하게 할 수 있다. 〈개정 2010. 1. 18., 2016. 2. 3., 2018. 12. 24.〉

② 보건복지부장관 또는 지방자치단체의 장은 제1항에 따른 조사 또는 비용 지원사업을 수행하기 위하여 필요한 국세·지방세·건강보험·국민연금·고용보험·산재보험 등에 관한 자료의 제공을 관계 기관의 장에게 요청할 수 있다. 이 경우 자료의 제공을 요청받은 관계 기관의 장은 특별한 사유가 없는 한 이에 응하여야 한다. 〈개정 2010. 1. 18., 2018. 12. 24.〉

③ 제1항에 따라 방문·조사·질문을 하는 자는 그 권한을 표시하는 증표 및 조사기간, 조사범위, 조사담당자, 관계 법령 등이 기재된 서류를 지니고 이를 관계인에게 내보여야 한다. 〈개정 2016. 2. 3.〉

④ 보건복지부장관 또는 지방자치단체의 장은 비용 지원 신청자 또는 지원이 확정된 자가 제1항에 따른 서류 또는 자료의 제출을 거부하거나 조사·질문을 거부·방해 또는 기피하는 경우에는 비용 지원의 신청을 각하하거나 지원결정을 취소·중지 또는 변경할 수 있다.

〈개정 2010. 1. 18.〉

⑤ 제1항에 따른 조사·질문의 범위·시기 및 내용에 관하여 필요한 사항은 보건복지부령으로 정한다. 〈개정 2010. 1. 18.〉

⑥ 보육비용 지원대상에 대한 주민등록 주소지 등을 파악하기 위하여 「전자정부법」 제36조 제1항에 따라 행정정보를 공동이용할 수 있다. 〈개정 2010. 2. 4.〉

⑦ 제1항에 따른 조사 또는 질문의 내용·절차·방법 등에 관하여는 이 법에서 정하는 사항을 제외하고는 「행정조사기본법」에서 정하는 바에 따른다. 〈신설 2016. 2. 3.〉

[본조신설 2008. 12. 19.]

제34조의6 삭제 〈2018. 12. 24.〉

제34조의7(비용 지원 신청 관련 정보의 고지) ① 보건복지부장관 또는 지방자치단체의 장은 영유아의 보호자에게 제34조의4에 따른 비용 지원의 신청과 관련한 정보를 서면 등의 방식으로 고지하여야 한다.

② 제1항에 따른 고지의 방식·시기·내용 및 절차 등에 필요한 사항은 보건복지부령으로 정한다.

[본조신설 2015. 5. 18.]

제35조 삭제 〈2013. 1. 23.〉

제36조(비용의 보조 등) 국가나 지방자치단체는 대통령령으로 정하는 바에 따라 제10조에 따른 어린이집의 설치, 보육교사(대체교사를 포함한다)의 인건비, 초과보육(超過保育)에 드는 비용 등 운영 경비 또는 지방육아종합지원센터의 설치·운영, 보육교직원의 복지 증진, 취약보육의 실시 등 보육사업에 드는 비용, 제15조의4에 따른 폐쇄회로 텔레비전 설치비의 전부 또는 일부를 보조한다. 〈개정 2011. 6. 7., 2011. 8. 4., 2013. 6. 4., 2015. 5. 18.〉

[전문개정 2007. 10. 17.]

제37조(사업주의 비용 부담) 제14조에 따라 어린이집을 설치한 사업주는 대통령령으로 정하는 바에 따라 그 어린이집의 운영과 보육에 필요한 비용의 전부 또는 일부를 부담하여야 한다. 〈개정 2011. 6. 7.〉

[전문개정 2007. 10. 17.]

제38조(보육료의 수납 등) ① 제12조부터 제14조까지의 규정에 따라 어린이집을 설치·운영하는 자는 그 어린이집의 소재지를 관할하는 시·도지사가 정하는 범위에서 그 어린이집

을 이용하는 자로부터 보육료와 그 밖의 필요경비 등을 받을 수 있다. 다만, 시 · 도지사는 필요시 어린이집 유형과 지역적 여건을 고려하여 그 기준을 다르게 정할 수 있다. 〈개정 2011. 6. 7., 2020. 12. 29.〉

② 어린이집을 설치 · 운영하는 자는 제1항에 따른 보육료와 그 밖의 필요경비 등을 최초로 받을 때 영유아의 보호자에게 해당 어린이집이 제공하는 보육서비스의 내용, 보육료와 그 밖의 필요경비 등의 수납목적 및 사용계획, 어린이집 이용에 관한 주의사항, 그 밖에 보건복지부령으로 정하는 사항을 설명하여야 한다. 이 경우 설명의 방법 및 절차 등에 관하여 필요한 사항은 보건복지부령으로 정한다. 〈신설 2020. 12. 29.〉

[전문개정 2007. 10. 17.]

[제목개정 2020. 12. 29.]

제38조의2(목적 외 사용 금지) 어린이집을 설치 · 운영하는 자 및 어린이집의 원장은 어린이집의 회계에 속하는 재산이나 수입을 보육 목적 외로 부정하게 사용해서는 아니 된다.

[본조신설 2020. 12. 29.]

제39조(세제 지원) ① 제14조와 제37조에 따라 사업주가 직장어린이집을 설치 · 운영하는 데에 드는 비용과 보호자가 영유아의 보육을 위하여 지출한 보육료와 그 밖에 보육에 드는 비용에 관하여는 「조세특례제한법」에서 정하는 바에 따라 조세를 감면한다. 〈개정 2011. 6. 7., 2014. 5. 20.〉

② 제10조제4호의 직장어린이집을 제외한 어린이집의 운영비에 대하여도 「조세특례제한법」에서 정하는 바에 따라 조세를 감면한다. 〈개정 2011. 6. 7., 2011. 8. 4.〉

[전문개정 2007. 10. 17.]

제39조의2(국 · 공유재산의 대부 등) 국가 또는 지방자치단체는 다음 각 호의 어린이집의 설치 · 운영을 위하여 필요하다고 인정하는 경우 「국유재산특례제한법」에 따라 국유재산을, 「공유재산 및 물품 관리법」에도 불구하고 공유재산을 무상으로 대부하거나 사용하게 할 수 있다.

1. 제12조에 따른 국공립어린이집
2. 제14조에 따른 직장어린이집 중 「중소기업기본법」 제2조제1항에 따른 중소기업이 공동으로 설치 · 운영하는 어린이집

[본조신설 2018. 12. 24.]

제40조(비용 및 보조금의 반환명령) 국가나 지방자치단체는 어린이집의 설치 · 운영자, 육아종합지원센터의 장, 보수교육 위탁실시자 등이 다음 각 호의 어느 하나에 해당하는 경우에는 이미 교부한 비용과 보조금의 전부 또는 일부의 반환을 명할 수 있다. 〈개정 2011. 6. 7., 2011. 8. 4., 2011. 12. 31., 2013. 6. 4., 2019. 1. 15., 2020. 12. 29.〉

1. 어린이집 운영이 정지 · 폐쇄 또는 취소된 경우
2. 사업 목적 외의 용도에 보조금을 사용한 경우
3. 거짓이나 그 밖의 부정한 방법으로 보조금을 교부받은 경우

3의2. 거짓이나 그 밖의 부정한 방법으로 제34조에 따른 비용을 지원받은 경우

4. 제38조의2를 위반하여 제34조에 따른 비용을 보육 목적 외로 부정하게 사용한 경우
5. 착오 또는 경미한 과실로 보조금을 교부받은 경우로서 보건복지부령이 정하는 사유에 해당하는 경우

[전문개정 2007. 10. 17.]

제40조의2(보육비용 지원액 등의 환수) ① 국가 또는 지방자치단체는 보호자가 거짓이나 그 밖의 부정한 방법으로 제34조 및 제34조의2에 따른 비용을 지원받은 경우에는 그 비용의 전부 또는 일부를 환수할 수 있다. 〈개정 2013. 1. 23.〉

② 국가 또는 지방자치단체는 어린이집을 설치 · 운영하는 자 또는 어린이집의 원장이 다음 각 호의 어느 하나에 해당하는 경우 영유아의 보호자를 대신하여 그 비용의 전부 또는 일부를 환수할 수 있다. 이 경우 환수한 비용은 보호자에게 돌려주어야 한다. 〈신설 2020. 12. 29.〉

1. 거짓이나 그 밖의 부정한 방법으로 제38조제1항에 따른 보육료와 그 밖의 필요경비 등을 받은 경우
2. 제38조의2를 위반하여 제38조제1항에 따른 보육료와 그 밖의 필요경비 등을 보육 목적 외로 부정하게 사용한 경우

③ 제1항 또는 제2항에 따라 환수하는 경우에 비용을 반환할 자가 기한까지 반환하지 아니한 때에는 국세 또는 지방세 체납처분의 예에 따라 징수한다. 〈개정 2020. 12. 29.〉

[본조신설 2011. 6. 7.]

[제목개정 2020. 12. 29.]

제7장 지도 및 감독

제41조(지도와 명령) 보건복지부장관, 시 · 도지사 및 시장 · 군수 · 구청장은 보육사업의 원활한 수행을 위하여 어린이집 설치 · 운영자 및 보육교직원에 대하여 필요한 지도와 명령을 할 수 있다. 〈개정 2008. 2. 29., 2010. 1. 18., 2011. 6. 7.〉

[전문개정 2007. 10. 17.]

제42조(보고와 검사) ① 보건복지부장관, 시 · 도지사 또는 시장 · 군수 · 구청장은 어린이집을 설치 · 운영하는 자로 하여금 그 어린이집에 관하여 필요한 보고를 하게 하거나 관계 공무원으로 하여금 그 어린이집의 운영 상황을 조사하게 하거나 장부와 그 밖의 서류를 검사하게 할 수 있다. 〈개정 2008. 2. 29., 2010. 1. 18., 2011. 6. 7.〉

② 제1항에 따라 관계 공무원이 그 직무를 수행할 때에는 그 권한을 표시하는 증표를 지니고 이를 관계인에게 내보여야 한다.

[전문개정 2007. 10. 17.]

제42조의2(위법행위의 신고 및 신고자 보호) ① 누구든지 다음 각 호의 어느 하나에 해당하는 자를 관계 행정기관이나 수사기관에 신고 또는 고발할 수 있다. 〈개정 2020. 12. 29., 2021. 6. 8.〉

1. 거짓이나 그 밖의 부정한 방법으로 보조금을 교부받거나 유용(流用)한 자
2. 제24조제1항에 따른 어린이집 운영기준을 지키지 아니한 자
3. 제33조에 따른 급식관리기준을 지키지 아니한 자
4. 제33조의2에 따른 어린이집 차량안전관리 기준을 지키지 아니한 자

4의2. 제33조의4에 따른 어린이집의 위생관리기준을 지키지 아니한 자

5. 거짓이나 그 밖의 부정한 방법으로 제34조에 따른 비용을 지원받은 자
6. 거짓이나 그 밖의 부정한 방법으로 제38조제1항에 따른 보육료와 그 밖의 필요경비 등을 받은 자
7. 제38조의2를 위반하여 어린이집의 회계에 속하는 재산이나 수입을 보육 목적 외로 부정하게 사용한 자
8. 「아동복지법」 제3조제7호에 따른 아동학대 행위를 한 자
9. 그 밖에 보건복지부령으로 정하는 자

② 어린이집을 설치 · 운영하는 자는 보육교직원이 제1항에 따른 신고 또는 고발을 하였다는 이유로 「공익신고자 보호법」 제2조제6호에 따른 불이익조치를 하여서는 아니 된다.

③ 보건복지부장관, 시 · 도지사 및 시장 · 군수 · 구청장은 제1항제1호 및 제3호부터 제8호까지에 해당하는 사항에 대하여 신고 또는 고발한 사람에게 예산의 범위에서 포상금을 지급할 수 있다. 〈개정 2018. 12. 11., 2020. 12. 29.〉

④ 제1항에 따른 신고 절차 · 방법 및 제3항에 따른 포상금 지급의 기준 · 방법 및 절차 등에 필요한 사항은 대통령령으로 정한다. 〈신설 2018. 12. 11.〉

[본조신설 2015. 5. 18.]

제43조(어린이집의 폐지 · 휴지 및 재개 등의 신고) ① 제13조제1항에 따라 인가된 어린이집을 폐지하거나 일정기간 운영을 중단하거나 운영을 재개하려는 자는 보건복지부령으로 정하는 바에 따라 미리 특별자치시장 · 특별자치도지사 · 시장 · 군수 · 구청장에게 신고하여야 한다. 〈개정 2008. 2. 29., 2010. 1. 18., 2011. 6. 7., 2011. 8. 4., 2020. 12. 29.〉

② 어린이집의 원장은 어린이집이 폐지되거나 일정기간 운영이 중단되는 경우에는 보건복지부령으로 정하는 바에 따라 그 어린이집에서 보육 중인 영유아가 다른 어린이집으로 옮길 수 있도록 하는 등 영유아의 권익을 보호하기 위한 조치를 취하여야 한다. 〈개정 2008. 2. 29., 2010. 1. 18., 2011. 6. 7.〉

[전문개정 2007. 10. 17.]

[제목개정 2011. 6. 7.]

제43조의2(어린이집에 대한 휴원명령) ① 보건복지부장관, 시 · 도지사 또는 시장 · 군수 · 구청장은 천재지변이나 감염병 발생 등 긴급한 사유로 정상적인 보육이 어렵다고 인정하는 경우 어린이집의 원장에게 휴원을 명할 수 있다.

② 제1항에 따른 명령을 받은 어린이집의 원장은 지체 없이 어린이집을 휴원하여야 하며, 휴원 시 보호자가 영유아를 가정에서 양육할 수 없는 경우 등 긴급보육수요에 대비하여 긴급보육 계획을 가정통신문 등을 통하여 보호자에게 미리 안내하는 등 어린이집 운영에 필요한 조치를 하여야 한다.

③ 제1항에 따른 휴원명령의 기준 및 제2항에 따른 조치 등에 관하여 필요한 사항은 보건복지부령으로 정한다.

[본조신설 2015. 12. 29.]

제44조(시정 또는 변경 명령) 보건복지부장관, 시 · 도지사 또는 시장 · 군수 · 구청장은 어린이집이 다음 각 호의 어느 하나에 해당하면 어린이집의 원장 또는 그 설치 · 운영자에게 기간을 정하여 그 시정 또는 변경을 명할 수 있다. 〈개정 2008. 2. 29., 2010. 1. 18., 2011. 6. 7., 2011. 8. 4., 2013. 6. 4., 2013. 8. 13., 2015. 5. 18., 2015. 12. 29., 2018. 12. 11., 2018. 12. 24., 2019. 4. 30., 2020. 12. 29., 2021. 6. 8.〉

1. 제13조제1항에 따른 변경인가를 받지 아니하고 어린이집을 운영하는 경우
2. 제15조, 제15조의2 및 제15조의3에 따른 어린이집의 설치기준을 위반한 경우

2의2. 제15조의4에 따른 폐쇄회로 텔레비전의 설치 · 관리 및 영상정보의 보관기준을 위반한 경우

3. 제17조제5항에 따른 보육교직원의 배치기준을 위반한 경우

3의2. 제19조제2항에 따른 보육교직원의 임면에 관한 사항을 보고하지 아니하거나 거짓으로 보고한 경우

4. 제24조제1항에 따른 어린이집의 운영기준을 위반한 경우

4의2. 제25조제1항 단서를 위반하여 어린이집운영위원회를 설치 · 운영하지 아니한 경우

4의3. 제29조제4항 전단을 위반하여 영유아에게 특별활동을 제공한 경우

4의4. 제29조제4항 후단을 위반하여 특별활동에 참여하지 아니하는 영유아에게 특별활동을 대체할 수 있는 프로그램을 제공하지 아니한 경우

4의5. 제29조의2에 따른 생활기록부를 작성 · 관리하지 아니한 경우

4의6. 정당한 이유 없이 제30조제1항에 따른 평가 또는 같은 조 제5항에 따른 확인점검을 거부 · 방해 또는 기피하거나 거짓이나 그 밖의 부정한 방법으로 평가 또는 확인점검을 받은 경우

4의7. 제32조제1항에 따른 질병의 치료와 예방조치를 하지 아니한 경우

4의8. 제33조에 따른 균형 있고 위생적이며 안전한 급식을 하지 아니한 경우

4의9. 제33조의4에 따른 어린이집의 위생관리기준을 위반한 경우

5. 제38조제1항에 따른 범위를 초과하여 보육료와 그 밖의 필요경비 등을 받은 경우
6. 제42조에 따른 보고를 하지 아니하거나 거짓으로 보고한 경우 또는 조사 · 검사를 거부하거나 기피한 경우
7. 제43조제1항에 따른 신고를 하지 아니하고 어린이집을 폐지하거나 일정기간 운영을 중

단하거나 운영을 재개한 경우

7의2. 제43조의2제2항을 위반하여 휴원하지 아니하거나 긴급보육수요에 대비한 조치를 하지 아니한 경우

8. 제49조의2에 따른 정보의 공시에 관한 사항을 위반한 경우

[전문개정 2007. 10. 17.]

제44조의2(직장어린이집 설치의무 미이행 사업장에 대한 이행명령) 시 · 도지사, 시장 · 군수 · 구청장은 제14조에 따른 사업장의 사업주가 직장어린이집의 설치 등 의무를 이행하지 아니하는 경우에는 상당한 기간을 정하여 그 의무를 이행할 것을 명할 수 있다.

[본조신설 2014. 5. 20.]

제44조의3(이행강제금) ① 시 · 도지사, 시장 · 군수 · 구청장은 제44조의2에 따른 명령을 이행하지 아니한 자에 대하여 그 명령의 이행에 필요한 상당한 기간을 정하여 그 기간 내에 이행할 것을 다시 명할 수 있으며, 이를 이행하지 아니한 경우에는 같은 조에 따른 명령이 있었던 날을 기준으로 하여 1년에 2회, 매회 1억원의 범위에서 이행강제금을 부과 · 징수할 수 있다.

② 시 · 도지사, 시장 · 군수 · 구청장은 직장어린이집 미설치 기간 · 사유 등을 고려하여 제1항에 따른 금액을 100분의 50의 범위에서 가중할 수 있다. 〈신설 2019. 4. 30.〉

③ 시 · 도지사, 시장 · 군수 · 구청장은 제1항 및 제2항에 따른 이행강제금을 부과하기 전에 상당한 기간을 정하여 그 기간 내에 이행하지 아니할 때에는 이행강제금을 부과 · 징수한다는 뜻을 미리 문서로 계고(戒告)하여야 한다. 〈개정 2019. 4. 30.〉

④ 시 · 도지사, 시장 · 군수 · 구청장은 제1항 및 제2항에 따른 이행강제금을 부과하는 때에는 이행강제금의 금액, 부과사유, 납부기한, 수납기관, 불복방법 등을 적은 문서로 통지하여야 한다. 〈개정 2019. 4. 30.〉

⑤ 시 · 도지사, 시장 · 군수 · 구청장은 제44조의2에 따른 명령을 받은 자가 그 명령을 이행하는 경우에는 새로운 이행강제금의 부과를 중지하되, 이미 부과된 이행강제금은 징수하여야 한다. 〈개정 2019. 4. 30.〉

⑥ 시 · 도지사, 시장 · 군수 · 구청장은 제1항 및 제2항에 따라 이행강제금 부과처분을 받은 자가 납부기한까지 이행강제금을 납부하지 아니하는 경우에는 「지방행정제재 · 부과금의 징수 등에 관한 법률」에 따라 징수한다. 〈개정 2019. 4. 30., 2020. 3. 24.〉

⑦ 제1항 및 제2항에 따른 이행강제금의 부과기준, 부과 · 징수된 이행강제금의 반환절차 등 필요한 사항은 대통령령으로 정한다. 〈개정 2019. 4. 30.〉

[본조신설 2014. 5. 20.]

제45조(어린이집의 폐쇄 등) ① 보건복지부장관, 시 · 도지사 및 시장 · 군수 · 구청장은 어린이집을 설치 · 운영하는 자(이하 이 조에서 "설치 · 운영자"라 한다)가 다음 각 호의 어느 하나에 해당하면 1년 이내의 어린이집 운영정지를 명하거나 어린이집의 폐쇄를 명할 수 있다. 이 경우 보육교직원 등 설치 · 운영자의 관리 · 감독 하에 있는 자가 제4호 또는 제5호 나목에 해당하는 행위를 한 경우에는 설치 · 운영자가 한 행위로 본다(설치 · 운영자가 그 행위를 방지하기 위하여 상당한 주의와 감독을 게을리하지 아니한 경우에는 그러하지 아니하다). 〈개정 2008. 2. 29., 2010. 1. 18., 2011. 6. 7., 2013. 8. 13., 2014. 5. 28., 2015. 5. 18., 2020. 12. 29.〉

1. 거짓이나 그 밖의 부정한 방법으로 보조금을 교부받거나 보조금을 유용한 경우

1의2. 거짓이나 그 밖의 부정한 방법으로 제34조에 따른 비용을 지원받은 경우

1의3. 거짓이나 그 밖의 부정한 방법으로 제38조제1항에 따른 보육료와 그 밖의 필요경비 등을 받은 경우

1의4. 제38조의2를 위반하여 어린이집의 회계에 속하는 재산이나 수입을 보육 목적 외로 부정하게 사용한 경우

2. 제40조에 따른 비용 또는 보조금의 반환명령을 받고 반환하지 아니한 경우

3. 제44조에 따른 시정 또는 변경 명령을 위반한 경우

4. 「아동복지법」 제3조제7호에 따른 아동학대 행위를 한 경우

5. 다음 각 목의 어느 하나에 해당하여 영유아가 사망하거나 신체에 보건복지부령으로 정하는 중상해를 입은 경우

   가. 「도로교통법」 제53조제3항을 위반하여 어린이통학버스(제33조의2 및 「도로교통법」 제52조에 따른 신고를 하지 아니한 경우를 포함한다)에 「도로교통법」 제53조제3항에 따른 보호자를 함께 태우지 아니한 채 운행하던 중 교통사고가 발생한 경우

   나. 「도로교통법」 제53조제3항부터 제5항까지의 규정에 따른 영유아의 하차 여부 확인에 관한 의무를 준수하지 아니한 경우

② 삭제 〈2011. 6. 7.〉

③ 특별자치시장 · 특별자치도지사 · 시장 · 군수 · 구청장은 설치 · 운영자 또는 보육교직원이 제1항제4호에 따른 아동학대 행위를 한 것으로 의심되는 경우 즉시 제42조에 따른 보고를 받거나 조사 · 검사를 실시하여야 한다. 〈신설 2015. 5. 18.〉

④ 특별자치시장 · 특별자치도지사 · 시장 · 군수 · 구청장은 제3항에 따른 보고나 조사 · 검사를 실시한 후 지체 없이 「아동복지법」 제10조의2에 따른 아동권리보장원 또는 같은 법 제45조에 따른 아동보호전문기관 등 관계 기관과 협의하여 제1항에 따른 행정처분 여부를 결정하여야 한다. 〈신설 2015. 5. 18., 2019. 1. 15.〉

⑤ 특별자치시장 · 특별자치도지사 · 시장 · 군수 · 구청장은 어린이집이 제1항에 따라 운영정지 또는 폐쇄되는 경우에는 어린이집에 보육 중인 영유아를 다른 어린이집으로 옮기도록 하는 등 영유아의 권익을 보호하기 위하여 필요한 조치를 하여야 한다. 〈신설 2011. 8. 4., 2015. 5. 18., 2020. 12. 29.〉

⑥ 제1항에 따른 행정처분의 세부기준은 보건복지부령으로 정한다. 〈개정 2008. 2. 29., 2010. 1. 18., 2011. 6. 7., 2011. 8. 4., 2015. 5. 18.〉

[전문개정 2007. 10. 17.]

[제목개정 2011. 6. 7.]

제45조의2(과징금 처분) ① 보건복지부장관, 시 · 도지사 또는 시장 · 군수 · 구청장은 어린이집의 설치 · 운영자가 제45조제1항 각 호의 어느 하나에 해당하여 어린이집 운영정지를 명하여야 하는 경우로서 그 운영정지가 영유아 및 보호자에게 심한 불편을 주거나 그 밖에 공익을 해칠 우려가 있으면 어린이집 운영정지 처분을 갈음하여 3천만원 이하의 과징금을 부과할 수 있다.

② 제1항에 따른 과징금을 부과하는 위반행위의 종류와 위반 정도 등에 따른 과징금의 금액 등에 필요한 사항은 대통령령으로 정한다.

③ 보건복지부장관, 시 · 도지사 또는 시장 · 군수 · 구청장은 제1항에 따른 과징금을 내야 할 자가 납부기한까지 내지 아니한 경우에는 국세 체납처분의 예 또는 「지방행정제재 · 부과금의 징수 등에 관한 법률」에 따라 징수한다. 〈개정 2013. 8. 6., 2020. 3. 24.〉

[본조신설 2011. 6. 7.]

[종전 제45조의2는 제45조의3으로 이동 〈2011. 6. 7.〉]

제45조의3(행정제재처분효과의 승계) ①어린이집을 설치 · 운영하는 자가 그 어린이집을 양

도하거나 사망한 때 또는 법인의 합병이 있는 때에는 종전의 어린이집을 설치 · 운영한 자에게 제45조제1항 각 호의 사유로 행한 행정제재처분의 효과는 그 행정처분일부터 1년간 그 양수인 · 상속인 또는 합병 후 신설되거나 존속하는 법인에 승계되며, 행정제재처분의 절차가 진행 중인 경우에는 양수인 · 상속인 또는 합병 후 신설되거나 존속하는 법인에 대하여 행정제재처분의 절차를 속행할 수 있다. 다만, 양수인 · 상속인 또는 합병 후 신설되거나 존속하는 법인이 양수 또는 합병할 때 그 처분 또는 위반사실을 알지 못하였음을 증명하는 경우에는 그러하지 아니하다. 〈개정 2011. 6. 7., 2015. 5. 18.〉

② 제1항의 양수인 · 상속인 또는 합병 후 신설되거나 존속하는 법인이 어린이집을 양수 · 상속 또는 합병할 때에는 종전의 어린이집을 설치 · 운영한 자가 제45조제1항 각 호의 사유로 행정처분의 절차가 진행 중인지 및 행정제재 처분을 받은 이력이 있는지 여부를 확인하여야 하며, 보건복지부장관, 시 · 도지사 및 시장 · 군수 · 구청장은 양수인 · 상속인 또는 합병 후 신설되거나 존속하는 법인이 그 확인을 요청하는 경우 이를 보건복지부령으로 정하는 바에 따라 확인하는 서류를 발부할 수 있다. 〈신설 2015. 5. 18.〉

[본조신설 2008. 1. 17.]

[제45조의2에서 이동 〈2011. 6. 7.〉]

제46조(어린이집의 원장의 자격정지) ① 보건복지부장관은 어린이집의 원장이 다음 각 호의 어느 하나에 해당하면 1년(「아동복지법」 제3조제7호에 따른 아동학대 행위로 제1호가목에 해당하게 된 경우에는 5년) 이내의 범위에서 보건복지부령으로 정하는 바에 따라 그 자격을 정지시킬 수 있다. 〈개정 2008. 2. 29., 2010. 1. 18., 2011. 6. 7., 2013. 6. 4., 2015. 5. 18., 2020. 12. 29., 2021. 6. 8.〉

1. 어린이집의 원장이 업무 수행 중 고의나 중대한 과실로 영유아에게 손해를 입힌 경우로서 다음 각 목의 어느 하나에 해당하는 경우
   가. 영유아의 생명을 해치거나 신체 또는 정신에 중대한 손해를 입힌 경우
   나. 제24조에 따른 운영기준을 위반하여 손해를 입힌 경우
   다. 제33조에 따라 보건복지부령으로 정한 급식기준을 위반하여 손해를 입힌 경우
   라. 제33조의4에 따라 보건복지부령으로 정한 위생관리기준을 위반하여 손해를 입힌 경우
   마. 그 밖에 손해를 입힌 경우
2. 해당 업무 수행에 필요한 자격이 없는 자를 채용하여 보육교사 · 간호사 또는 영양사 등

의 업무를 수행하게 한 경우

3. 제23조에 따른 보수교육을 연속하여 3회 이상 받지 아니한 경우
4. 거짓이나 그 밖의 부정한 방법으로 보조금을 교부받거나 보조금을 유용한 경우
5. 거짓이나 그 밖의 부정한 방법으로 제34조에 따른 비용을 지원받은 경우
6. 거짓이나 그 밖의 부정한 방법으로 제38조제1항에 따른 보육료와 그 밖의 필요경비 등을 받은 경우
7. 제38조의2를 위반하여 어린이집의 회계에 속하는 재산이나 수입을 보육 목적 외로 부정하게 사용한 경우
8. 「공익신고자 보호법」 제2조제2호에 따른 공익신고를 한 보육교직원에게 같은 조 제6호에 따른 불이익조치를 한 경우

② 보건복지부장관은 어린이집의 원장이 「도로교통법」 제53조제3항부터 제5항까지에 따른 영유아의 하차 여부 확인에 관한 의무를 준수하지 아니하여 영유아가 사망하거나 신체에 보건복지부령으로 정하는 중상해를 입은 경우 2년 이내의 범위에서 보건복지부령으로 정하는 바에 따라 그 자격을 정지시킬 수 있다. 〈신설 2020. 12. 29.〉

③ 어린이집의 원장의 지도·감독 하에 있는 자가 다음 각 호의 어느 하나에 해당하는 행위를 한 경우에는 어린이집의 원장이 한 행위로 본다(어린이집 원장의 자격정지에 관한 사항으로 한정한다). 다만, 어린이집의 원장이 그 행위를 방지하기 위하여 상당한 주의와 감독을 게을리하지 아니한 경우에는 그러하지 아니하다. 〈신설 2020. 12. 29.〉

1. 「도로교통법」 제53조제3항부터 제5항까지에 따른 영유아의 하차 여부 확인에 관한 의무를 준수하지 아니하여 영유아가 사망하거나 신체에 보건복지부령으로 정하는 중상해를 입은 경우
2. 「아동복지법」 제3조제7호에 따른 아동학대 행위를 하여 제1항제1호가목에 해당하게 된 경우

[전문개정 2007. 10. 17.]

[제목개정 2011. 6. 7.]

제47조(보육교사의 자격정지) ① 보건복지부장관은 보육교사가 다음 각 호의 어느 하나에 해당하면 1년(「아동복지법」 제3조제7호에 따른 아동학대 행위로 제1호에 해당하게 된 경우에는 5년) 이내의 범위에서 보건복지부령으로 정하는 바에 따라 그 자격을 정지시킬 수 있

다. 〈개정 2008. 2. 29., 2010. 1. 18., 2011. 12. 31., 2015. 5. 18., 2020. 12. 29.〉

1. 보육교사가 업무 수행 중 그 자격과 관련하여 고의나 중대한 과실로 손해를 입힌 경우
2. 제23조의2에 따른 보수교육을 연속하여 3회 이상 받지 아니한 경우

② 보건복지부장관은 보육교사가 「도로교통법」 제53조제3항부터 제5항까지에 따른 영유아의 하차 여부 확인에 관한 의무를 준수하지 아니하여 영유아가 사망하거나 신체에 보건복지부령으로 정하는 중상해를 입은 경우 2년 이내의 범위에서 보건복지부령으로 정하는 바에 따라 그 자격을 정지시킬 수 있다. 〈신설 2020. 12. 29.〉

[전문개정 2007. 10. 17.]

제48조(어린이집의 원장 또는 보육교사의 자격취소) ①보건복지부장관은 어린이집의 원장 또는 보육교사가 다음 각 호의 어느 하나에 해당하면 그 자격을 취소할 수 있다. 〈개정 2008. 2. 29., 2010. 1. 18., 2011. 6. 7., 2011. 8. 4., 2013. 8. 13., 2015. 5. 18., 2020. 12. 29.〉

1. 거짓이나 그 밖의 부정한 방법으로 자격증을 취득한 경우
2. 자격 취득자가 업무 수행 중 그 자격과 관련하여 고의나 중대한 과실로 손해를 입히고 금고 이상의 형을 선고받은 경우
3. 「아동복지법」 제3조제7호의2에 따른 아동학대관련범죄로 처벌을 받은 경우
4. 제22조의2에 따른 명의대여 금지 등의 의무를 위반한 경우
5. 자격정지처분기간 종료 후 3년 이내에 자격정지처분에 해당하는 행위를 한 경우
6. 자격정지처분을 받고도 자격정지처분기간 이내에 자격증을 사용하여 자격 관련 업무를 수행한 경우
7. 자격정지처분을 3회 이상 받은 경우
8. 제46조제1항제4호에 해당하여 금고 이상의 형을 선고받은 경우

② 보건복지부장관은 제1항에 따라 자격이 취소된 사람에게는 그 취소된 날부터 다음 각 호의 구분에 따라 자격을 재교부하지 못한다. 〈신설 2013. 8. 13., 2015. 5. 18.〉

1. 제1항 각 호의 사항 중 제3호 이외의 어느 하나에 해당하는 경우: 2년
2. 제1항제3호에 해당하는 경우: 10년(다만, 「아동복지법」 제3조제7호의2에 따른 아동학대관련범죄로 금고 이상의 실형을 선고받고 그 집행이 종료되거나 집행이 면제된 날부터 20년이 지나지 아니한 사람 또는 「아동복지법」 제3조제7호의2에 따른 아동학대관련범죄로 금고 이상의 형의 집행유예가 확정된 날부터 20년이 지나지 아니한 사람에게는 자

격을 재교부할 수 없다)

[전문개정 2007. 10. 17.]

[제목개정 2011. 6. 7.]

[단순위헌, 2019헌마813, 2022.9.29, 영유아보육법(2015. 5. 18. 법률 제13321호로 개정된 것) 제16조 제8호 후단 중 아동복지법 제17조 제5호를 위반하여 아동복지법 제71조 제1항 제2호로 처벌받은 경우에 관한 부분, 같은 법 제20조 제1호 중 제16조 제8호 후단 가운데 아동복지법 제17조 제5호를 위반하여 아동복지법 제71조 제1항 제2호로 처벌받은 경우에 관한 부분, 같은 법 제48조 제2항 제2호 본문 중 아동복지법 제17조 제5호를 위반하여 아동복지법 제71조 제1항 제2호에 따라 처벌받은 경우에 관한 부분은 헌법에 위반된다.]

제49조(청문) 보건복지부장관, 시·도지사 및 시장·군수·구청장은 제30조의3에 따른 공공형어린이집 지정 취소 및 제45조부터 제48조까지의 행정처분을 하려면 청문을 하여야 한다. 〈개정 2008. 2. 29., 2010. 1. 18., 2021. 6. 8.〉

[전문개정 2007. 10. 17.]

제49조의2(어린이집 정보의 공시 등) ① 어린이집의 원장은 어린이집이 보유·관리하는 다음 각 호의 정보를 매년 1회 이상 공시하여야 한다. 이 경우 어린이집의 원장은 공시한 정보(이하 이 조에서 "공시정보"라 한다)를 특별자치시장·특별자치도지사·시장·군수·구청장에게 제출하여야 하고 보건복지부장관은 공시정보와 관련된 자료의 제출을 요구할 수 있다. 〈개정 2020. 12. 29.〉

1. 어린이집의 시설, 설치·운영자, 보육교직원 등 기본현황
2. 제29조에 따른 어린이집 보육과정에 관한 사항
3. 제38조제1항에 따라 수납하는 보육료와 그 밖의 필요경비에 관한 사항
4. 어린이집 예산·결산 등 회계에 관한 사항
5. 영유아의 건강·영양 및 안전관리에 관한 사항
6. 그 밖에 보육여건 및 어린이집 운영에 관한 사항으로서 대통령령으로 정하는 사항

② 공시정보의 구체적인 범위와 공시의 횟수·시기 및 방법 등에 필요한 사항은 대통령령으로 정한다.

③ 보건복지부장관은 제1항에 따른 공시에 필요한 양식을 마련·보급하고 공시정보를 수집 및 관리할 수 있다. 이 경우 보건복지부장관은 보육정책 수립, 학술연구 진흥, 통계 작성

등에 활용하기 위하여 공시정보를 연계 · 가공할 수 있다.

④ 보건복지부장관, 시 · 도지사 또는 시장 · 군수 · 구청장은 어린이집의 원장이 해당 정보를 공시하지 아니하거나 게을리할 경우 이에 대한 시정을 권고하여야 한다.

⑤ 어린이집의 원장은 어린이집을 홍보하거나 「표시 · 광고의 공정화에 관한 법률」에 따른 표시 또는 광고를 할 때에는 제1항에 따라 공시된 정보와 다르게 알려서는 아니 된다.

⑥ 보건복지부장관, 시 · 도지사 또는 시장 · 군수 · 구청장은 제5항의 위반 여부를 확인할 필요가 있는 경우에는 해당 어린이집의 원장에게 관련 자료의 제출을 요청할 수 있다. 이 경우 요청을 받은 어린이집의 원장은 정당한 사유가 없는 한 관련 자료를 보건복지부장관, 시 · 도지사 또는 시장 · 군수 · 구청장에게 제출하여야 한다.

[본조신설 2013. 6. 4.]

제49조의3(위반사실의 공표) ① 보건복지부장관, 시 · 도지사 또는 시장 · 군수 · 구청장은 제45조 또는 제45조의2에 따른 행정처분을 받은 어린이집으로서 다음 각 호의 어느 하나의 경우에 해당하는 어린이집에 대하여 그 위반행위, 처분내용, 해당 어린이집의 명칭, 대표자의 성명, 어린이집 원장의 성명(대표자와 동일인이 아닌 경우만 해당한다) 및 그 밖에 다른 어린이집과의 구별에 필요한 사항으로서 대통령령으로 정하는 사항을 공표하여야 한다. 다만, 제1호 및 제3호부터 제5호까지의 경우에는 보건복지부령으로 정하는 금액 이상인 경우에만 공표하여야 한다. 〈개정 2015. 5. 18., 2020. 12. 29., 2021. 6. 8.〉

1. 거짓이나 그 밖의 부정한 방법으로 보조금을 교부받거나 보조금을 유용한 경우
2. 제24조에 따른 운영기준, 제33조 및 제33조의4에 따라 보건복지부령으로 정한 급식기준 및 위생관리기준을 위반하여 영유아의 생명을 해치거나 신체 또는 정신에 중대한 피해가 발생한 경우
3. 거짓이나 그 밖의 부정한 방법으로 제34조에 따른 비용을 지원받은 경우
4. 거짓이나 그 밖의 부정한 방법으로 제38조제1항에 따른 보육료와 그 밖의 필요경비 등을 받은 경우
5. 제38조의2를 위반하여 어린이집의 회계에 속하는 재산이나 수입을 보육 목적 외로 부정하게 사용한 경우

② 보건복지부장관, 시 · 도지사 또는 시장 · 군수 · 구청장은 제46조부터 제48조까지의 행정처분을 받은 사람으로서 「아동복지법」 제3조제7호에 따른 아동학대 행위를 하여 영유아

의 생명을 해치거나 신체 또는 정신에 중대한 피해를 입힌 어린이집의 원장 및 보육교사에 대하여 법 위반 이력과 명단, 그 밖에 대통령령으로 정하는 사항을 공표하여야 한다. 〈개정 2015. 5. 18.〉

③ 보건복지부장관, 시 · 도지사 또는 시장 · 군수 · 구청장은 제1항 및 제2항에 따른 공표를 실시하기 전에 공표대상자에게 그 사실을 통지하여 소명자료를 제출하거나 출석하여 의견진술을 할 수 있는 기회를 부여하여야 한다.

④ 제1항 및 제2항에 따른 공표의 절차 · 방법, 그 밖에 필요한 사항은 대통령령으로 정한다.

[본조신설 2013. 6. 4.]

제8장 보칙

제50조(경력의 인정) ① 어린이집에 근무하는 자 중 「유아교육법」에 따른 유치원교원의 자격을 가진 자에 대하여는 어린이집에서의 근무경력을 「유아교육법」에 따른 교육경력으로 인정한다. 〈개정 2011. 6. 7.〉

② 유치원(「유아교육법」 제2조제6호에 따른 방과후 과정 수업과정을 운영하고 있는 유치원을 말한다)에 근무하는 자 중 이 법에 따른 보육교사의 자격을 가진 자에 대하여는 유치원에서의 근무경력을 이 법에 따른 보육경력으로 인정한다. 〈개정 2012. 3. 21.〉

[전문개정 2007. 10. 17.]

제51조(권한의 위임) 이 법에 따른 보건복지부장관 또는 시 · 도지사의 권한은 대통령령으로 정하는 바에 따라 그 일부를 시 · 도지사 또는 시장 · 군수 · 구청장에게 위임할 수 있다.

[전문개정 2011. 8. 4.]

제51조의2(업무의 위탁) ① 보건복지부장관, 시 · 도지사 또는 시장 · 군수 · 구청장은 대통령령으로 정하는 바에 따라 다음 각 호에 해당하는 업무를 공공기관 또는 민간기관 · 단체 등에 위탁할 수 있다. 이 경우 제2호 및 제4호의 업무는 진흥원에 위탁할 수 있다. 〈개정 2011. 12. 31., 2013. 6. 4., 2018. 12. 11., 2020. 12. 29., 2021. 12. 21.〉

1. 제7조제1항에 따른 지방육아종합지원센터의 운영업무

1의2. 제9조의3에 따른 보육정보시스템의 구축 · 운영에 관한 업무

2. 제22조제1항에 따른 어린이집의 원장 또는 보육교사의 자격 검정 및 보육자격증 교부등

에 관한 업무

3. 제23조제1항 및 제23조의2제1항에 따른 보수교육의 실시 업무

4. 제30조제1항에 따른 평가 및 같은 조 제5항에 따른 확인점검에 관한 업무

5. 제34조의3제1항에 따른 이용권에 관한 업무

② 보건복지부장관, 시ㆍ도지사 또는 시장ㆍ군수ㆍ구청장은 제1항에 따라 업무를 위탁한 경우에는 예산의 범위에서 그에 필요한 비용을 보조할 수 있다.

③ 보건복지부장관, 시ㆍ도지사 또는 시장ㆍ군수ㆍ구청장은 다음 각 호의 어느 하나에 해당하는 경우에는 제1항에 따른 위탁을 취소할 수 있다.

1. 수탁기관이 제2항에 따라 지급받은 보조금을 목적 외의 용도에 사용하였을 경우

2. 수탁기관이 거짓이나 그 밖의 부정한 방법으로 제2항에 따른 보조금을 지급받았을 경우

3. 그 밖에 대통령령으로 정하는 사유가 있는 경우

[본조신설 2011. 8. 4.]

제51조의3(관계 기관 간 업무협조) ① 특별자치시장ㆍ특별자치도지사ㆍ시장ㆍ군수ㆍ구청장은 제16조 또는 제20조에 따른 결격사유의 확인을 위하여 관계 기관의 장에게 범죄경력자료 등에 대한 조회요청을 할 수 있다.

② 보건복지부장관(보건복지부장관의 권한을 위탁받은 자를 포함한다)은 제22조제1항 및 제30조제1항에 따른 업무를 수행하기 위하여 국가기관, 지방자치단체, 「공공기관의 운영에 관한 법률」 제4조에 따른 공공기관 등 관계 기관의 장에게 필요한 정보 및 자료를 요청할 수 있다. 〈신설 2018. 12. 11.〉

③ 제1항 또는 제2항에 따른 요청을 받은 관계 기관의 장은 정당한 사유 없이 이를 거부하여서는 아니 된다. 〈개정 2018. 12. 11.〉

[본조신설 2014. 5. 28.]

제52조(도서ㆍ벽지ㆍ농어촌지역 등의 어린이집) ① 특별자치시장ㆍ특별자치도지사ㆍ시장ㆍ군수ㆍ구청장은 도서ㆍ벽지ㆍ농어촌지역 등에 있는 어린이집으로서 제15조에 따른 어린이집의 설치기준 및 제17조제5항에 따른 보육교직원의 배치기준을 적용하기 어렵다고 인정하는 경우에는 제6조에 따른 지방보육정책위원회의 심의를 거쳐 관할 시ㆍ도지사의 승인을 받아 이를 달리 적용할 수 있다. 〈개정 2011. 6. 7., 2011. 8. 4., 2018. 12. 24., 2019. 4. 30., 2020. 12. 29.〉

② 제1항에 따른 도서·벽지·농어촌지역 등의 구체적인 범위, 어린이집의 설치기준 및 보육교직원의 배치기준은 보건복지부령으로 정한다. 〈개정 2008. 2. 29., 2010. 1. 18., 2011. 6. 7.〉

[전문개정 2007. 10. 17.]

[제목개정 2011. 6. 7.]

第53조(어린이집연합회) ① 보육사업의 원활한 추진과 어린이집의 균형적인 발전, 어린이집 간의 정보 교류 및 상호 협조 증진을 위하여 어린이집연합회를 설립할 수 있다. 〈개정 2011. 6. 7.〉

② 어린이집연합회의 조직과 운영, 기능 등에 필요한 사항은 보건복지부령으로 정한다. 〈개정 2008. 2. 29., 2010. 1. 18., 2011. 6. 7.〉

[전문개정 2007. 10. 17.]

[제목개정 2011. 6. 7.]

제9장 벌칙

第54조(벌칙) ① 삭제 〈2018. 12. 24.〉

② 다음 각 호의 어느 하나에 해당하는 자는 3년 이하의 징역 또는 3천만원 이하의 벌금에 처한다. 〈개정 2015. 5. 18.〉

1. 거짓이나 그 밖의 부정한 방법으로 보조금을 교부받거나 보조금을 유용한 자
2. 제15조의5제2항제1호를 위반하여 폐쇄회로 텔레비전의 설치 목적과 다른 목적으로 폐쇄회로 텔레비전을 임의로 조작하거나 다른 곳을 비추는 행위를 한 자
3. 제15조의5제2항제2호를 위반하여 녹음기능을 사용하거나 보건복지부령으로 정하는 저장장치 이외의 장치 또는 기기에 영상정보를 저장한 자

③ 제15조의5제3항에 따른 안전성 확보에 필요한 조치를 하지 아니하여 영상정보를 분실·도난·유출·변조 또는 훼손당한 자는 2년 이하의 징역 또는 2천만원 이하의 벌금에 처한다. 〈신설 2015. 5. 18.〉

④ 다음 각 호의 어느 하나에 해당하는 자는 1년 이하의 징역 또는 1천만원 이하의 벌금에 처한다. 〈개정 2008. 12. 19., 2011. 6. 7., 2013. 1. 23., 2014. 5. 28., 2015. 5. 18., 2020. 4.

7., 2020. 12. 29.〉

1. 제13조제1항에 따른 설치인가를 받지 아니하고 어린이집의 명칭을 사용하거나 사실상 어린이집의 형태로 운영한 자
2. 거짓이나 그 밖의 부정한 방법으로 제13조제1항에 따른 어린이집의 설치인가 또는 변경인가를 받은 자
3. 제22조의2제1항을 위반하여 자기의 성명이나 어린이집의 명칭을 사용하여 어린이집의 원장 또는 보육교사의 업무를 수행하게 한 자 및 그 상대방

3의2. 제22조의2제2항을 위반하여 다른 사람에게 자격증을 빌려주거나 빌린 자

3의3. 제22조의2제3항을 위반하여 자격증을 빌려주거나 빌리는 것을 알선한 자

4. 거짓이나 그 밖의 부정한 방법으로 제34조 및 제34조의2에 따른 비용을 지원받거나 타인으로 하여금 지원을 받게 한 자
5. 제34조의3에 따른 보육서비스 이용권을 부정사용한 자
6. 거짓이나 그 밖의 부정한 방법으로 제38조제1항에 따른 보육료와 그 밖의 필요경비 등을 받은 어린이집의 설치·운영자
7. 제38조의2를 위반하여 어린이집의 회계에 속하는 재산이나 수입을 보육 목적 외로 부정하게 사용한 자
8. 제45조제1항에 따른 어린이집 운영정지명령 또는 어린이집의 폐쇄명령을 위반하여 사업을 계속한 자

[전문개정 2007. 10. 17.]

제54조의2 삭제 〈2015. 5. 18.〉

제55조(양벌규정) 법인의 대표자나 법인 또는 개인의 대리인, 사용인, 그 밖의 종업원이 그 법인 또는 개인의 업무에 관하여 제54조의 위반행위를 하면 그 행위자를 벌하는 외에 그 법인 또는 개인에게도 해당 조문의 벌금형을 과(科)한다. 다만, 법인 또는 개인이 그 위반행위를 방지하기 위하여 해당 업무에 관하여 상당한 주의와 감독을 게을리하지 아니한 경우에는 그러하지 아니하다.

[전문개정 2011. 6. 7.]

제56조(과태료) ① 제14조의2제1항을 위반하여 실태 조사에 따르지 아니한 자에게는 1억원 이하의 과태료를 부과한다. 〈신설 2022. 6. 10.〉

② 제43조제1항에 따른 신고를 하지 아니하고 어린이집을 폐지하거나 일정기간 운영을 중단하거나 운영을 재개한 자에게는 500만원 이하의 과태료를 부과한다. 〈개정 2011. 6. 7., 2022. 6. 10.〉

③ 다음 각 호의 어느 하나에 해당하는 자에게는 300만원 이하의 과태료를 부과한다. 〈개정 2015. 5. 18., 2020. 12. 29., 2022. 6. 10.〉

1. 제26조제1항에 따른 취약보육을 우선적으로 실시하지 아니한 자
2. 제28조제1항 각 호에 해당하는 자를 우선적으로 보육하지 아니한 자
3. 제31조에 따른 건강진단 또는 응급조치 등을 이행하지 아니한 자. 다만, 영유아 건강진단의 경우 영유아의 보호자에게 3회 이상 영유아 건강검진을 안내하고 검진결과 통보서 제출을 요구한 경우는 제외한다.
4. 제15조의4에 따른 폐쇄회로 텔레비전을 설치하지 아니하거나 설치 · 관리의무를 위반한 자
5. 제15조의5제1항에 따른 열람요청에 응하지 아니한 자

④ 제1항부터 제3항까지의 규정에 따른 과태료는 대통령령으로 정하는 바에 따라 보건복지부장관, 시 · 도지사 또는 시장 · 군수 · 구청장이 부과 · 징수한다. 〈개정 2008. 2. 29., 2010. 1. 18., 2011. 6. 7., 2022. 6. 10.〉

⑤ 삭제 〈2011. 6. 7.〉

⑥ 삭제 〈2011. 6. 7.〉

[전문개정 2007. 10. 17.]

부칙 〈제18899호, 2022. 6. 10.〉

이 법은 공포 후 6개월이 경과한 날부터 시행한다.

인성교육진흥법

[시행 2020. 9. 12.] [법률 제17472호, 2020. 8. 11., 타법 개정]

교육부(민주시민교육과) 044-203-6701

제1조(목적) 이 법은 「대한민국헌법」에 따른 인간으로서의 존엄과 가치를 보장하고 「교육기본법」에 따른 교육이념을 바탕으로 건전하고 올바른 인성(人性)을 갖춘 국민을 육성하여 국가사회의 발전에 이바지함을 목적으로 한다.

제2조(정의) 이 법에서 사용하는 용어의 뜻은 다음과 같다. 〈개정 2017. 12. 19.〉

1. "인성교육"이란 자신의 내면을 바르고 건전하게 가꾸고 타인 · 공동체 · 자연과 더불어 살아가는 데 필요한 인간다운 성품과 역량을 기르는 것을 목적으로 하는 교육을 말한다.
2. "핵심 가치 · 덕목"이란 인성교육의 목표가 되는 것으로 예(禮), 효(孝), 정직, 책임, 존중, 배려, 소통, 협동 등의 마음가짐이나 사람됨과 관련되는 핵심적인 가치 또는 덕목을 말한다.
3. "핵심 역량"이란 핵심 가치 · 덕목을 적극적이고 능동적으로 실천 또는 실행하는 데 필요한 지식과 공감 · 소통하는 의사소통능력이나 갈등해결능력 등이 통합된 능력을 말한다.
4. "학교"란 다음 각 목의 어느 하나에 해당하는 기관을 말한다.
   가. 「유아교육법」 제2조제2호에 따른 유치원
   나. 「초 · 중등교육법」 제2조에 따른 학교
   다. 「재외국민의 교육지원 등에 관한 법률」 제2조제3호에 따른 한국학교

제3조(다른 법률과의 관계) 인성교육에 관하여 다른 법률에 특별한 규정이 있는 경우를 제외하고는 이 법에서 정하는 바에 따른다.

제4조(국가 등의 책무) ① 국가와 지방자치단체는 인성을 갖춘 국민을 육성하기 위하여 인성교육에 관한 장기적이고 체계적인 정책을 수립하여 시행하여야 한다.

② 국가와 지방자치단체는 학생의 발달 단계 및 단위 학교의 상황과 여건에 적합한 인성교육 진흥에 필요한 시책을 마련하여야 한다.

③ 국가와 지방자치단체는 학교를 중심으로 인성교육 활동을 전개하고, 인성 친화적인 교

육환경을 조성할 수 있도록 가정과 지역사회의 유기적인 연계망을 구축하도록 노력하여야 한다.

④ 국가와 지방자치단체는 학교 인성교육의 진흥을 위하여 범국민적 참여의 필요성을 홍보하도록 노력하여야 한다.

⑤ 국민은 국가 및 지방자치단체가 추진하는 인성교육에 관한 정책에 적극적으로 협력하여야 한다.

제5조(인성교육의 기본방향) ① 인성교육은 가정 및 학교와 사회에서 모두 장려되어야 한다.

② 인성교육은 인간의 전인적 발달을 고려하면서 장기적 차원에서 계획되고 실시되어야 한다.

③ 인성교육은 학교와 가정, 지역사회의 참여와 연대 하에 다양한 사회적 기반을 활용하여 전국적으로 실시되어야 한다.

제6조(인성교육종합계획의 수립 등) ① 교육부장관은 인성교육의 효율적인 추진을 위하여 대통령령으로 정하는 관계 중앙행정기관의 장과의 협의와 제9조에 따른 인성교육진흥위원회의 심의를 거쳐 인성교육종합계획(이하 "종합계획"이라 한다)을 5년마다 수립하여야 한다.

② 종합계획에는 다음 각 호의 사항이 포함되어야 한다.

1. 인성교육의 추진 목표 및 계획
2. 인성교육의 홍보
3. 인성교육을 위한 재원조달 및 관리방안
4. 인성교육 핵심 가치・덕목 및 핵심 역량 선정에 관한 사항
5. 그 밖에 인성교육에 관하여 필요한 사항으로 대통령령으로 정하는 사항

③ 교육부장관은 종합계획의 중요사항을 변경하는 경우 제1항에 따른 관계 중앙행정기관의 장과의 협의와 제9조에 따른 인성교육진흥위원회의 심의를 거쳐야 한다. 다만, 법령의 개정이나 관계 중앙행정기관의 관련 사업계획 변경 등 경미한 사항을 변경하는 경우에는 그러하지 아니하다.

④ 교육부장관은 제1항 또는 제3항에 따라 종합계획을 수립하거나 변경하였을 때에는 지체 없이 이를 관계 중앙행정기관의 장에게 통보하여야 한다.

⑤ 교육부장관은 종합계획을 수립하기 위하여 인성교육의 진흥에 관한 실태조사를 5년마다 실시할 수 있다. 〈신설 2018. 12. 18.〉

⑥ 교육부장관은 제5항에 따른 실태조사를 위하여 관계 중앙행정기관의 장 및 지방자치단체의 장 등 관련 기관 · 단체의 장에게 필요한 자료 제출을 요청할 수 있다. 이 경우 요청을 받은 자는 특별한 사유가 없으면 이에 협조하여야 한다. 〈신설 2018. 12. 18.〉

⑦ 특별시 · 광역시 · 특별자치시 · 도 및 특별자치도 교육감(이하 "교육감"이라 한다)은 종합계획에 따라 해당 지방자치단체의 연도별 인성교육시행계획(이하 "시행계획"이라 한다)을 수립 · 시행하여야 한다. 〈개정 2018. 12. 18.〉

⑧ 교육감은 제7항에 따라 시행계획을 수립하거나 변경하였을 때에는 이를 지체 없이 교육부장관에게 통보하여야 한다. 〈개정 2018. 12. 18.〉

⑨ 종합계획 및 시행계획의 수립 · 시행과 실태조사의 방법 등에 필요한 사항은 대통령령으로 정한다. 〈개정 2018. 12. 18.〉

제7조(계획수립 등의 협조) ① 교육부장관과 교육감은 종합계획 또는 시행계획의 수립 · 시행 및 평가를 위하여 필요한 경우 관계 중앙행정기관의 장, 지방자치단체의 장 및 교육감 등에게 협조를 요청할 수 있다.

② 제1항에 따른 협조를 요청받은 자는 특별한 사유가 없으면 이에 따라야 한다.

제8조(공청회등의 실시) ① 교육부장관과 교육감은 종합계획 및 시행계획을 수립하려는 때에는 공청회, 설명회, 세미나, 설문조사 등 다양한 방식(이하 이 조에서 "공청회등"이라 한다)으로 국민 및 관계 전문가 등으로부터 의견을 청취하여야 하며, 공청회등에서 제시된 의견이 타당하다고 인정되는 때에는 이를 종합계획 및 시행계획 수립에 반영하여야 한다. 〈개정 2019. 12. 10.〉

② 공청회등의 실시에 필요한 사항은 대통령령으로 정한다. 〈개정 2019. 12. 10.〉

[제목개정 2019. 12. 10.]

제9조(인성교육진흥위원회) ① 인성교육에 관한 다음 각 호의 사항을 심의하기 위하여 교육부장관 소속으로 인성교육진흥위원회(이하 "위원회"라 한다)를 둔다.

1. 인성교육정책의 목표와 추진방향에 관한 사항
2. 종합계획 수립에 관한 사항
3. 인성교육 추진실적 점검 및 평가에 관한 사항
4. 인성교육 지원의 협력 및 조정에 관한 사항
5. 그 밖에 인성교육 지원을 위하여 대통령령으로 정하는 사항

② 위원회는 위원장을 포함한 20명 이내의 위원으로 구성한다.

③ 위원회의 위원장은 위원 중에서 호선하되, 공무원이 아닌 사람으로 한다.

④ 위원회의 위원은 다음 각 호의 어느 하나에 해당하는 사람 중에서 대통령령으로 정하는 바에 따라 교육부장관이 임명 또는 위촉한다. 이 경우 위원은 공무원이 아닌 사람이 과반수가 되도록 한다. 〈개정 2020. 8. 11.〉

1. 교육부차관, 문화체육관광부차관(문화체육관광부장관이 지명하는 차관), 보건복지부차관(보건복지부장관이 지명하는 차관) 및 여성가족부차관
2. 국회의장이 추천하는 사람 3명
3. 인성교육에 관한 학식과 경험이 풍부한 사람 중에서 대통령령으로 정하는 사람

⑤ 위원회가 심의한 사항을 집행하기 위하여 인성교육 진흥과 관련된 조직 · 인력 · 업무 등에 필요한 사항은 교육부령으로 정한다.

⑥ 그 밖에 위원회의 구성 · 운영에 필요한 사항은 대통령령으로 정한다.

제10조(학교의 인성교육 기준과 운영) ① 교육부장관은 대통령령으로 정하는 바에 따라 학교에 대한 인성교육 목표와 성취 기준을 정한다.

② 학교의 장은 제1항에 따른 인성교육의 목표 및 성취 기준과 교육대상의 연령 등을 고려하여 대통령령으로 정하는 바에 따라 매년 인성에 관한 교육계획을 수립하여 교육을 실시하여야 한다.

③ 학교의 장은 인성교육의 핵심 가치 · 덕목을 중심으로 학생의 인성 핵심 역량을 함양하는 학교 교육과정을 편성 · 운영하여야 한다.

④ 학교의 장은 인성교육 진흥을 위하여 학교 · 가정 · 지역사회와의 연계 방안을 강구하여야 한다.

제11조(인성교육 지원 등) ① 국가 및 지방자치단체는 가정, 학교 및 지역사회에서의 인성교육을 지원하기 위한 교육 프로그램(이하 “인성교육프로그램”이라 한다)을 개발하여 보급하여야 한다.

② 국가와 지방자치단체는 인성교육프로그램의 구성 및 운용 등을 전문단체 또는 전문가에게 위탁할 수 있다.

③ 교육부장관과 교육감은 인성교육프로그램의 구성 및 운용 계획을 해당 학교 인터넷 홈페이지에 게시하는 등의 방법으로 학부모에게 알릴 수 있도록 하여야 한다. 〈개정 2017.

12. 19.〉

④ 학부모는 국가, 지방자치단체 및 학교의 인성교육 진흥 시책에 협조하여야 하고, 인성교육을 위하여 필요한 사항을 해당 기관의 장에게 건의할 수 있다.

⑤ 그 밖에 가정, 학교 및 지역사회에서의 인성교육 진흥 등에 필요한 사항은 대통령령으로 정한다.

제12조(인성교육프로그램의 인증) ① 교육부장관은 인성교육 진흥을 위하여 인성교육프로그램을 개발・보급하거나 인성교육과정을 개설(開設)・운영하려는 자(이하 "인성교육프로그램개발자등"이라 한다)에 대하여 인성교육프로그램과 인성교육과정의 인증(이하 "인증"이라 한다)을 할 수 있다.

② 인증을 받고자 하는 인성교육프로그램개발자등은 교육부장관에게 신청하여야 한다.

③ 교육부장관은 제2항에 따라 인증을 신청한 인성교육프로그램 또는 인성교육과정이 교육내용・교육시간・교육과목・교육시설 등 교육부령으로 정하는 인증기준에 적합한 경우에는 이를 인증할 수 있다.

④ 제3항에 따른 인증을 받은 자는 해당 인성교육프로그램 또는 인성교육과정에 대하여 교육부령으로 정하는 바에 따라 인증표시를 할 수 있다.

⑤ 제3항에 따른 인증을 받지 아니한 인성교육프로그램 또는 인성교육과정에 대하여 제4항의 인증표시를 하거나 이와 유사한 표시를 하여서는 아니 된다.

⑥ 제1항부터 제3항까지에 따른 인증의 절차 및 방법 등에 필요한 사항은 교육부령으로 정한다.

⑦ 교육부장관은 제1항부터 제3항까지에 따른 인증 업무를 교육부령으로 정하는 바에 따라 전문기관 또는 단체 등에 위탁할 수 있다.

제13조(인증의 유효기간) ① 제12조제3항에 따른 인증의 유효기간은 인증을 받은 날부터 3년으로 한다.

② 제1항에 따른 유효기간은 1회에 한하여 2년 이내에서 연장할 수 있다.

③ 제2항에 따른 인증의 연장신청, 그 밖에 필요한 사항은 교육부령으로 정한다.

제14조(인증의 취소) 교육부장관은 제12조제3항에 따라 인증한 인성교육프로그램 또는 인성교육과정이 다음 각 호의 어느 하나에 해당하는 경우에는 그 인증을 취소할 수 있다. 다만, 제1호에 해당하는 경우에는 취소하여야 한다.

1. 거짓, 그 밖의 부정한 방법으로 인증받은 경우

2. 제12조제3항에 따른 인증기준에 적합하지 아니하게 된 경우

제15조(인성교육 예산 지원) 국가 및 지방자치단체는 인성교육 지원, 인성교육프로그램 개발·보급 등 인성교육 진흥에 필요한 비용을 예산의 범위에서 지원하여야 한다.

제16조(인성교육의 추진성과 및 활동 평가) ① 교육부장관 및 교육감은 종합계획 및 시행계획에 따른 인성교육의 추진성과 및 활동에 관한 평가를 1년마다 실시하여야 한다.

② 교육부장관과 교육감은 제1항에 따른 평가 결과를 종합계획 및 시행계획에 반영할 수 있다. 〈개정 2016. 12. 20.〉

③ 그 밖에 인성교육의 추진성과 및 활동 평가에 필요한 사항은 대통령령으로 정한다.

[제목개정 2016. 12. 20.]

제17조(교원의 연수 등) ① 교육부장관과 교육감은 학교의 교원(이하 "교원"이라 한다)이 대통령령으로 정하는 바에 따라 일정시간 이상 인성교육 관련 연수를 이수하도록 하여야 한다. 〈개정 2017. 12. 19.〉

② 「고등교육법」 제41조에 따른 교육대학·사범대학(교육과 및 교직과정을 포함한다) 등 이에 준하는 기관으로서 교육부령으로 정하는 교원 양성기관은 예비교원의 인성교육 지도 역량을 강화하기 위하여 관련 과목을 필수로 개설하여 운영하여야 한다.

제18조(학교의 인성교육 참여 장려) 학교의 장은 학생의 제11조제1항에 따른 지역사회 등의 인성교육 참여를 권장하고 지도·관리하기 위하여 노력하여야 한다.

제19조(언론의 인성교육 지원) 국가 및 지방자치단체는 범국민적 차원에서 인성교육의 중요성에 대한 인식을 공유하고 이들의 참여의지를 촉진시키기 위하여 필요한 경우 언론(「언론중재 및 피해구제 등에 관한 법률」 제2조에 따른 방송, 신문, 잡지 등 정기간행물, 뉴스통신 및 인터넷신문 등을 포함한다)을 이용하여 캠페인 활동을 전개하도록 노력하여야 한다.

제20조(전문인력의 양성) ① 국가 및 지방자치단체는 인성교육의 확대를 위하여 필요한 분야의 전문인력을 양성하여야 한다.

② 교육부장관 및 교육감은 제1항에 따른 전문인력을 양성하기 위하여 교육 관련 기관 또는 단체 등을 인성교육 전문인력 양성기관으로 지정하고, 해당 전문인력 양성기관에 대하여 필요한 경비의 전부 또는 일부를 지원할 수 있다.

③ 제2항에 따른 인성교육 전문인력 양성기관의 지정기준은 대통령령으로 정한다.

제21조(권한의 위임) 교육부장관은 이 법에 따른 권한의 일부를 대통령령으로 정하는 바에 따라 교육감에게 위임할 수 있다.

제22조(과태료) ① 다음 각 호의 어느 하나에 해당하는 자에게는 500만원 이하의 과태료를 부과한다.

1. 거짓이나 그 밖의 부정한 방법으로 제12조에 따른 인증을 받은 자
2. 제12조제5항을 위반하여 인증표시를 한 자

② 제1항에 따른 과태료는 대통령령으로 정하는 바에 따라 교육부장관이 부과 · 징수한다.

부칙 〈제17472호, 2020. 8. 11.〉 (정부조직법)

제1조(시행일) 이 법은 공포 후 1개월이 경과한 날부터 시행한다. 다만, …〈생략〉…, 부칙 제4조에 따라 개정되는 법률 중 이 법 시행 전에 공포되었으나 시행일이 도래하지 아니한 법률을 개정한 부분은 각각 해당 법률의 시행일부터 시행한다.

제2조 및 제3조 생략

제4조(다른 법률의 개정) ① 인성교육진흥법 일부를 다음과 같이 개정한다.

제9조제4항제1호 중 “보건복지부차관”을 “보건복지부차관(보건복지부장관이 지명하는 차관)”으로 한다.

②부터 ㉝까지 생략

제5조 생략

참고문헌

1장

김광병, 김기화(2015). 유치원교사와 보육교사의 법적 지위 비교 분석. **교육문화연구, 21**(5), 203-227.

김길숙, 문무경, 이민경(2015). 유치원 · 어린이집 교사 권익 보호 실태 및 증진 방안. 서울: 육아정책연구소.

김은설, 안재진, 최윤경, 김의향, 양성은, 김문정(2009). 보육종사자의 전문성 제고 방안 연구. 서울: 보건복지부, 육아정책연구소.

김익균, 장은미, 하재희, 임수영, 이미정, 박상훈(2021). **아동권리와 복지**. 파주: 수양재.

김진숙(2009). 보육교사가 인식하는 영유아권리존중 보육의 의미와 실행수준. 숙명여자대학교 대학원 박사학위논문.

김현미, 권기염(2016). 돌봄과 유아교사 전문성. **아동교육, 25**(3), 135-156.

김현자, 이명숙, 노성향, 박선영, 이지영(2020). **아동권리와 복지**. 고양: 어가.

박은혜(2020). **유아교사론**(6판). 서울: 창지사.

양옥승(2004). 보살핌의 텍스트로서 유아교육과정 이해. **유아교육연구, 24**(2), 247-262.

염지숙(2005). 유아교육현장에서 돌봄의 실천과 한계. **유아교육연구, 25**(5), 147-171.

염지숙, 오채선(2010). 희망분교 나비반 유아들의 '돌봄' 이야기. **유아교육연구, 30**(2), 381-403.

이경화, 손원경, 남미경, 정혜영, 김남희, 손유진, 정혜영, 이연선(2018). **유아교사론**. 서울: 학지사.

이명순, 염지숙, 조형숙, 김현주(2020). **인성에 기초한 보육교사론**. 파주: 정민사.

이서영, 양성은(2018). 보육교사의 권리에 대한 경험적 인식 연구. **한국보육학회지, 18**(4), 39-50.

이현섭, 조옥희, 정정숙, 박현숙, 석은조(2007). **보육학개론**. 서울: 학지사.

임승렬(2002). 유아교사의 교직 윤리의식에 관한 연구. **한국교사교육, 19**(1), 157-173.

임승렬, 김연미, 이은정(2014). **영유아교사를 위한 보육교사론**. 서울: 파워북.

조성연, 김영심, 정정옥, 황혜정, 나유미, 박진재, 신혜영(2022). **표준보육과정과 누리과정에 따**

른 보육학개론. 서울: 학지사.

국가법령정보센터(www.law.go.kr). 「영유아보육법」[시행 2021. 12. 9.] [법률 제18217호, 2021. 6. 8., 일부개정].

국립국어원 표준국어대사전(www.korean.go.kr)

2장

강경미(2019). 쿠레레를 통한 예비유아교사의 경험. **교육과학연구**, 50(3), 81-106.

국립국어원 표준국어대사전(2023). https://stdict.korean.go.kr에서 2023년 1월 3일 인출.

교육과학기술부(2011). **유치원 기본과정 내실화를 위한 인성교육 프로그램**. 서울: 교육과학기술부.

교육부(2016). **인성교육 5개년 종합계획(2016~2020)**. 서울: 교육부. https://www.moe.go.kr/boardCnts/view.do?boardID=316&boardSeq=62204&lev=0&m=0302에서 2022년 11월 30일 인출

권연희(2013). 보육교사의 생활만족에 대한 조직풍토, 자아존중감, 직무스트레스 영향. **한국영유아보육학**, 74,131-151.

김갑순, 김정화(2022). 예비유아교사의 자아존중감이 교사역량에 미치는 영향: 전문성 인식의 매개효과를 중심으로. **학습자중심교과교육연구**, 22(7), 53-67.

김경령, 서은희(2014). 예비교사의 교직인성 자기점검 개발 연구. **한국교원교육연구**, 31(1), 117-139.

김미라(2011). '소학'을 통해 본 유아 인성교육 학습모형 도출 연구. **미래유아교육학회지**, 18(4), 211-234.

김영옥(2014). **유아인성교육의 이론과 실제**. 서울: 공동체.

김영은(2016). 아동학대예방을 위한 예비영유아교사 인성교육 프로그램 개발 및 효과. 가천대학교 대학원 박사학위논문.

김영은, 이희선(2016). 아동학대예방을 위한 예비유아교사의 인성교육 기초연구. **인지발달중재**

학회지, 7(1), 15–32.

김옥경(2019). 보육교사의 인성이 교사효능감과 조직몰입에 미치는 영향. 안양대학교 대학원 박사학위논문.

김은설, 김길숙, 이민경(2015). **영유아교사 인성평가도구 개발 및 교육강화 방안**. 서울: 육아정책연구소.

김은설, 문무경, 최은영, 배윤진, 윤지연(2016). **보육교직원 인성교육 프로그램 및 인성평가 문항 개발**. 서울: 육아정책연구소.

류민영(2014). 유아교사의 자아개념과 교사효능감이 교사–유아 상호작용에 미치는 영향. 성신여자대학교 대학원 석사학위논문.

박혜영(2018). 유아교사가 생각하는 '유아교사의 인성교육'에 대한 인식연구: '교사연수'를 중심으로. 부산대학교 교육대학원 석사학위논문.

서정은(2015). 유아의 도전행동에 대한 보육교사의 지도전략과 직무스트레스, 자아존중감, 영유아인권 인식 관계 연구. 숙명여자대학교 대학원 박사학위논문.

서현, 임지윤, 박미자(2013). 유아교사의 바람직한 인성에 대한 예비유아교사와 현직교사의 인식비교. **한국영유아보육학**, 77, 4–71.

윤미선(2016). 기독교적 인성 개념 측면에서 본 디지털 사회의 인성 연구. 서울여자대학교 대학원 박사학위 논문.

은지용(2013). 사회과 인성교육 개념 및 요소에 대한 탐색. **시민교육연구**, 45(3), 143–174.

이경하, 석은조(2010). 예비교사와 현직교사가 생각하는 좋은 교사의 자질. **열린유아교육연구**, 15(5), 167–187.

이다은, 이경화(2020). 보육교사의 자아개념과 자아탄력성 및 조직 몰입이 교사효능감에 미치는 영향. **열린유아교육연구**, 25(3), 149–170.

이영림(2017). 유아교사의 인성덕목 실천에 대한 어려움. **생태유아교육연구**, 16(2), 131–156.

이완정, 이윤선, 권기남(2015). **영유아, 교사, 부모를 위한 인성교육의 방향성**. 한국아동학회 2015년도 추계학술대회 학술발표논문집, 103–147.

임부연, 김성숙, 송진영(2014). **유아교사론**. 서울: 양서원.

전상희(2012). 유아교사 자질에 대한 학부모 선호도. 건국대학교 교육대학원 석사학위논문.

전재선, 최종욱(2012). 유아교사 인성 자기평가도구 개발에 관한 연구. **한국보육학회지**, 12(1), 149–174.

전현희, 이보영(2019). 보육교사의 자기성찰지능이 영유아권리존중 보육에 미치는 영향에서 전문성의 매개효과. **한국보육학회지**, 19(3), 47–56.

정순경, 손원경(2016). 교사의 정체성 요소와 형성과정에 대한 질적 메타분석. **열린부모교육연구**, 8(3), 181–202.

정지언(2019). 보육교사의 인성에 대한 현장 원장들의 인식. **학습자중심교과교육연구**, 19(18), 675–705.

정창우(2015). **인성교육의 이해와 실천**. 서울: 교육과학사.

최상희(2018). 유치원 교사의 자기성찰지능이 전문성 발달에 미치는 영향. 이화여자대학교 교육대학원 석사학위논문.

한국MBTI연구소(2022). MBTI 이해. http://www.mbti.co.kr에서 2022년 11월 23일 인출.

한혜정(2013). 교육학 연구방법으로서의 자서전적 글쓰기. **교육비평**, 32, 213–227.

Shaffer, D. R., & Kipp, K.(2014). **발달심리학**(9판). 송길연, 이지연, 장유경, 정윤경(공역). 서울: 박영사(2014년 원저 발간).

3장

경기도육아종합지원센터(2020). **어린이집 평가지표로 알아보는 영유아 권리존중**. 수원: 경기도육아종합지원센터.

공계순, 박현선, 오승환, 이상균, 이현주(2020). **아동복지론**(5판). 서울: 학지사.

김은설, 박수연(2010). 보육시설장, 교사 윤리강령 개발 연구. 서울: 육아정책연구소.

박은혜(2020). **유아교사론**. 서울: 창지사.

박화춘, 로저힐(2021). 교사의 직업윤리 훈련 프로그램. 서울: 한국직업능력연구원.

보건복지부(2016). 「아동권리헌장」 제정. http://www.mohw.go.kr/react/jb/sjb030301vw.jsp?PAR_MENU_ID=03&MENU_ID=032901&CONT_SEQ=337395. 2022년 11년 21일 인출.

보건복지부, 한국보육진흥원(2022). **2022 어린이집 평가 매뉴얼 어린이집용**. 서울: 한국보육진흥원.

서울특별시 육아종합지원센터(2015). 영유아 권리 존중을 위한 자가 체크리스트. 서울: 서울특별시 육아종합지원센터.

신은수, 유홍옥, 안부금, 안경숙, 김은정, 유영의, 김소향(2013). **유아교사론**. 서울: 학지사.

조성연, 정진화(2022). **보육실습**. 서울: 학지사.

통계청(2017). 제7차 한국표준직업분류. https://law.go.kr/행정규칙/한국표준직업분류/(2017-191,20170703). 2022년 11월 24일 인출.

국립군어원 표준국어대사전(2023). https://stdict.korean.go.kr/search/searchResult.do. 2023년 1월 26일 인출.

하은옥, 허우정, 황해익(2007). 생태유아교사 평가를 위한 평가 영역 및 준거 탐색. **열린유아교육연구**, 12(1), 76-77.

한성근, 박천수, 장주희, 박화춘, 박태준(2018). 한국인의 직업의식 및 직업윤리. 서울: 한국직업능력개발원.

4장

보건복지부(2023). **2023년 보육사업안내**. 세종: 보건복지부.

조성연, 정진화(2022). **표준보육과정과 누리과정에 의한 보육실습**. 서울: 신정.

5장

보건복지부(2023). **2023년도 보육사업안내**. 세종: 보건복지부.

한국보육진흥원 보도자료(2021. 12. 15.). 한국보육진흥원, 영유아 권리존중을 위한 '다짐 선포식' 개최. 서울: 한국보육진흥원.

6장

교육부, 보건복지부(2019). **2019 개정 누리과정 놀이실행자료**. 세종: 교육부, 보건복지부.

교육부, 보건복지부(2020). **놀이를 지원하는 교사의 역할**. 세종: 교육부, 보건복지부.

보건복지부, 육아정책연구소(2013). **영유아 문제행동지도를 위한 어린이집 보육교사 지침서**. 서울: 보건복지부.

신유림, 문혁준, 나종혜, 박진옥, 서소정, 신혜영, 신혜원, 이미란, 이성복, 이윤선, 한찬희(2020). **놀이지도**. 서울: 창지사.

신혜원, 김송이, 이윤선(2019). **영유아 생활지도**. 고양: 파워북.

정대련, 이영애, 김명순, 이윤선, 한찬희, 신혜원(2018). **보육전문성 · 인권감수성** II. 서울: 서울시여성가족재단.

국립국어원 표준국어대사전(2023). https://stdict.korean.go.kr/search/searchResult.do. 2023년 1월 12일 인출.

7장

강상, 류경희(2016). 유아교사의 정서지능, 동료교사 협력관계, 부모-교사 협력관계와 교사효능감 간의 구조모형 분석. **유아교육 · 보육복지연구**, 19(2), 203-225.

윤기영, 박상님(2000). 유아교사와 학부모의 인간관계. **한국교원교육연구**, 17(1), 379-404.

이진희, 김현주(2017). 영아반 복수담임의 갈등수준에 따른 갈등관리방법과 직무만족도. **한국산학기술학회논문지**, 18(2), 532-539.

이호선(2021). **선생님! 부모상담 이렇게 하세요**. 경기: 북코리아.

임우영, 안선희(2011). 유아교사-부모 협력과 교사-유아 상호작용 간의 관계. **미래유아교육학**

회지, 18(4), 323-350.

국립국어원 표준국어대사전(2023). https://stdict.korean.go.kr/main/main.do. 2023. 1. 15. 인출

한국보육진흥원(2020). **2020 국공립어린이집 원장직무교육**. 서울: 한국보육진흥원.

한국보육진흥원(2022). **2022 어린이집 평가 매뉴얼**. 서울: 한국보육진흥원.

Hoover-Dempsey, K. V., & Sandler, H. M. (1995). Parental involvement in children's education: Why does it make a difference? *Teachers College Records*, *97*, 310-331.

8장

강양자(2016). 유아교사의 발달단계에 따른 교직적응 모형 개발. 중부대학교 대학원 박사학위 논문.

고영숙(2019). '교사 협의'를 통한 보육교사와 원장의 반성적 사고와 실천 변화 연구. 배재대학교 대학원 박사학위 논문.

교육인적자원부(2005). **교사의 전문성 신장을 위한 동료장학자료**. 서울: 교육인적자원부.

김양은(2018). 보육교사의 경력에 따라 전문성 유지를 위한 보수교육에 관한 연구. **한국영유아보육학회지**, 111, 1-26.

김진경, 강은희, 신현주(2019). 보육교사 발달단계 및 직무만족도가 소진에 미치는 영향. **한국가정관리학회지**, 37(3), 169-179.

김하연(2017). 교사의 인성교육 전문성에 관한 연구. 서울대학교 대학원 박사학위논문.

박선미, 신세니, 조희숙(2009). 교사 발달의 생존기에 대한 질적 연구생태: 보육기관 초임교사들의 경험. **아동학회지**, 30(5), 41-55.

박은혜(2020). **유아교사론**(6판). 서울: 창지사.

보건복지부, 한국보육진흥원(2019). 보육교사 전문성 강화를 위한 정책토론회 자료집. 서울: 보건복지부, 한국보육진흥원.

신은수, 유홍옥, 안부금, 안경숙, 김은정, 유영의, 김소향(2014). **유아교사론**. 서울: 학지사

안상미 (2002). 유아교사의 교사효능감에 따른 교사-유아 상호작용. 이화여자대학교 교육대학

원 석사학위논문.

염지숙(2005). 유아교육현장에서 돌봄의 실천과 한계. **유아교육연구**, 25(5), 147-171.

임부연, 김성숙, 송진영(2019). **유아교사론**. 서울: 양서원

임우영, 안선희(2011). 유아교사-부모 협력과 교사-유아 상호작용 간의 관계. **미래유아교육학회지**, 18(4), 323-350.

장선화(1994). 유아교육 예비교사와 현직교사의 관심사에 관한 연구. 한국교원대학교 석사학위논문.

국립국어원 표준국어대사전(2023). https://stdict.korean.go.kr/main/main.do 2023. 1. 15. 인출

위키백과(2022). https://ko.wikipedia.org/wiki/ 2022. 7. 1. 인출

9장

강명선(2012). 유치원교사의 직무스트레스와 심리적 소진의 관계에서 스트레스 대처방식의 매개효과. 부경대학교 교육대학원 석사학위논문.

고희선(2021). 정신건강관리 프로그램 개발을 위한 보육교사의 인식과 요구분석. **놀이치료연구**, 25(3), 77-94.

구성희, 우현경(2022). 보육교사의 공감능력 및 직무스트레스가 교사-영유아 상호작용에 미치는 영향. **미래유아교육학회지**, 29(2), 23-45.

국립국어원 표준국어대사전(2023). https://stdict.korean.go.kr에서 2023년 1월 3일 인출

권수현(2015). 유아교사의 회복탄력성에 대한 고찰: 개념 및 구성요인, 향상 방안을 중심으로. **육아지원연구**, 10(2), 31-53.

권혜진(2021). 유아교사가 영유아 문제행동지도에서 경험하는 감정노동의 맥락. **한국케어매니지먼트연구**, 41, 93-118.

김병만, 김미진(2017). 보육교사 행복 관련 변인에 대한 메타분석. **열린유아교육연구**, 22(5), 305-324.

김성희(2022). 보육교사의 직무스트레스와 심리적 안녕감이 영유아권리존중 보육 실행에 미치

는 영향. 위덕대학교 교육대학원 석사학위논문.

김영미(2021). 보육교사의 행복감 관련 요인에 대한 메타분석. **정서 · 행동장애연구**, 37(2), 201-217.

김은경(2022). 보육교사의 소진으로 인한 이직경험에 대한 내러티브 탐구. 평택대학교 대학원 석사학위논문.

김은설, 박진아, 이솔미(2018). OECD TALIS 국제 유아교원 비교연구. 서울: 육아정책연구소.

김정희, 신시연(2015). 영아교사의 스트레스 대처방안과 원장의 감성리더십이 이직의도에 미치는 영향. **한국보육지원학회지**, 11(3), 45-62.

김주환(2011). **회복탄력성**. 서울: 위즈덤하우스.

네이버 국어사전(2023). https://naver.me/에서 2023년 1월 3일 인출.

민하영(2010). 유아교육기관 교사의 우울 및 동료교사/원장의 정서적 지지가 직무소진에 미치는 영향: 정서적 지지의 주효과와 완충효과를 중심으로. **아동학회지**, 31(4), 1-14.

박은혜(2020). **유아교사론**(6판). 서울: 창지사.

박은혜, 전샛별(2010). 유치원 교사의 회복탄력성에 영향을 미치는 위험요인과 보호요인 탐색. **한국교원교육연구**, 27(1), 253-275.

박정선, 김정희(2004). **직무스트레스 평가방법**. 서울: 고려의학.

박희숙, 석성경(2017). 보육교사 직무스트레스 관련 요인에 대한 메타분석. **아동교육**, 26(2), 187-206.

배현진, 최지영(2021). 교사의 심리적 소진 연구 국내 연구 동향: 2013년~2020년을 중심으로. **교육연구논총**, 42(3), 181-207.

보건복지부(2021). **보육통계**. 세종: 보건복지부. https://www.kcpi.or.kr/kcpi/cyberpr /childcarestat1/detail.do?colContentsSeq=63947#none에서 2022년 12월 1일 인출

서숙기(2019). 보육교사의 직무만족도 관련 요인에 대한 메타분석. 협성대학교 대학원 박사학위논문.

서울특별시(2019. 12.). 서울특별시 감정노동 종사자의 권리보호 등에 관한 조례. https://www.law.go.kr/자치법규/서울특별시감정노동종사자의권리보호등에관한조례/(7423,20191231)에

서 2022년 12월 1일 인출

선종욱, 오병섭, 황덕수, 김종윤(2010). **직무스트레스 진단평가**. 파주: 이담.

손혜숙(2018). 보육교사의 전문성 인식, 행복감 및 정서지능이 교사-영유아 상호작용에 미치는 영향. **교과교육학연구**, 22(6), 414-425.

신혜영(2004). 어린이집 교사의 직무스트레스와 효능감이 교사 행동의 질에 미치는 영향. 연세대학교 대학원 박사학위논문.

양미선, 이윤진, 김동훈, 조숙인, 김근지, 구자연, 오미애, 김문정(2021). 2021년 전국보육실태조사: 어린이집 조사 보고. 세종: 보건복지부.

양안숙(2008). 보육교사의 직무스트레스 척도 개발. 조선대학교 대학원 박사학위논문.

연합뉴스(2021.12.20.). **보육교사 10명 중 9명은 "감정노동 시달린 경험 있지만 보호조치 없어"**. https://www.yna.co.kr/view/AKR20211220078800004에서 2022년 12월 1일 인출

염지숙, 이명순, 조현숙, 김현주(2015). **유아교사론**. 서울: 정민사.

윤현숙(2013). 보육교사의 직무스트레스, 교사효능감, 조직헌신, 소진과 이직의도 간의 구조적 관계. 계명대학교 대학원 박사학위논문.

윤혜선(2011). 학력신장 교육개혁과 교사 감정노동의 관계 연구. 한국교원대학교 대학원 석사학위논문.

이경숙, 김명식, 채진영, 박진아, 윤영숙(2015). 보육교사의 보육 스트레스 조절 상담 프로그램 개발. 세종: 보건복지부.

이경화, 손원경, 남미경, 정혜영, 김남희, 손유진, 정혜영, 이연선(2020). **유아교사론**(2판). 서울: 학지사.

이기향(2005). 어린이집 보육교사의 직무환경과 직무만족에 관한 연구. 동덕여자대학교 대학원 석사학위논문.

이완희, 박찬옥(2005). 2세 영아반 초임교사의 정체성 형성과정. **유아교육학논집**, 9(3), 5-30.

이유신, 권연희(2018). 보육교사의 직무스트레스와 행복감 간의 관계에 대한 유머감각의 중재효과. **한국보육지원학회지**, 15(1), 91-106.

이희현, 허주, 김소아, 김종민, 정바울(2017). **교사 직무스트레스 실태 분석 및 해소 방안 연구**.

진천: 한국교육개발원.

임승렬, 김연미, 임은정(2014). **영유아교사를 위한 보육교사론**. 고양: 파워북.

임해은, 권연희(2015). 사립유치원 교사의 심리적 소진에 대한 직무스트레스와 회복탄력성의 영향. **인문학논총, 37**, 53-80.

전윤숙(2011). 초임보육교사의 어려움과 지원 요구. **한국보육학회지, 11**(4), 167-187.

조성연(2004). 보육교사의 직무만족도와 직무스트레스. **한국영유아보육학, 36**, 23-44.

조성연(2005). 보육교사의 직무만족도와 자아존중감. **아동학회지, 26**(1), 359-373.

조성연, 백은주, 김혜금, 권연희, 정지나(2011). 한국형 보육교사 직무만족척도(K-CTJSS)의 표준화를 위한 타당화 연구. **가정과삶의질연구, 29**(2), 1-12.

조혜진(2007). 영아반 초임교사들의 어려움과 적응에 대한 이해. **유아교육학논집, 11**(2), 237-262.

조혜진(2017). **유아교사의 정서역량: 교사 인성교육의 첫걸음**. 서울: 창지사.

최성실, 여종일(2020). 직무스트레스, 대처방식, 사회적 지지가 보육교사의 삶의 질에 미치는 영향. **한국보육지원학회지, 16**(3), 19-37.

최혜영, 조성연, 권연희(2014). 보육교사의 이직의도에 대한 조직문화와 직무만족도의 영향. *Family and Environment Research, 54*(4), 405-414.

통계청(2017. 7). **한국표준직업분류**. https://www.law.go.kr/행정규칙/한국표준직업분류에서 2022년 12월 1일 인출.

홍희주(2022). 유아교사의 회복탄력성 관련 변인에 대한 메타분석. **교원교육, 38**(2), 351-370.

황해익(2013). 유아교사의 행복감과 교사 효능감의 관계에서 직무만족도의 매개효과. **생태유아교육연구, 12**(1), 157-180.

황해익, 탁정화, 강현미(2014). 보육교사의 회복탄력성 인식수준에 따른 소진과 자아존중감의 관계. **열린유아교육연구, 19**(4), 31-52.

Bobek, B. L.(2002). Teacher resiliency: A key to career longevity. *The Clearing House: A Journal of Educational Strategies, Issues and Ideas, 75*(4), 202-205.

Gu, Q., & Day, C.(2007). Teachers resilience: A necessary condition for effectiveness. *Teaching and Teacher Education, 23*(8), 1302–1316.

Isenbarger, L., & Zembylas, M.(2006). The emotional labour of caring in teaching. *Teaching and Teacher Education, 22*(1), 120–134.

Kyiacou, C.(2001). Teacher stress: Directions four future research. *Educational Review, 53*(1), 27–35.

Maslach, C., & Jackson, S. E.(1981). The measurement of experienced burnout. *Journal of Occupational Behavior, 2*(2), 99–113.

Murphy, L. R., & Schoenborn, T. F.(1987). *Stress management in work settings*. DHHS(NIOSH) Publication.

Selligman, M. E. P.(2014). **마틴 셀리그만의 긍정심리학**(개정판). 김인자, 우문식(공역). 서울: 물푸레(2002년 원저 발간).

찾아보기

ㅅ

ㅇ

ㅈ

ㅊ

ㅋ

ㅌ

ㅍ

ㅎ

저자 소개

조성연 연세대학교 생활과학대학 아동학과 졸업
연세대학교 대학원 아동학 전공(Ph. D.)
현) 호서대학교 유아교육과 교수

김영심 연세대학교 생활과학대학 아동학과 졸업
동덕여자대학교 대학원 아동학 전공(Ph. D.)
현) 숭실사이버대학교 아동학과 교수

권연희 연세대학교 생활과학대학 아동학과 졸업
연세대학교 대학원 아동가족학 전공(Ph. D.)
현) 부경대학교 유아교육과 교수

한찬희 연세대학교 생활과학대학 아동학과 졸업
연세대학교 대학원 아동가족학 전공(Ph. D.)
현) 신구대학교 보육복지과 교수

보육교사론

2023년 3월 3일 초판 인쇄
2023년 3월 8일 초판 발행

지은이 | 조성연 김영심 권연희 한찬희
발행인 | 유제구
발행처 | 도서출판 파워북
주 소 | 경기도 고양시 일산동구 호수로 358-25
동문타워2차 529호
전 화 | (02) 730-1412
F A X | (031) 908-1410
등 록 | 1997. 1. 31 제 2014-000067호

정가 21,000원
ISBN 978-89-8160-505-6 (93370)